城市群比较视角的区域科技人才活力评价与激发

郑伟波 马文才 李 晓 周 健／著

清华大学出版社
北 京

内 容 简 介

本书为中国人力资源开发研究会京津冀协同发展人力资源开发研究中心"区域人才管理"系列专著之一。本书从城市群的视角，构建了区域科技人才活力评价模型，分为科技人才活力投入、活力绩效、活力贡献和活力可持续性4个方面、45个评价指标。通过中国统计年鉴、科技统计年鉴等官方截面数据的深入挖掘，计算得出全国31个省(自治区、直辖市)的区域科技人才活力指数；并聚焦区域政府、用人单位、高校和研究机构、新闻媒体等七大主体，提出区域科技人才活力激发与协同治理建议。

本书可为相关区域科技人才研究提供科技人才活力的横向、纵向比较，以及科技人才活力的动态监测指标变化的研究数据；有利于建立有效的科技人才活力投入、产出、转化和可持续发展的预警机制，为区域构建新发展格局，为政府制定区域科技人才政策提供有参考价值的研究成果。本书主要面向从事区域人才管理实践与研究的广大读者。

本书封面贴有清华大学出版社防伪标签，无标签者不得销售。
版权所有，侵权必究。举报：010-62782989，beiqinquan@tup.tsinghua.edu.cn。

图书在版编目(CIP)数据

城市群比较视角的区域科技人才活力评价与激发 /郑伟波等著. —北京：清华大学出版社，2023.4
ISBN 978-7-302-62825-5

Ⅰ. ①城… Ⅱ. ①郑… Ⅲ. ①技术人才－人才管理－研究－中国 Ⅳ. ①G316

中国国家版本馆 CIP 数据核字(2023)第 035165 号

责任编辑：	陈　莉
封面设计：	周晓亮
版式设计：	思创景点
责任校对：	马遥遥
责任印制：	沈　露

出版发行：	清华大学出版社		
网　　址：	http://www.tup.com.cn，http://www.wqbook.com		
地　　址：	北京清华大学学研大厦 A 座	邮　　编：	100084
社 总 机：	010-83470000	邮　　购：	010-62786544
投稿与读者服务：	010-62776969，c-service@tup.tsinghua.edu.cn		
质 量 反 馈：	010-62772015，zhiliang@tup.tsinghua.edu.cn		
印 装 者：	三河市东方印刷有限公司		
经　　销：	全国新华书店		
开　　本：	170mm×240mm　　印　张：14.75　　字　数：227 千字		
版　　次：	2023 年 5 月第 1 版　　印　次：2023 年 5 月第 1 次印刷		
定　　价：	98.00 元		

产品编号：095838-01

作 者 简 介

郑伟波，男，1972 年生，教授，管理学博士，硕士研究生导师，民盟盟员，中国人力资源开发研究会理事，京津冀人力资源开发研究中心执行主任；主要研究人才离职与保持、区域人才管理、国际化人才跨文化适应等领域课题；先后主持国家课题 3 项、省部重点课题 15 项；出版专著 3 部，发表学术文章 17 篇；荣获河北省社科优秀成果奖 1 项、河北省教学成果二等奖 1 项；代表性学术观点"留住高端人才尚需社区关怀"在新华网发表，30 余家纸媒及门户网站转载。

马文才，男，1973 年生，中共党员，高级经济师，河北省科学院组织人事部部长；主要从事人才管理、人力资源管理与开发、劳动与社会保障等研究工作；主持省部级课题 2 项、厅局级课题 6 项，发表学术文章 8 篇，获得厅局级一等奖 1 项、三等奖 1 项，多次获得河北省科学院"优秀党员"荣誉称号。

李晓，男，1976 年生，博士，中共党员；主要从事数理统计、教育测量与评价、企业管理、行为管理和数据挖掘等研究工作；参与国家自然基金课题 2 项、社科基金项目 2 项、省部级课题 6 项，发表学术文章 25 篇，多次被单位授予"优秀党员""优秀人民教师"荣誉称号。

周健，男，1973 年生，工商管理硕士，中共党员，现任职于河北医科大学第一医院科研处。

序

人才集聚赋能区域振兴科技创新助力经济的高质量发展。如何通过进一步优化人才政策营造鼓励创新、激励创新的制度和环境，最大限度地发挥人才的创造力，特别是激发科技人才的创新活力，成为推动区域发展诸元素中的重中之重。

一段时期以来，各级地方政府为吸引与保持人才展开了激烈的"抢人大战"。有的地方通过产业发展吸引人才，有的地方借助资源禀赋招揽人才，有的地方突出利好条件抢夺人才……地方政府招才引智的政策频出，科技人才流动与集聚出现"单向"马太效应。

事实上，区域间的人才竞争应是良性的，即要由竞争向合作与协同转变。招才引智要从注重"招揽人才"向"用好、激活人才"转变。人才以用为本，科技人才作用的发挥需要在激发其主动性与积极性上做足文章。

"科技人才活力的有效评价与激发"是充分调动科技人才积极性与主动性的基础和前提。通过城市间的对比与分析探索科技人才活力激发的有效路径和机制是较好的研究视角。

本书从各城市群科技人才活力的协同激励入手，通过大量的数据，对比分析了各城市群及城市间的不同形态，探索性地回答了如何实现从"人才管理"向"协同治理"转变，如何提升区域科技的人才活力等根本问题；从科技人才活力投入、活力绩效、活力贡献和活力可持续性4个方面构建了区域科技人才活力评价模型，提供了一套较为全面的测量工具，具有很强的实用价值。

本书资料翔实，调研充分，源于实践，方法得当，可作为各级人才工作部门、教育部门、科技管理部门及人才使用单位全面了解区域人才活力综合状况的资料参考书和方法指导书，能够为区域科技人才协同治理提供必要的数据支持，为政策制定提供数据和方法上的保障。

科技是发展的保障，高质量发展最终要依靠拥有高创造力的科技人才。一个遵循社会发展规律，尊重知识、尊重人才，最大限度地激发人才活力，实现人尽其才、才尽其用的社会必然会为人民带来更多福祉。

在本书付梓之际，作者请我作序。谨以点滴所感，以作简短书序。

陈亮

2023年1月于石家庄

目 录

绪论 ·· 1

第一章 激发人才活力的时代需求 ································ 4

第一节 人才强国战略的要求 ······························ 4
一、科教兴国与人才强国 ································ 4
二、人才强国战略对人才活力的阐述 ················ 10

第二节 科技人才观的具体实践 ··························· 14
一、"人才九条"的提出 ································· 14
二、科技人才观对人才活力的阐述 ··················· 17

第三节 新发展格局的要求 ································ 26

第二章 激发人才活力的理论与政策基础 ····················· 28

第一节 人才活力的概念溯源 ····························· 29
第二节 人才活力的学理界定 ····························· 32
第三节 科技人才活力及其影响因素 ··················· 35
一、个体影响因素 ······································· 36
二、组织影响因素 ······································· 39
三、区域影响因素 ······································· 41

第四节 科技人才政策基础与回顾 ······················· 43
一、科技人才管理与服务 ······························ 44
二、深入落实科技人才评价政策 ······················ 50
三、加强科技人才激励 ································· 55

四、促进科技人才有序流动 …………………………………… 63
五、推动科技人才国际化 …………………………………… 66
六、科技人才创新文化建设 ………………………………… 70
七、推动科技人才服务经济社会发展 ……………………… 74

第三章　区域科技人才活力模型的构建 ………………………… 80
　第一节　区域科技人才活力评价指标 ……………………………… 80
　第二节　区域科技人才活力评价模型 ……………………………… 83

第四章　区域科技人才活力的评价分析 ………………………… 91
　第一节　区域科技人才活力投入指标分析 ……………………… 92
　　一、个体投入指标分析 …………………………………… 92
　　二、企业投入指标分析 …………………………………… 98
　　三、政府投入指标分析 …………………………………… 104
　　四、综合分析 ……………………………………………… 112
　第二节　区域科技人才活力绩效指标分析 ……………………… 113
　　一、论文、专利与吸纳引进绩效分析 …………………… 114
　　二、综合分析 ……………………………………………… 125
　第三节　区域科技人才活力贡献指标分析 ……………………… 126
　　一、技术成果转化与产业化指标分析 …………………… 127
　　二、技术成果产业化效益指标分析 ……………………… 136
　　三、区域贡献指标分析 …………………………………… 140
　　四、综合分析 ……………………………………………… 143
　第四节　区域科技人才活力可持续性指标分析 ………………… 144
　　一、科技人才基数与培养指标分析 ……………………… 145
　　二、活力环境指标分析 …………………………………… 153
　　三、区域宜居性指标分析 ………………………………… 176
　　四、综合分析 ……………………………………………… 178
　第五节　城市群科技人才活力综合评价 ………………………… 180
　　一、国内城市群建设概况 ………………………………… 180
　　二、城市群科技人才活力的对比分析 …………………… 184

第五章 区域科技人才活力激发的建议 …………………………… 189

第一节 区域科技人才活力激发的协同治理 ……………………190
一、区域科技人才的协同治理发展趋势 ………………… 190
二、区域科技人才的协同治理有利于建立长效动力机制 …… 193
三、区域科技人才的协同治理的优化机制 ……………… 194

第二节 区域科技人才活力激发的对策建议 ……………………196
一、激发协同系统内各主体投入的作用机制 …………… 196
二、明确科技人才绩效产出的奖励机制 ………………… 199
三、优化科技人才成果转化与产业化机制 ……………… 201
四、加强科技人才活力的可持续性建设机制 …………… 202

结论 ……………………………………………………………… 206

参考文献 ………………………………………………………… 207

后记 ……………………………………………………………… 223

绪　论

2022年10月16日，中国共产党第二十次全国代表大会报告中指出，"要坚持科技自立自强、人才引领驱动，加快建设教育强国、科技强国、人才强国，坚持为党育人、为国育才，全面提高人才自主培养质量，着力造就拔尖创新人才，聚天下英才而用之。"2020年10月29日，中国共产党第十九届中央委员会第五次全体会议通过《中共中央关于制定国民经济和社会发展第十四个五年规划和二〇三五年远景目标的建议》(以下简称《建议》)。《建议》在"坚持创新驱动发展，全面塑造发展新优势"部分明确提出，要"激发人才创新活力"，要"贯彻尊重劳动、尊重知识、尊重人才、尊重创造方针，深化人才发展体制机制改革，全方位培养、引进、用好人才，造就更多国际一流的科技领军人才和创新团队，培养具有国际竞争力的青年科技人才后备军。"

科技人才创新活力的提出是"人才是第一资源"的人才观的集中体现，是实施人才强国战略、实现我国科技强国和创新驱动发展的重要保障。国家间的竞争不仅表现为"科技战""人才战"，更是其背后人才发展制度和人才发展治理体系的较量。做好新时代人才工作，必须坚持党管人才的基本原则，坚持面向世界科技前沿、面向国家重大需求、面向人民生命健康，深入实施新时代人才强国战略，全方位培养、引进、用好人才，加快建设世界重要人才中心和创新高地，为我国2035年基本实现社会主义现代化提供人才支撑，为2050年全面建成社会主义现代化强国打好人才基础。

根据2017年中华人民共和国科学技术部发布的《"十三五"国家科技人才发展规划》，科技人才是指具有专业知识或专门技能，具备科学思维和创新能力，从事科学技术创新活动，对科学技术事业及经济社会发展作出贡献的劳动者，分为从事科学研究、工程设计、技术开发、科技创业、科技服务、科技管理、科学普及等科技活动的人员。科技人才活力是指由科技人才自身存量、科技投入和产出等因素决定，反映科技人才学习能力、创新能力、竞争能力以及可持续发展能力的综合外在表现状态。科技人才活力是个体与环境共同作用的产物，其创新性包括具有坚忍不拔的探索精神和工作激情的科技工作者所拥有的创新能力，以及科技人才与所在组织、区域与国家环境联动产生的促进科技创新成果取得的一种创新状态。

"十三五"期间，我国科技实力得到了大力提升，人才队伍规模得到长足发展，但是，部分研究领域面临原创性科技成果有待提高，基础性创新不足，部分关键领域、核心技术受制于人的尴尬局面，亟待突破。科技人才活力的充分激发与释放是缓解改善问题的重要突破口。"十四五"期间，面对世界"百年未有之大变局"，以习近平同志为核心的党中央提出了加快确立人才引领发展战略地位、深化人才发展体制机制改革、构建具有全球竞争力的人才制度体系，聚天下英才而用之的总体战略部署。围绕推动原始性创新、颠覆性创新，要求我国人才发展要从重规模、重素质、重数量向重水平、重能力、重贡献转变，体现了对大国竞争下人才工作逻辑和路径的深刻把握。那么，如何建设一支与新时代发展相适应的高质量人才队伍，如何评价与激发人才活力，构建人才生态与协同治理体系，也就成为回应我国人才发展战略需求，推动我国人才发展再上新台阶的重大课题。

关于科技人才活力的研究，马克思主义哲学、管理学、组织行为学、人力资源管理、人才管理、创新管理、公共管理等诸多领域都有涉及。习近平同志在党的十九届四中全会《中共中央关于坚持和完善中国特色社会主义制度、推进国家治理体系和治理能力现代化若干重大问题的决定》提出："要建立健全运用互联网、大数据、人工智能等技术手段进行行政管理的制度规则"。持续地培育与激发科技人才活力，需要利用先进的技术手段，通过客观、及时的反馈机制，形成敏捷治理，实现政府与各级组织的闭环学习，改进政府与市场主体和学术界的互动模式，促进各类主体的及时应对、协同与调整。

正基于此，本书在深入学习国家人才战略和相关文件精神的基础上，应用文献研究、案例研究和实证分析等方法，明确科技人才活力的内涵与影响机理，并对比分析各地的科技人才活力激发的政策实践，开发出区域科技人才活力的测评方案与测评指标，构建我国科技人才活力的测评与反馈机制。构建科技人才活力的动态协同机制，综合地传递来自行政主管、市场主体与人才单位主体的反馈信息，推进科技人才多方主体的协同敏捷治理解决方案，为科技人才的相关体制机制改革和综合协同治理提供学理支撑，促进我国科技人才活力的整体提升。

第一章 激发人才活力的时代需求

2022年10月16日,中国共产党第二十次全国代表大会报告中提出,坚持党管人才原则,坚持尊重劳动、尊重知识、尊重人才、尊重创造,实施更加积极、更加开放、更加有效的人才政策,完善人才战略布局,加快建设世界重要人才中心和创新高地,着力形成人才国际竞争的比较优势。

在党的十九大至党的二十大五年期间,国家各部委及各级地方组织部门在科技人才的流动、吸引、激励、服务和保障等方面开展了诸多成功实践,不断探索着适合我国国情的科技人才综合治理之路。同时也需要在理论上总结这些实践的经验与不足,并指导与反哺实践,为"十五五"规划的制定和人才强国战略的实现提供建议。

第一节 人才强国战略的要求

一、科教兴国与人才强国

在不同历史时期,中国共产党的主要领导人都创造性地提出了适应时代要求、体现时代特色的人才管理思想,其核心内容和精神实质既一脉相承,又与时俱进。从"科学技术是第一生产力""人才资源是第一资源""科教兴国、人才强国战略"到"党管干部""党管人才",中国共产党爱才、识才、用才、聚才的一系列重要举措,使人才工作蓬勃发展,取得了辉煌的成就。

党和国家的第一代领导人高度重视人才工作，毛泽东同志的人才观是中国革命和社会主义建设初期的重要指导方针。1956年，毛泽东同志提出："我国人民应该有一个远大的规划，要在几十年内，努力改变我国在经济上和科学文化上的落后状况，迅速达到世界上的先进水平。为了实现这个伟大的目标，决定一切的是要有干部，要有数量足够的、优秀的科学技术专家。"毛泽东同志主张社会主义人才要"又红又专"，必须具有坚定的政治方向与过硬的专业能力，"德才兼备"是人才选聘的主要标准，"除了学习专业之外，在思想上要有所进步，政治上也要有所进步。"政治立场坚定、品德高尚是人才标准最重要的方面和核心内容，毛泽东同志的人才观为党的革命和建设事业培养了大批优秀人才。中华人民共和国成立初期，党的主要任务是加快社会主义建设，这就需要党的领导干部"既要红又要专"，并且要"学习新本领，真正懂得业务，懂得科学和技术"。周恩来同志在1956年的《关于知识分子问题的报告》中指出，我国知识分子属性和面貌经过社会主义改造以后已经发生了根本性的变化，他们中间的绝大多数"已经成为国家工作人员，已经为社会主义服务"，他们"已经是工人阶级的一部分"。社会主义各项事业的建设，需要越来越多的知识分子的踊跃参与和积极贡献。我们党的任务就是采取积极有效的措施，充分调动和发挥知识分子的创造性，提高其政治觉悟和业务能力，加快培养更多的新生力量，满足社会经济建设对人才的需求。

党的十一届三中全会标志着我国对人才工作的高度重视，尤其是在改革开放后，党和国家的工作重心转移到经济建设方面，更加强调尊重和肯定科技人才。1980年12月，在中共中央工作会议上，邓小平同志结合改革开放的国情，总结历史经验，强调"尊重知识，尊重人才"，指出社会主义改革开放和现代化建设离不开人才，并对干部队伍建设提出"革命化、年轻化、知识化、专业化"的"四化"评价标准，他指出："要在坚持社会主义道路的前提下，使我们的干部队伍年轻化、知识化、专业化，并且要逐步制定完善的干部制度来加以保证。提出年轻化、知识化、专业化这三个条件，当然首先是要革命化。"此方针是我国20世纪80年代人才工作的重要指导方针，使大批的知识分子投身到改革开放的时代洪流中，为我国经济的腾飞奠定了坚实的人才基础。1986年4

月19日，邓小平同志提出："教育是一个民族最根本的事业"，强调党的领导干部要高度重视、切实抓好教育工作。1977年恢复高考制度和学位制度，1986年颁布了《中华人民共和国义务教育法》，不久又恢复了向国外派遣留学生和访问学者的工作。1987年，党的十三大报告提出："把发展科学技术和教育事业放在首要位置"，进一步提高了人才管理在我国社会建设中的地位。

1992年10月，党的十四大报告指出，将教育摆在优先发展的战略地位，是实现我国现代化建设的根本大计，知识分子的才能和创造性能否得到充分发挥是关系到现代化建设成败的大事。1995年，党中央、国务院根据我国社会主义现代化建设的现实情况作出了科教兴国的重大战略决策。1998年国家启动了"211工程""985工程"。2000年11月，在北京召开的中央经济工作会议上，江泽民同志明确提出要制定和实施人才战略，提出了"人才资源是第一资源"的科学论断，强调要充分发挥市场配置人才的作用，促进人才流动，发挥人才对经济社会发展的支撑作用。2001年3月，党的第九届全国人民代表大会第四次会议将人才战略列入我国经济社会发展的中长期规划。

2002年5月，在总结和继承中国共产党历届领导人的人才观的基础上，胡锦涛同志根据国内发展的现实需要及国际局势的变化提出人才强国战略。中国加入WTO后，直面经济全球化和综合国力竞争，为保证建设有中国特色社会主义事业的健康发展，中共中央、国务院印发了《2002—2005年全国人才队伍建设规划纲要》(以下简称《纲要》)，《纲要》中首次提出把人才工作纳入国民经济和社会发展战略规划和总体布局。人才强国战略是对新时期中国人才队伍建设的总体谋划，明确了当前和今后一个时期中国人才队伍建设的指导方针、目标任务和主要政策措施。党的十六大报告进一步提出"以人为本"的人才强国理念，"尊重劳动，尊重知识，尊重人才，尊重创造"方针为新世纪人才工作指明了方向。

在全面建成小康社会时期，各行各业需要大量的人才作支撑，经济发展迅速和实现中华民族伟大复兴，只有实施人才强国战略，才能推动社会经济的跨越式发展。胡锦涛同志在中国共产党历届领导人的人才观基础上，根据国内发展的现实需要及国际局势的变化，提出"以人为本"

的人才强国理念。2003年12月，中共中央首次召开中央人才工作会议，中共中央、国务院下发了《关于进一步加强人才工作的决定》，突出强调实施人才强国战略是党和国家一项重大而紧迫的任务，并进一步明确了新世纪新阶段中国人才工作的重要意义、全面部署了人才工作的根本任务，制定了一系列方针政策，人才强国战略的实施进入了全面推进的新阶段。

2007年10月，党的十七大正式将人才强国战略、科教兴国战略和可持续发展战略确立为经济社会发展的三大国家战略，并写进了党章，标志着我国人才工作进入到全新的快速发展阶段。随后，陆续制定印发了《关于加强国防科技高层次人才管理的若干意见》《关于推进国防科技高层次人才工作机制创新的若干意见》《关于加强国防科技人才继续教育的实施办法》《中共中央、国务院关于进一步加强人才工作的决定》《关于加强农村实用人才队伍建设和农村人力资源开发的意见》等一系列政策措施，形成了以博士后制度、新世纪百千万人才工程、政府特殊津贴专家、有突出贡献的中青年专家和两院院士为依托的高层次人才培养选拔体系；建立"绿色通道"，大力吸引海外留学人员回国；推行人事制度改革，颁布实施《中华人民共和国公务员法》，深化事业单位人事制度改革，探索建立现代人事公共服务体系；围绕振兴东北老工业基地、进一步促进西部大开发等区域发展战略采取了一系列措施，促进了区域间人才的协调发展，人才强国战略进入了全面实施的新阶段。

科学发展观的核心是以人为本，明确了人才资源是第一资源的理念，充分肯定了人才在我国发展及创新中的重要地位。同时要坚持党管人才的原则，加强党对人才强国战略的思想、组织领导。《国家中长期教育改革和发展规划纲要(2010—2020年)》提出要创新人才体制机制，实施重大人才工程，明确了到2020年我国"进入世界人才强国的行列"的战略目标。2016年3月17日，党中央、国务院发布《国民经济和社会发展第十三个五年规划纲要(2016—2020年)》，明确提出："实施人才优先发展战略""把人才作为支撑发展的第一资源，加快推进人才发展体制和政策创新，构建有国际竞争力的人才制度优势，提高人才质量，优化人才结构，加快建设人才强国"，并设置"重大人才工程"专栏，明确创新人才推进计划、青年英才开发计划、企业经营管理人才素质提升计划、"万人计划"提升工程、专业技术人才知识更新工程和国家高技能人才振兴计划。同年3月21日,中共中央印发《关于深化人才发展体制机制改革的意见》,规定我国人才工作继续坚持党管人才原则,深化人才体制机制改革,推进人才工作立法,创造人才培养环境,激发我国人才工作活力,加快人才工作的推进。2016年5月19日,中共中央、国务院印发《国家创新驱动发展战略纲要》,提出:"建设高水平人才队伍,筑牢创新根基""加快建设科技创新领军人才和高技能人才队伍。围绕重要学科领域和创新方向造就一批世界水平的科学家、科技领军人才、工程师和高水平创新团队,注重培养一线创新人才和青年科技人才,对青年人才开辟特殊支持渠道""加快建设科技创新领军人才和高技能人才队伍。围绕重要学科领域和创新方向造就一批世界水平的科学家、科技领军人才、工程师和高水平创新团队,注重培养一线创新人才和青年科技人才,对青年人才开辟特殊支持渠道""推动教育创新,改革人才培养模式,把科学精神、创新思维、创造能力和社会责任感的培养贯穿教育全过程"。2020年11月3日,中共中央制定并发布《国民经济和社会发展第十四个五年规划和二〇三五年远景目标的建议》,提出要大力"激发人才创新活力""贯彻尊重劳动、尊重知识、尊重人才、尊重创造方针,深化人才发展体制机制改革,全方位培养、引进、用好人才,造就更多国际一流的科技领军人才和创新团队,培养具有国际竞争力的青年科技人才后备军""构筑集聚国内外优秀人才的科研创新高地"。2022年1月29日,国务院制定"双一流大学"建设规划,中华人民共和国教育部、中华人民共和国财政部、中华人民共和国国家发展和改革委员会联合印发《关于深入推进世界一流大学和一流学科建设的若干意见》(以下简称《意见》),明确提出"建设世界一流大学和一流学科是党中央、国务院作出的重大战略部署",努力实现"2035年建成教育强国、人才强国的目标"。《意见》还提出更加突出"双一流"建设培养一流人才、服务国家战略需求、争创世界一流的导向,深化体制机制改革,统筹推进、分类建设一流大学和一流学科,在关键核心领域加快培养战略科技人才、一流科技领军人才和创新团队,为全面建设社会主义现代化强国提供有力支撑。

综上所述,人才强国战略的发展大体经历了5个阶段。

(1) 人才强国战略发端于建国初期。中华人民共和国成立伊始，毛泽东同志强调："我国人民应该有一个远大的规划，要在几十年内，努力改变我国在经济上和科学文化上的落后状况，迅速达到世界上的先进水平。为了实现这个伟大的目标，决定一切的是要有干部，要有数量足够的、优秀的科学技术专家。"

(2) 人才强国战略成长于改革开放时期。中华人民共和国的建设需要大量人才支撑，邓小平同志提出"尊重知识、尊重人才"的人才工作方针，并对干部队伍建设提出"革命化、年轻化、知识化、专业化"的"四化"方针，使大批的知识分子投入到改革开放的时代洪流中，为日后我国经济的腾飞奠定了人才基础。

(3) 人才强国战略的确立阶段。1995年5月6日，中共中央、国务院准确分析科技发展趋势和国内外形势，作出关于加速科学技术进步的决定，确定实施科教兴国战略。2000年11月30日，江泽民同志在中央经济工作会议上，首次明确地提出："要加快人才队伍建设和提高国民素质。制定和实施人才战略，加快培养和吸引现代化建设急需的各类人才，特别是高层次人才；进一步深化干部人事制度改革，营造尊重人才、鼓励创业的社会环境。"2002年5月7日，中共中央办公厅、国务院办公厅印发《2002—2005年全国人才队伍建设规划纲要》，提出人才强国战略，首次把人才工作纳入国民经济和社会发展战略规划和总体布局。2003年12月26日，党中央召开中央人才工作会议，中共中央、国务院发布《关于进一步加强人才工作的决定》，强调"实施人才强国战略是党和国家一项重大而紧迫的任务"。进一步明确了"新世纪新阶段人才工作的根本任务是实施人才强国战略""大力实施人才强国战略，必须坚持党管人才原则"，全面部署了人才工作。

(4) 人才强国战略快速发展阶段。2007年10月，党的十七大正式将人才强国战略、科教兴国战略和可持续发展战略确立为经济社会发展的三大国家战略，并写进了十七大报告和党章，标志着我国人才工作进入到全新快速的发展阶段。2010年7月，国务院发布的《国家中长期教育改革和发展规划纲要(2010—2020年)》提出创新人才体制机制，实施重大人才工程，明确了到2020年我国"进入世界人才强国的行列"的战略目标。

(5) 当今时代是人才强国战略的新进展时期：2016年3月，党的"十三五"规划明确提出："实施人才优先发展战略""把人才作为支撑发展的第一资源，加快建设人才强国"。同时印发了《关于深化人才发展体制机制改革的意见》，规定了"坚持党管人才原则"，激发我国人才工作活力，加快人才工作的推进。2020年11月3日，党中央的《国民经济和社会发展第十四个五年规划和二〇三五年远景目标的建议》要大力"激发人才创新活力"，为经济高质量发展注入强劲动力。2022年2月8日，中华人民共和国教育部发布《教育部2022年工作要点》，对2022年"双一流"建设、新版学科专业目录发布、高校设置与独立学院转设等多方面工作作出明确部署，强调："深入推进'双一流'建设""逐步淡化一流大学建设高校和一流学科建设高校的身份色彩，选择具有鲜明特色和综合优势的建设高校赋予一定建设自主权，探索分类特色发展模式""深化改革扩大开放，持续为教育发展注入强大动力""为全面建成社会主义现代化强国提供有力支撑"。

二、人才强国战略对人才活力的阐述

实施人才强国战略，是推动经济社会跨越式发展，提升我国综合国力和国际竞争力的关键。人才强国战略的制定和实施，是党以"邓小平理论"和"三个代表"重要思想为指导，从当前世界和中国深刻变化着的实际出发，根据党和国家事业发展的迫切要求而作出的重大决策。社会主义建设初期的国情决定了我国必须要开发人才资源，走人才强国之路，建设高质量的人才队伍是重中之重。只有实施人才强国战略，才能推动社会经济的跨越式发展。人才强国之路，为社会经济的发展提供强大的人才支撑。同时，面对更加复杂的国内外形势，我党需要有更高的经济驾驭水平和社会治理能力，而提高党的执政能力需要大量的人才队伍作为支撑。因此，实施人才强国战略是巩固党的思想政治水平、参与社会治理能力与巩固党的执政地位的现实需要，是提高国际事务处理能力，彰显大国风范的必然需要。人才强国战略作为一项国家的重大战略，有着丰富而深刻的科学内涵。

2002年5月7日，党中央、国务院制定下发《2002—2005年全国人才队伍建设规划纲要》中首次提出"实施人才强国战略",把人才工作纳入国民经济和社会发展战略规划和总体布局。人才强国战略是对新时期中国人才队伍建设的总体谋划,明确了当前和今后一个时期中国人才队伍建设的指导方针、目标任务和主要政策措施。党的十六大报告进一步提出"以人为本"的人才强国理念,"尊重劳动,尊重知识,尊重人才,尊重创造"方针,为新世纪人才工作指明了方向。人才强国战略的目标指向是建设"现代化强国",其核心是"人才为本""人才兴国"。"强国"是指增强国力、振兴国家,即大力提升国家核心竞争力和综合国力。《2002—2005年全国人才队伍建设规划纲要》明确指出:"抓住机遇,迎接挑战,走人才强国之路,是增强我国综合国力和国际竞争力,实现中华民族伟大复兴的战略选择""建设有中国特色社会主义事业不断推向前进,人才是关键"。2017年10月,习近平同志在中国共产党第十九次全国代表大会上的报告中强调,要"坚定实施科教兴国战略、人才强国战略、创新驱动发展战略"。结合《2002—2005年全国人才队伍建设规划纲要》和党的十九大报告精神,人才强国战略的核心内涵突出体现在如下4点。

(1)"坚持党管人才"是人才强国战略的重要保障。习近平同志在中国共产党第十九次全国代表大会上的报告中明确强调:"坚持党对一切工作的领导。党政军民学,东西南北中,党是领导一切的""要坚持党管人才原则,聚天下英才而用之,加快建设人才强国"。人才强国战略是在科学发展观的指导下逐步发展和完善的,具有统筹协调的显著特点。自觉落实科学发展观和全力搞好科学统筹,推进人才工作的协调发展是人才强国战略的基本要求。坚持各类人才队伍建设相协调,推进人才资源整体开发,针对中国人才工作协调发展中的薄弱环节,进一步做好西部和民族地区人才工作,要重视非公有制经济组织和社会组织人才工作,要加强高技能人才和农村实用人才队伍建设,要大力抓好青年人才队伍建设,培养造就一大批具有全球视野和国际水平的战略科技人才、科技领军人才、青年科技人才和高水平创新团队。

(2)建设一支"德才兼备"的人才队伍是人才强国战略的基本内容。要实现党的十九大提出的宏伟目标,要"重点加强党政领导人才队伍建设。体现时代要求,赋予干部队伍'四化'方针和德才兼备原则以新的内容"。需要有一批勇于改革、善于改革,敢于直面矛盾和问题、善于化解矛盾和问题,有想干事、真干事的自觉和会干事、干成事的本领,能够应对重大挑战、抵御重大风险、克服重大阻力、解决重大矛盾,确保党中央确定的目标任务和战略部署顺利实现的干部队伍。2015年7月24日,中华全国青年联合会第十二届委员会全体会议、中华全国学生联合会第二十六次代表大会在北京举行,习近平同志在贺信中殷切期望中国青年要"志存高远、德才并重、情理兼修、勇于开拓",在火热的青春中放飞人生梦想,在拼搏的青春中成就事业华章。党的十八大以来,以习近平同志为核心的党中央高度重视爱国主义教育,固本培元、凝心铸魂,作出一系列重要部署,习近平同志指出:"爱国,是人世间最深层、最持久的情感,是一个人立德之源、立功之本。"

(3)"聚天下英才而用之"是人才强国战略的具体路径,也是习近平同志人才思想的精髓,要树立强烈的人才意识,努力建设一支能够站在世界科技前沿、勇于开拓创新的高素质人才队伍,鼓励人才把自己的智慧和力量奉献给实现中国梦的伟大实践。习近平同志强调在"坚持党管人才原则"的基础上"聚天下英才而用之,加快建设人才强国。实行更加积极、更加开放、更加有效的人才政策,以识才的慧眼、爱才的诚意、用才的胆识、容才的雅量、聚才的良方,把党内和党外、国内和国外各方面优秀人才集聚到党和人民的伟大奋斗中来,鼓励引导人才向边远贫困地区、边疆民族地区、革命老区和基层一线流动,努力形成人人渴望成才、人人努力成才、人人皆可成才、人人尽展其才的良好局面,让各类人才的创造活力竞相迸发、聪明才智充分涌流"。人才是实现民族振兴、赢得国际竞争主动的战略性资源。我们要树立强烈的人才意识,寻觅人才、求贤若渴,发现人才、如获至宝,举荐人才、不拘一格,使用人才、各尽其能;努力实现聚天下英才而用之,建设一支矢志爱国奉献、勇于创新创造的优秀人才队伍。

(4)创新驱动是人才强国战略的持续动力。"坚持以改革创新为动力。继续深化干部人事制度和人才管理体制改革,大力推进人才工作的理论和体制创新,将改革创新贯穿于人才队伍建设的全过程。"我国社会主义经济建设处于由要素驱动、投资驱动向创新驱动转变的新阶段。创新驱动的实质是人才驱动。转变发展方式、优化经济结构、实现高质量发展，都需要把科技进步和创新作为经济社会发展的重要推动力，把发展教育和培养德才兼备的高素质人才摆在更加突出的战略位置，深化体制改革，加大投入，加快科技教育发展，努力建设创新型国家和人力资源强国。科教兴国反映的是培养人才，是人才强国的前提；人才强国战略依靠科教兴国战略来实现。要着力破除体制机制障碍，向用人主体放权，为人才松绑，让人才创新创造活力充分迸发，使各方面人才各得其所、尽展其长。2014年6月9日，习近平同志在中国科学院第十七次院士大会、中国工程院第十二次院士大会上发表重要讲话，指出："知识就是力量，人才就是未来。我国要在科技创新方面走在世界前列，必须在创新实践中发现人才、在创新活动中培育人才、在创新事业中凝聚人才，必须大力培养造就规模宏大、结构合理、素质优良的创新型科技人才。"经济与建设的发展道路"就在科技创新上，就在加快从要素驱动、投资规模驱动发展为主向以创新驱动发展为主的转变上"。创新驱动实质上是人才驱动，进入21世纪，全球处于百年未有之大变局，以人工智能为代表的新一轮科技革命和产业变革浪潮奔腾而至，给世界发展带来前所未有的颠覆式变革。在机遇与挑战并存的背景下，中国要努力奋进，深刻把握世界未来高等教育技术革新发展的趋势，超前识变、积极应变、主动求变，快速提升整体的国际竞争力。

综上所述，人才是经济建设与社会进步的第一资源，培养有创造力的科技人才、充分激活科技人才的创新活力，是实现科教兴国、人才强国和可持续发展战略的核心内涵。人才强国战略的工作重心是建设"人才资源强国"，充分发挥人才的核心作用，要调动各方面的积极性，通过各种途径，大力开发人才资源、鼓励创新，加快中国从人口大国向人才强国转变的进程，努力造就一支规模宏大、素质优良、结构合理、活力旺盛，既能满足中国经济社会发展需要，又能参与国际竞争的人才大军，为实现新世纪我国经济社会发展的宏伟目标提供坚强有力的人才保障。

第二节 科技人才观的具体实践

2014年6月9日,习近平同志在中国科学院第十七次院士大会、中国工程院第十二次院士大会上的讲话中强调:"科技是国家强盛之基,创新是民族进步之魂……从某种意义上说,科技实力决定着世界政治经济力量对比的变化,也决定着各国各民族的前途命运。"要实现中华民族伟大复兴的目标,"我们就必须坚定不移贯彻科教兴国战略和创新驱动发展战略,坚定不移走科技强国之路。"

科技人才观作为习近平新时代中国特色社会主义思想的有机组成部分,习近平同志在多个重要会议上强调"创新、协调、绿色、开放、共享"的发展理念,集中体现了"十三五"乃至更长时期我国的发展思路、发展方向、发展着力点,是管全局、管根本、管长远的导向。2015年10月29日,习近平同志在党的十八届五中全会第二次全体会议上指出:"我们必须把创新作为引领发展的第一动力,把人才作为支撑发展的第一资源,把创新摆在国家发展全局的核心位置,不断推进理论创新、制度创新、科技创新、文化创新等各方面创新,让创新贯穿党和国家一切工作,让创新在全社会蔚然成风。"这充分体现了习近平同志的"聚天下英才而用之,让更多千里马竞相奔腾"的科技人才观。

一、"人才九条"的提出

如何将科技人才吸引过来、凝聚起来,使他们各尽其能、尽展其才?1983年3月29日《河北日报》于头版头条发表了《正定县为有志之士敞开大门》一文,文中提出"人才九条"举措对落实党的知识分子政策、吸引人才、激发活力起到了重要作用[①]。"人才九条"就是习近平同志针

---

① 1983年3月,河北日报社的记者李乃毅采访当时在河北省正定县工作的习近平同志,以"人才九条"为主要内容撰写《正定县为有志之士敞开大门》一文,《河北日报》于3月29日头版头条刊发。李乃毅,曾任河北日报社记者,后任石家庄市委副秘书长、办公厅主任。

对农村科技落后、人才短缺的问题，主持制定的"树立新时期的用人观点，广招贤才、博览群才的九条措施"。

(1) 热烈欢迎外地各种科技人员来正定帮助发展县、社、队企业。对搞成的每个项目，只要产品有销路，其利润由双方商定比例分成，或给一次性总付酬；贡献突出者，县委将予以记功、记大功、晋级、晋职。在农村的家属户口优先转吃商品粮，并给家属、子女安排适当工作。

(2) 树立新时期的用人观点，凡是技术专长者一律接收。其中包括出身不好，社会关系复杂的；过去犯过错误已经改正的；曾被当作"资本主义"典型批判至今仍不被重视的；由于社会上的偏见，使其科研工作遭到压制的；没有学历而自学成才的。

(3) 工作调动由县组织、人事部门负责办理，若一时办不齐手续，可先来后办。原工资照发，粮食定量不变(全部细粮)，工龄连续计算。今后根据贡献大小另行确定工资数额。对不能调入我县工作者，可短期应聘或兼任我县某方面的经济技术顾问。

(4) 愿为全国各地技术人员提供试制新产品，推广新技术所需要的工作、生活条件。新产品一旦被本县采用，即付重奖；收到经济效益后，利润按比例分成，或给一次性总付酬。同时也允许研究项目失败，不追究责任，工资报酬、往返车费照付。

(5) 调入的人才，由县委、县政府统一安排使用，出现问题，县委、县政府领导亲自加以解决。

(6) 兴建"人才楼""招贤馆"。设立人才服务处，对人才统一管理，配备助手、车辆，做到搬煤到屋，送粮到户，解决生活上的后顾之忧。

(7) 成立技术开发公司，吸收人才，接受新产品、新技术；对科研人员和自学成才青年正在业余研究的有前途的科学项目，若愿意给予本公司，将尽力协助解决经费困难。

(8) 积极鼓励、扶持城乡团体和个人自筹资金和外地大、中专院校签订教学、代培合同，定向培养人才。教授、学者、工程师及有关技术专长者应聘来县讲学，指导企业经营管理，车接车送，免费招待，并发津补贴。

(9) 实行人才流动，调入该县的科技人员来去自由。本人一旦感到自己的技术专长不能有效发挥时，可以调到所向往单位，县委、县政府不加阻拦，并给予提供出走方便①。

"人才九条"发表后，《建设日报》等省内外媒体纷纷转载报道，在全国引起强烈反响。著名数学家华罗庚、经济学家于光远、教育家潘承孝等50多名高级专家学者，应聘参加了习近平同志组织的经济顾问团。于光远和数十名顾问先后到正定讲学，为正定县的发展出谋划策。全国20多个省、自治区、直辖市的700多名科技人员来函咨询、提供项目、联系工作调动。习近平同志带领县委、县政府领导和有关部门、乡镇干部，用心落实"人才九条"，热情接待应聘人员，认真解决实际问题。仅一年多时间，一大批优秀人才和好项目就在正定安家落户。长期亏损的工厂扭亏为盈了，库存积压的产品畅销全国了。195型柴油机、精细化工"碱性玫瑰精""三露"(后来的"大宝")化妆品、优种"冀棉2号"等一批优质产品投产。有的填补了省内空白，有的获得了省市"科技进步奖"，并且取得了很好的经济效益。

不仅如此，县委、县政府还依照"人才九条"精神，积极挖掘本地人才，组织人事部门对全县各界人才进行普查，登记造册，建立"人才账"。不论身份，唯才是举，择其专长，量才使用。同时，通过讲习进修、脱产培训，提升干部素质，展开经联协作。先后与全国32所学校、21家科研单位建立协作关系，引进人才和项目，并以此为突破口，创办了131家乡镇企业，扩大了村民就业，增加了经济收入，提高了群众生活水平。同时，人才效应也反映到县里工作的其他方面：教师工资开支列入县财政预算，每月与干部同时发放；改善办学条件、新建教学楼、公社建文化站；对重点文物古寺楼塔进行修缮保护；建起荣国府，带动旅游发展。

"内用、外招、上请、下挖、近补、远育"，是习近平同志开发人才的"十二字真经"。"人才九条"中，可以处处体现出习近平同志思人之苦、谅人之难、成人之善、容人之量。"人才九条"主要有三点核心：一是坚持实事求是，"不唯书、不唯上、只唯实"的思想作风；二是运用创新思维，革旧除弊，解决发展中主要矛盾的工作方法；三是为了党

---

① 李乃毅. 正定县为有志之士敞开大门[N]. 河北日报，1983-03-29.

的事业敢于负责的担当精神①。正是习近平同志这种善政为民、厚德待人、求贤若渴、敬士如宾的人格力量,使有志之士主动汇集到正定,凝聚在他的周围,为共同的事业贡献自己的力量。

二、科技人才观对人才活力的阐述

一个国家科技实力的积累程度与科技创新质量与这个国家的科技人才紧密相关。根据2017年中华人民共和国科学技术部发布的《"十三五"国家科技人才发展规划》,科技人才是指具有专业知识或专门技能,具备科学思维和创新能力,从事科学技术创新活动,对科学技术事业及经济社会发展作出贡献的劳动者。主要包括从事科学研究、工程设计、技术开发、科技创业、科技服务、科技管理、科学普及等科技活动的人员。

2017年10月,习近平同志在中国共产党第十九次全国代表大会上的报告中强调,要"坚定实施科教兴国战略、人才强国战略、创新驱动发展战略""我国经济已由高速增长阶段转向高质量发展阶段""必须坚定不移贯彻创新、协调、绿色、开放、共享的发展理念",把创新摆在国家发展全局的核心位置,让创新贯穿党和国家一切工作,使创新成为引领发展的第一动力、人才成为支撑发展的第一资源。

党中央与习近平同志的科技人才观,帮助我们明确了什么是人才、人才在经济与社会发展中所处的地位,也明确了如何育才、聚才、用才。牢固树立和认真落实科技人才观,既是重要的理论问题,又是重大的实践任务。树立和落实科技人才观,才能全面做好人才工作。科技人才观是习近平同志新时代中国特色社会主义思想的有机组成部分,为科技人才、高层次人才选拔、培养、引进工作擘画了蓝图,指明了方向。在深入学习习近平同志有关科技人才观的重要讲话基础上,可作出如下总结。

(1)确保党对人才工作的全面领导是战略基础。随着经济开放水平的逐步提高,面对纷繁复杂的国内外形势,我党需要有更高的经济驾驭水平和协同治理能力。党管干部是提高党的执政能力的人才队伍支撑,

---

① 中央党校采访实录编辑室. 习近平在正定[M]. 北京:中共中央党校出版社,2019: 177-178.

党管人才是加强对人才工作的政治引领。党要领导实施人才强国战略、推进高水平科技自立自强，全方位支持人才、帮助人才，千方百计造就人才、成就人才，以识才的慧眼、爱才的诚意、用才的胆识、容才的雅量、聚才的良方，着力把党内和党外、国内和国外各方面优秀人才集聚到党和人民的伟大奋斗中来，努力建设一支规模宏大、结构合理、素质优良的人才队伍。

2013年6月28日，习近平同志在全国组织工作会议上发表重要讲话时指出："我们党历来高度重视选贤任能，始终把选人用人作为关系党和人民事业的关键性、根本性问题来抓……各级党委及组织部门要坚持党管干部原则，坚持正确用人导向，坚持德才兼备、以德为先，努力做到选贤任能、用当其时，知人善任、人尽其才，把好干部及时发现出来、合理使用起来。"2017年10月18日，习近平同志在中国共产党第十九次全国代表大会上的报告中指出："要坚持党管人才原则，聚天下英才而用之，加快建设人才强国。"2019年6月11日，中共中央办公厅、国务院办公厅印发《关于进一步弘扬科学家精神加强作风和学风建设的意见》，强调"坚持党的领导，提高政治站位，强化政治引领，把党的领导贯穿到科技工作全过程，筑牢科技界共同思想基础。"

(2) 提升人才意识的战略高度是基本要求。2014年6月9日，习近平同志在中国科学院第十七次院士大会、中国工程院第十二次院士大会上的讲话中指出："千秋基业，人才为先。实现中华民族伟大复兴，人才越多越好，本事越大越好。我国是一个人力资源大国，也是一个智力资源大国，我国13亿多人大脑中蕴藏的智慧资源是最可宝贵的。知识就是力量，人才就是未来。我国要在科技创新方面走在世界前列，必须在创新实践中发现人才、在创新活动中培育人才、在创新事业中凝聚人才，必须大力培养造就规模宏大、结构合理、素质优良的创新型科技人才。"2016年4月19日，习近平同志在网络安全和信息化工作座谈会上的讲话中指出："人才是第一资源。古往今来，人才都是富国之本、兴邦大计。我说过，要把我们的事业发展好，就要聚天下英才而用之。要干一番大事业，就要有这种眼界、这种魄力、这种气度""'得人者兴，失人者崩。'网络空间的竞争，归根结底是人才竞争。建设网络强国，没有一支优秀的人才队伍，没有人才创造力迸发、活力涌流，是难以成功的。念好了人才经，才能事半功倍。"同年 5 月 28 日，习近平同志在全国科技创新大会、两院院士大会、中国科学技术协会第九次全国代表大会上的讲话中指出："两院院士和广大科技工作者是国家的财富、人民的骄傲、民族的光荣，大家责任重大、使命重大，应该努力为建成创新型国家、建成世界科技强国作出新的更大的贡献。"2019 年 6 月 11 日，中共中央办公厅、国务院办公厅发布《关于进一步弘扬科学家精神加强作风和学风建设的意见》，要求"以塑形铸魂科学家精神为抓手，切实加强作风和学风建设，积极营造良好科研生态和舆论氛围""争做重大科研成果的创造者、建设科技强国的奉献者、崇高思想品格的践行者、良好社会风尚的引领者""在全社会形成尊重知识、崇尚创新、尊重人才、热爱科学、献身科学的浓厚氛围，为建设世界科技强国汇聚磅礴力量。"2021 年 9 月 27 日，习近平同志在中央人才工作会议上指出，要"加快建设世界重要人才中心和创新高地""加快建设世界重要人才中心和创新高地，必须把握战略主动，做好顶层设计和战略谋划。我们的目标是：到 2025 年，全社会研发经费投入大幅增长，科技创新主力军队伍建设取得重要进展，顶尖科学家集聚水平明显提高，人才自主培养能力不断增强，在关键核心技术领域拥有一大批战略科技人才、一流科技领军人才和创新团队；到 2030 年，适应高质量发展的人才制度体系基本形成，创新人才自主培养能力显著提升，对世界优秀人才的吸引力明显增强，在主要科技领域有一批领跑者，在新兴前沿交叉领域有一批开拓者；到 2035 年，形成我国在诸多领域人才竞争比较优势，国家战略科技力量和高水平人才队伍位居世界前列。"

(3) 全面推进高层次创新型人才队伍建设是核心工作。2014 年 2 月 27 日，习近平同志在中央网络安全和信息化领导小组第一次会议上强调："要把人才资源汇聚起来，建设一支政治强、业务精、作风好的强大队伍。'千军易得，一将难求'要培养造就世界水平的科学家、网络科技领军人才、卓越工程师、高水平创新团队。"2014 年 8 月 18 日，习近平同志主持召开中央财经领导小组第七次会议时强调："创新驱动实质上是人才驱动。为了加快形成一支规模宏大、富有创新精神、敢于承担风险的创新型人才队伍,要重点在用好、吸引、培养上下功夫。要用好科学家、科技人员、企业家,激发他们的创新激情。"2014年6月9日,习近平同志在中国科学院第十七次院士大会、中国工程院第十二次院士大会上的讲话中指出:"我们要把人才资源开发放在科技创新最优先的位置,改革人才培养、引进、使用等机制,努力造就一批世界水平的科学家、科技领军人才、工程师和高水平创新团队,注重培养一线创新人才和青年科技人才""要在全社会积极营造鼓励大胆创新、勇于创新、包容创新的良好氛围,既要重视成功,更要宽容失败,完善好人才评价指挥棒作用,为人才发挥作用、施展才华提供更加广阔的天地"。2016年5月6日,习近平同志就深化人才发展体制机制改革作出重要指示,强调:"要着力破除体制机制障碍,向用人主体放权,为人才松绑,让人才创新创造活力充分迸发,使各方面人才各得其所、尽展其长"。2016年5月20日,中共中央、国务院发布《国家创新驱动发展战略纲要》(以下简称《纲要》),《纲要》明确强调:"创新是引领发展的第一动力,必须把发展基点放在创新上,塑造更多依靠创新驱动、更多发挥先发优势的引领型发展。"《纲要》提出了实施创新驱动发展战略三个阶段的目标,与我国现代化建设"三步走"战略目标相互呼应、提供支撑,即:"第一步,到2020年进入创新型国家行列,有力支撑全面建成小康社会目标的实现;第二步,到2030年跻身创新型国家前列,为建成经济强国和共同富裕社会奠定坚实基础;第三步,到2050年建成世界科技创新强国,为我国建成富强民主文明和谐的社会主义现代化国家、实现中华民族伟大复兴中国梦提供强大支撑。"2016年5月28日,习近平同志在全国科技创新大会、两院院士大会、中国科学技术协会第九次全国代表大会上的讲话中指出,要"弘扬创新精神,培育符合创新发展要求的人才队伍""要建设一支规模宏大、结构合理、素质优良的创新人才队伍""要尊重科学研究灵感瞬间性、方式随意性、路径不确定性的特点,允许科学家自由畅想、大胆假设、认真求证""发挥好科技领军作用,团结带领全国科技界特别是广大青年科技人才为建设世界科技强国建功立业"。2018年1月31日,国务院印发《关于全面加强基础科学研究的若干意见》,强调:"充分发挥科学技术作为第一生产力的作用,充分发挥创新作为引领发展第一动力的作用,瞄准世界科技前沿,强化基础研究""培养造就具有国际水平的战略科技人才和科技领军人才""培养一批具有前瞻性和国际眼光的战略科学家群体""建设高水平创新团队"。

2018年3月7日,习近平同志在参加两会代表、广东代表团座谈时强调:"发展是第一要务,人才是第一资源,创新是第一动力。如果不走创新驱动的道路,新旧动能不能够顺利转换,中国就不可能真正强大起来。强起来要靠创新,创新要靠人才。"要尊重人才成长规律,解决人才队伍结构性矛盾,构建完备的人才梯次结构,培养造就一大批具有国际水平的战略科技人才、科技领军人才、青年科技人才和创新团队。2020年9月11日,习近平同志在北京主持召开科学家座谈会并发表重要讲话时强调:"我国拥有数量众多的科技工作者、规模庞大的研发投入,关键是要改善科技创新生态,激发创新创造活力,给广大科学家和科技工作者搭建施展才华的舞台,让科技创新成果源源不断涌现出来。"2020年10月,中国共产党第十九届中央委员会第五次全体会议通过《中共中央关于制定国民经济和社会发展第十四个五年规划和二〇三五年远景目标的建议》,提出要"坚持创新驱动发展""激发人才创新活力。贯彻尊重劳动、尊重知识、尊重人才、尊重创造方针,深化人才发展体制机制改革,全方位培养、引进、用好人才,造就更多国际一流的科技领军人才和创新团队,培养具有国际竞争力的青年科技人才后备军""壮大高水平工程师和高技能人才队伍""实行更加开放的人才政策,构筑集聚国内外优秀人才的科研创新高地"。2021年5月28日,中国科学院第二十次院士大会、中国工程院第十五次院士大会和中国科协第十次全国代表大会上,习近平同志在针对科技和人才工作作出重要战略部署时强调:"科技立则民族立,科技强则国家强""坚持把科技创新摆在国家发展全局的核心位置,全面谋划科技创新工作"。

(4) 广聚国内、外英才而用之是主要措施。国家发展需要各方资源,尤其是全世界人才的参与。中国的快速发展同时也为世界人才提供了发展舞台与机遇,必须实行更加积极、更加开放、更加有效的人才吸引与激励政策,高效使用全球创新资源,精准引进急需紧缺人才,制定更具吸引力和国际竞争力的人才协同体系，加快建设世界级人才中心和创新高地。2014年5月22日，习近平同志在出席亚洲相互协作与信任措施会议上海峰会后召开的外国专家座谈会上讲话，指出："中华民族历来具有尚贤爱才的优良传统。现在，我们比历史上任何时期都更需要广开进贤之路、广纳天下英才。要实行更加开放的人才政策，不唯地域引进人才，不求所有开发人才，不拘一格用好人才，在大力培养国内创新人才的同时，更加积极主动地引进国外人才特别是高层次人才，热忱欢迎外国专家和优秀人才以各种方式参与中国现代化建设。要积极营造尊重、关心、支持外国人才创新创业的良好氛围，对他们充分信任、放手使用，让各类人才各得其所，让各路高贤大展其长。"2014年6月9日，习近平同志在中国科学院第十七次院士大会、中国工程院第十二次院士大会上讲话，指出："要广泛吸引海外优秀专家学者为我国科技创新事业服务""我们要把人才资源开发放在科技创新最优先的位置，改革人才培养、引进、使用等机制，努力造就一批世界水平的科学家、科技领军人才、工程师和高水平创新团队，注重培养一线创新人才和青年科技人才。"2014年8月18日，习近平同志主持召开中央财经领导小组第七次会议，他在会议上发表讲话时强调："创新始终是推动一个国家、一个民族向前发展的重要力量""实施创新驱动发展战略，就是要推动以科技创新为核心的全面创新""创新驱动实质上是人才驱动。为了加快形成一支规模宏大、富有创新精神、敢于承担风险的创新型人才队伍，要重点在用好、吸引、培养上下功夫。要用好科学家、科技人员、企业家，激发他们的创新激情。要学会招商引资、招人聚才并举，择天下英才而用之，广泛吸引各类创新人才特别是最缺的人才。"2016年4月19日，习近平同志在网络安全和信息化工作座谈会上的讲话中强调："在人才选拔上要有全球视野，下大气力引进高端人才"，我们要"改革人才引进各项配套制度，构建具有全球竞争力的人才制度体系。不管是哪个国家、哪个地区的，只要是优秀人才，都可以为我所用"。对特殊型人才，习近平同志也为我们明确了用人思路，"互联网领域的人才，不少是怪才、奇才，他们往往不走一般套路，有很多奇思妙想。对待特殊人才要有特殊政策，不要求全责备，不要论资排辈，不要都用一把尺子衡量。"2019年10月31日,中国共产党第十九届中央委员会第四次全体会议表决通过《中共中央关于坚持和完善中国特色社会主义制度、推进国家治理体系和治理能力现代化若干重大问题的决定》,文件指出:"完善科技人才发现、培养、激励机制,健全符合科研规律的科技管理体制和政策体系,改进科技评价体系,健全科技伦理治理体制。"

(5) 持续深化人才发展体制改革是重要保障。深化人才发展体制机制改革是做好人才工作的重要保障,需要进一步优化人才培养、使用、评价、服务、支持、激励等方面的体制和机制问题,破除"四唯"现象,放权与授权相结合,为人才松绑,把我国制度优势转化为人才优势、科技竞争优势,加快形成人才成长的培养机制、人尽其才的使用机制、人才各展其能的激励机制、人才脱颖而出的竞争机制。

2014年1月6日,习近平同志在会见探月工程嫦娥三号任务参研参试人员代表时指出:"我们要着力完善人才发展机制,最大限度支持和鼓励科技人员创新创造。要不拘一格、慧眼识才,放手使用优秀青年人才,为他们奋勇创新、脱颖而出提供舞台。"2014年5月22日,习近平在出席亚洲相互协作与信任措施会议上海峰会后召开的外国专家座谈会上的讲话中强调:"要实行更加开放的人才政策,不唯地域引进人才,不求所有开发人才,不拘一格用好人才,在大力培养国内创新人才的同时,更加积极主动地引进国外人才特别是高层次人才,热忱欢迎外国专家和优秀人才以各种方式参与中国现代化建设。"2016年4月19日,习近平同志在网络安全和信息化工作座谈会上的讲话中强调:"对待特殊人才要有特殊政策,不要求全责备,不要论资排辈""要采取特殊政策,建立适应网信特点的人事制度、薪酬制度,把优秀人才凝聚到技术部门、研究部门、管理部门中来。要建立适应网信特点的人才评价机制,以实际能力为衡量标准,不唯学历,不唯论文,不唯资历,突出专业性、创新性、实用性。要建立灵活的人才激励机制,让作出贡献的人才有成就感、获得感。要探索网信领域科研成果、知识产权归属、利益分配机制,在人才入股、技术入股以及税收方面制定专门政策。"

2016年2月,中共中央印发《关于深化人才发展体制机制改革的意见》(以下简称《意见》),并发出通知,要求各地区各部门结合实际认真贯彻落实。通知指出："《意见》着眼于破除束缚人才发展的思想观念和体制机制障碍，解放和增强人才活力，形成具有国际竞争力的人才制度优势，聚天下英才而用之，明确深化改革的指导思想、基本原则和主要目标，从管理体制、工作机制和组织领导等方面提出改革措施。"这是党中央印发的第一个人才发展体制机制改革的综合性文件，其核心就是"放权、松绑"。通知中"纠正人才管理中存在的行政化、'官本位'倾向，防止简单套用党政领导干部管理办法管理科研教学机构学术领导人员和专业人才""克服唯学历、唯职称、唯论文等倾向""破除论资排辈、求全责备等陈旧观念"等内容，都具有相当的突破性，并提出："增强改革针对性、精准性""保障和落实用人主体自主权""促进青年优秀人才脱颖而出""加大教育、科技和其他各类人才工程项目对青年人才培养支持力度，在国家重大人才工程项目中设立青年专项""创新人才评价机制，突出品德、能力和业绩评价""加快转变政府人才管理职能，保障和落实用人主体自主权，提高人才横向和纵向流动性，健全人才评价、流动、激励机制，最大限度激发和释放人才创新创造创业活力，使人才各尽其能、各展其长、各得其所，让人才价值得到充分尊重和实现。"《意见》印发后，截至2022年10月，中央和国家相关部门配套出台政策140余项，各省区市出台改革政策700多项，以改革红利释放人才红利，人才体制机制改革呈现密集创新突破态势。

2016年4月26日，习近平同志在安徽合肥主持召开知识分子、劳动模范、青年代表座谈会并发表重要讲话，指出："各级党委和政府要切实尊重知识、尊重人才，充分信任知识分子，努力为广大知识分子工作学习生活创造更好条件。要深化科技、教育、文化体制改革，深化人才发展体制改革，加快形成有利于知识分子干事创业的体制机制，放手让广大知识分子把才华和能量充分释放出来。"2016年5月30日，习近平同志在全国科技创新大会、两院院士大会、中国科协第九次全国代表大会上的讲话中指出："科技是国之利器，国家赖之以强，企业赖之以赢，人民生活赖之以好。中国要强，中国人民生活要好，必须有强大科技""要大兴识才爱才敬才用才之风，在创新实践中发现人才、在创新活动中培育人才、在创新事业中凝聚人才，聚天下英才而用之""要让领衔科技专家有职有权，有更大的技术路线决策权、更大的经费支配权、更大的资源调动权。"2019年1月3日，国务院办公厅发布《关于抓好赋予科研机构和人员更大自主权有关文件贯彻落实工作的通知》并指出，党中央、国务院高度重视激发科研人员创新积极性，各级政府及单位要"充分认识赋予科研单位和科研人员自主权的重要意义，坚决贯彻落实党中央、国务院各项部署要求，尊重规律，尊重科研人员，充分发挥市场在科技资源配置中的决定性作用，更好发挥政府作用""杜绝形式主义、官僚主义等现象，真抓实干，务求实效，切实为科研单位和科研人员营造良好创新环境""深入推进下放科技管理权限工作"。

2020年10月22日，中华人民共和国科学技术部、中华人民共和国财政部、中华人民共和国教育部、中国科学院联合发布《关于持续开展减轻科研人员负担，激发创新活力专项行动的通知》，要求"加快转变政府职能，围绕推动改革落地见效，坚持减负与激励相结合，巩固成果与拓展深化相结合，坚持聚焦突出问题、自我革命，坚持解剖麻雀、集中治理，坚持小切口、大成效，注重流程再造、制度创新，注重部门协同、破除深层次障碍，注重权责一致、完善监督体系，注重上下联动、发挥基层单位积极性。"要求进一步"持续深化已部署的专项行动""组织开展新的专项行动，回应科研人员新期盼""通过进一步减负，充分激发科技创新活力，提升创新绩效，更好发挥科技支撑高质量发展的作用。"2020年11月3日，中共中央办公厅发布《国民经济和社会发展第十四个五年规划和二〇三五年远景目标的建议》(以下简称《建议》)。《建议》在第三部分"坚持创新驱动发展，全面塑造发展新优势"的"激发人才创新活力"中明确指出："健全以创新能力、质量、实效、贡献为导向的科技人才评价体系。加强学风建设，坚守学术诚信。深化院士制度改革。健全创新激励和保障机制，构建充分体现知识、技术等创新要素价值的收益分配机制，完善科研人员职务发明成果权益分享机制。加强创新型、应用型、技能型人才培养，实施知识更新工程、技能提升行动，壮大高水平工程师和高技能人才队伍。支持发展高水平研究型大学，加强基础研究人才培养。实行更加开放的人才政策，构筑集聚国内外优秀人才的科研创新高地。"

第三节　新发展格局的要求

2020年10月29日，中国共产党第十九届中央委员会第五次全体会议通过《中共中央关于制定国民经济和社会发展第十四个五年规划和二〇三五年远景目标的建议》，提出"要加快构建以国内大循环为主体、国内国际双循环相互促进的新发展格局"。2021年3月13日，《中华人民共和国国民经济和社会发展第十四个五年规划和2035年远景目标纲要(草案)》中提出，坚持扩大内需这个战略基点，加快培育完整内需体系，把实施扩大内需战略同深化供给侧结构性改革有机结合起来，以创新驱动、高质量供给引领和创造新需求，加快构建以国内大循环为主体、国内国际双循环相互促进的新发展格局。

"新发展格局"是"十四五"规划纲要的核心词汇之一。"十四五"时期经济社会发展，要以推动高质量发展为主题，以深化供给侧结构性改革为主线，以改革创新为根本动力，加快构建新发展格局。构建以国内大循环为主体、国内国际双循环相互促进的新发展格局，是积极应对国内外形势变化的主动选择，是充分发挥我国超大规模市场优势的内在要求，是坚持深化改革开放的国内国际双循环相互促进的统一体。构建新发展格局，关键在于实现经济循环流转和产业关联畅通。根本要求是提升供给体系的创新力和关联性，解决各类"卡脖子"和瓶颈问题，畅通国民经济循环。而做到这一点，必须深化改革、扩大开放、推动科技创新和产业结构升级。要以实现国民经济体系高水平的完整性为目标，突出重点，抓住主要矛盾，着力打通堵点，贯通生产、分配、流通、消费各环节，实现供求动态均衡。

2022年10月16日，中国共产党第二十次全国代表大会隆重召开。党的二十大报告围绕全面建成社会主义现代化强国，重点强调了"实施科教兴国战略，强化现代化建设人才支撑"这部分内容，明确提出"教育、科技、人才是全面建设社会主义现代化国家的基础性、战略性支撑"，强调"必须坚持科技是第一生产力、人才是第一资源、创新是第一动力"。

习近平同志在党的二十大报告中指出,要"深化人才发展体制机制改革,把各方面优秀人才集聚到党和人民事业中来",是深入实施科教兴国战略、人才强国战略、创新驱动发展战略,开辟发展新领域新赛道,不断塑造发展新优势的时代要求和具体阐述,为我们新时代新征程做好人才工作、激发人才活力提供了科学指南和根本遵循。

构建新发展格局、实现高质量发展,要求更高水平、更加开放的科学家和科技人才队伍。激发以人才活力为表征的区域内生动力,建立可持续、契合区域发展的高质量的科技人才队伍,是推进中国式现代化的战略性资源保障。党的二十大报告对广泛团结凝聚科技人才,充分激发人才的创新、创业、创造活力,服务人才强国建设指明了方向、提出了新的时代要求。

第二章　激发人才活力的理论与政策基础

2022年10月16日，中国共产党第二十次全国代表大会报告中提出："深化人才发展体制机制改革，真心爱才、悉心育才、倾心引才、精心用才，求贤若渴，不拘一格，把各方面优秀人才集聚到党和人民事业中来。"2020年10月29日，中国共产党第十九届中央委员会第五次全体会议通过了《中共中央关于制定国民经济和社会发展第十四个五年规划和二〇三五年远景目标的建议》(以下简称《建议》)。《建议》在第三部分"坚持创新驱动发展，全面塑造发展新优势"的"激发人才创新活力"中明确指出："深化人才发展体制机制改革，全方位培养、引进、用好人才，造就更多国际一流的科技领军人才和创新团队，培养具有国际竞争力的青年科技人才后备军。"

科技人才创新活力的激发，是科技人才观的新进展，是实现科教兴国、人才强国、高质量发展战略目标的核心举措。习近平同志对科技人才管理提出了战略性要求，需要我们从学理与实践两个方面分别进行深刻讨论与总结。目前，人才活力的相关研究在马克思主义哲学、组织行为学、创新管理、公共管理领域多有研究，对于人才个体活力的内涵，对各级政府与单位的有关科技人才的吸引、培育与活力激发的管理工作实践颇多，本章将系统梳理活力、人才活力、科技人才活力的概念溯源、学科认知等，以厘清概念及指标体系，进而为后文构建评价指标体系奠定基础。

第一节 人才活力的概念溯源

改革开放以来,我国经济社会发展走过了四十余年的光辉历程,取得了举世瞩目的历史性成就,中国经济总量现已跃居世界第二位,成为世界第二大经济体。"改革红利""政策红利"带动了制造业的全球分工体系融合带来的"人口红利"。

党的十八大以来,党中央深刻回答了为什么建设人才强国、什么是人才强国、怎样建设人才强国的重大理论和实践问题,提出了一系列新理念新战略新举措。党的十九届五中全会明确了到2035年我国进入创新型国家前列、建成人才强国的战略目标。为我国由"人力资源大国"向"人才大国""人才强国"的历史性迈进指明了方向。做好新时代人才工作,必须坚持党管人才,坚持面向世界科技前沿、面向经济主战场、面向国家重大需求、面向人民生命健康,深入实施新时代人才强国战略,全方位培养、引进、用好人才,加快建设世界重要人才中心和创新高地,为2035年基本实现社会主义现代化、为2050年全面建成社会主义现代化强国,奠定人才基础,提供人才保障。

什么是人才?《辞海》对人才的解释是:"指才能杰出或具有某种特殊才能的人"。在具体应用中,人才泛指各行各业中的优秀人物,通常是指具有一定专业知识、技能或者解决问题能力的个体。在社会主义的伟大实践中,我党在不同的历史时期,对人才给出了相应的定义。

2003年12月19日,党中央召开了全国人才工作会议,这在新中国历史上是第一次的全国人才会议。随后,12月26日,中共中央、国务院发布《关于进一步加强人才工作的决定》,提出了"科学的人才观",就是"人才存在于人民群众之中。只要具有一定的知识或技能,能够进行创造性劳动,为推进社会主义物质文明、政治文明、精神文明建设,在建设中国特色社会主义伟大事业中作出积极贡献,都是党和国家需要的人才""党政人才、企业经营管理人才和专业技术人才是我国人才队伍的主体,必须坚持分类指导,整体推进"。选拔人才"要坚持德才兼备原则，把品德、知识、能力和业绩作为衡量人才的主要标准，不唯学历、不唯职称、不唯资历、不唯身份，不拘一格选人才""鼓励人人都作贡献，人人都能成才"。2004年12月，中共中央组织部、中华人民共和国人力资源和社会保障部会同有关部门，研究建立了新的全国人才资源统计指标体系。新的指标体系打破了人才的身份和所有制界限，包括了体制内和体制外所有人才，以从业岗位为统计划分标准，体现了人才的知识、能力、业绩等内容，将人才统计对象分为党政人才、企业经营管理人才、专业技术及事业单位管理人才、技术人才、农村实用人才等五大类别，指标体系共分总量、分布、结构、流动、培养、使用、奖惩等7大指标。2010年6月6日，党中央、国务院颁布了《国家中长期人才发展规划纲要(2010—2020年)》，文件指出："人才是指具有一定的专业知识或专门技能，进行创造性劳动并对社会作出贡献的人，是人力资源中能力和素质较高的劳动者。"

"人才"的特点可以总结归纳为：政治的先进性、精神的高尚性、能力的专业杰出、成果的创新与贡献性。也就是说，社会主义事业的优秀人才是政治立场坚定、思想品德高尚的富有创造性、有着杰出贡献成果的社会主义劳动者。2018年3月7日，习近平同志在参加十三届全国人大一次会议广东代表团审议时强调："发展是第一要务，人才是第一资源，创新是第一动力。"2022年10月16日，习近平同志在中国共产党第二十次全国代表大会上的报告中明确指出："必须坚持科技是第一生产力、人才是第一资源、创新是第一动力，深入实施科教兴国战略、人才强国战略、创新驱动发展战略"。习近平同志用简洁的语言说清了这三者的关联：强大起来要靠创新，创新要靠人才。综合国力的竞争说到底是人才竞争，人才是衡量一个国家综合国力的重要指标。

"活力"是人的本质力量，马克思关于"人的本质"的论述由两个方面的要素构成：一方面马克思指出人的自由自觉的实践活动的特征，人追求实践活动中实现自己的激情和活力，激情是人强烈追求自己对象的本质力量；另一方面马克思又强调的人的社会关系属性，这是一切社会关系的总和。人的本质是一种自由自觉的活动，实践活动中的自主性影响着个体活力的发挥，也直接影响着创造性成果。人的自主性是指主体具有自我意识、独立思考、自我评价、自我反省、自行调控、自我设计、自我规范的自主精神和自主能力。创造性是指人主观能动地认识事物的现象直到本质而从事的实践活动，不仅利用、改变着外界对象的形状和形态上的变化，而且能够创造出新的对象世界，满足人的高级需要。人的社会本质属性是指人的个体活力组成群体活力，群体活力存在并影响着每一个成员的个体活力。个体活力首先表现为个人的生命活力，能够忍受挫折克服困境，实现生命的追求与创造，体现为人对环境的适应能力；同时也表现为心灵与主观活力，表现为人特有的语言、感觉、知觉、情感、意志的活力。

"人才活力"是一个多维度的概念，既要考虑人才本身状况，又要体现体制、机制、政策、理念等激发人才活力的环境因素。本书将"人才活力"界定为人才作为有机体，通过自身的素质和能力，在与外界的体制、机制、政策、理念等环境交互作用的良性循环中，所呈现出的发展力、流动力、担当力、创新力和生产力等旺盛生命力指标的"活跃"状态，并最终表现出卓越的产出效益。人才活力是一个国家、一个地区、一座城市乃至一个群体的活力的重要组成部分。对于这一定义有如下几点解释。

(1) 个体层面。人才活力不仅包括学历、职称年龄等外显特征，同时关注个体的主观被激发的状态。活力发于心、表现于行。爱因斯坦曾说："情感与愿望是人类一切努力和创造背后的动力"，"心"反映的是人才的情感与愿望。

(2) 区域环境层面。一个地区的人才活力状态反映了该区域顺应人性的程度。人类的历史正是人类管理发展的历史，是依据人的"客观"展开的"主观丰富性"，如"经济人""社会人"和"复杂人"假说，如"科学管理理论""行为科学理论""现代管理科学理论"和"人本管理理论"，都体现了管理顺应人性的客观历程和主观丰富性。一个区域、一个组织的制度和政策是否顺应人性、释放人性，是"万马齐喑"还是"人尽其才"，可以通过人的"活力"状况来反映。

(3) 产出层面。它是指人才活力彰显后的人才能力的各类绩效产出及转化指标，是在人才活力基础上的主观愉悦的客观产出，是相对客观的指标。

第二节　人才活力的学理界定

活力是指旺盛的生命力，人的活力是行动上、思想上或表达上的生动性。在心理学、组织行为学及人力资源管理科学中，与人的活力相关的概念有很多，比如，人的活力中存在着现实性的个体活力和精神性的心灵活力。其中，个体活力首先表现为个人的生命活力，其次表现为心灵活力。心灵活力是人主观活动的活力，与人的思维紧密相关的活力，表现为人特有的与动物有着本质区别的意识、自我意识、语言、感觉、知觉、情感、意志的活力等。除此之外，在生物学家看来，活力是蓬勃的生命力；在经济学家看来，活力则是无畏、追求创新的精神与能力。

提及人才活力则通常是以一个组织或是区域为基础展开讨论，更多的是群体性质人才活力，李永华认为，"人才活力"是内化于城市人才群体中的整体人力资本存量和品质，是一个动态的体系，具体体现为人才的成长力、学习力、流动力、创新力和创业力。人才活力既是一种反映区域内人才群体的状态表现，又是由多因素决定且反映区域内人才群体各方面的综合性概念。通常可以表现为区域发展中，人才群体所持有的勇于创新与开拓、热爱学习、提升自我、锲而不舍的一种精神与能力，是一定区域内人才活跃程度的体现。

与人才活力类似或有交叉的概念有很多，比如情绪劳动。情绪劳动来源于情绪的商品属性，员工通过调节情绪在情绪劳动中交换报酬，表现为"管理自己的情绪以便创造一个公众可以观察到的面部表情和肢体语言"。心理学上认为，情绪是在客观事物满足或不满足人的主观需要的基础上所产生的一种体验。人的情绪活动是普遍的、广泛的，人时刻在产生情绪，处处在体验情绪。然而，也并不是员工所有的情绪活动都是情绪劳动。情绪劳动是员工与顾客之间互动的产物，是有目的地表现情绪来影响他人情绪的过程。至于情绪劳动同人才活力之间的关系，可以说人才活力的展现会伴随着部分情绪变化，但两者之间仍存在较大的差异。

工作激情表现为员工对自己喜欢、认为重要且已投入大量时间和精力的工作持有的具有强烈倾向性的情感体验。根据不同环境与个人因素影响的内化程度，工作激情分为强迫型激情与和谐型激情。在通常情况下，强迫型激情常伴随着较多的消极结果，如个体心理压力等等。和谐型工作激情是指自主性内化的工作激情，是个人自主地、有自由意志地喜欢自己的工作，并愿意对工作投入大量时间和精力的强烈心理倾向。张剑等认为工作激情包含对工作喜爱，甚至是热爱的积极情感，持续、有意义的幸福状态和对工作与组织具有重要价值和意义的良好评价。在组织情境中，人们会在工作中体验到个体价值和意义，具有强烈积极情绪、内在驱动及参与工作的意义，愿意在工作中投入时间和精力，这种承载价值观的情绪体验即被认为是工作激情。

Zigarmi 等认为工作激情的形成最初源于组织员工对工作情感和工作认知的积极评价，积极的评价令员工产生工作幸福感，进而产生工作意愿。Liu 等认为，工作场所的自主性支持能提供给员工自我决定的自由意志，让他们可以自我决定和寻求机会，根据个体目标和兴趣而不是外界控制和约束来选择自己的行为，更容易将对工作的态度自主内化为个体价值观，有助于和谐型激情的形成。Afsar 等认为积极的领导行为会触发个体内在动机及激情，进而导致个体产生亲环境行为，促使个体产生激情，即个体激情会受到领导行为和组织支持的影响。Mageau 等认为基于自尊、自我认同维护的压力及诉求，个体相对更容易形成强迫型激情。Lafrenière 等认为个体对工作激情还与其自尊形态有关。显性自尊水平更高的个体实施更多适应性自我调节战略，致使他们更容易产生和谐型激情；隐性自尊水平低的个体更具防御性和更脆弱的自我意识，更易产生强迫型激情。Fernet 等认为工作自主性是工作激情的影响因素，能正面预测和谐型激情，负面预测强迫型激情。秦伟平和赵曙明认为真我型领导独特的行事风格会让员工体悟到管理者对他们的情感性支持和工具性支持，极大地触发员工主动参与的和谐型激情，并有可能会降低甚至消除被迫从事工作的情绪，即强迫型激情。Bélanger 等认为，个体在实现目标的过程中，会遵循两种模式，即行动导向和评估导向。行动导向是不对新状态进行价值预估，而是直接由当前状态转向新的状态，这种模式将导致和谐型激情；评估导向是个体先对当前状态和新状态的价值进行评估和比较，这刺激了对预期结果可能性的外生体验和非自主性动机，将导致强迫型激情。

激情会导致更多的创新努力行为，并对绩效产生积极效应。认为工作激情高的个体更愿意提升自己探索知识的认知能力，具有更强烈的自我实现感知。当他们运用现有知识实现职业支持时，会促发自我认同，由此具有更高的创业意向等。Klaukien 等认为工作中的和谐型激情和强迫型激情都有利于管理者做出探索新产品机会的决策。和谐型激情与创新的正向关系会受到个体对外部兴奋刺激的调节，其中，高和谐型激情并不会受到外部兴奋环境刺激，进一步增加积极情绪体验；而强迫型激情与创新的关系则受到外部兴奋刺激显著正向调节。Patel 等认为和谐型激情和强迫型激情都能导致高度工作创新性，对项目绩效有正面效应，但两者效应对环境特性的依存却有差异。在动态环境中，强迫型激情领导者面对不稳定性，更多的是关注不可预测的变化，任务控制更有价值，导致更高的项目绩效；而在高度复杂性环境中，和谐型激情领导者更能整合异质环境因素，绩效更高。杨仕元等以 26 家高新技术企业和金融服务企业的 764 名知识型员工为研究样本，经过实证研究发现，和谐和强迫型工作激情及其交互作用均对员工创造力有显著正向影响，和谐型工作激情对员工创造力的影响大于强迫型工作激情。还有学者研究发现和谐激情对创新绩效更多地表现出积极的预测效应。刘雨昭基于领导成员交换理论，以 204 名新生代员工为样本，分析了民主型领导、工作激情、员工创造力之间的关系。结果显示民主型领导正向影响新生代员工和谐式工作激情，负向影响新生代员工强迫式工作激情。夏青、闫淑敏的研究结果显示组织情境(考核制度、激励政策、组织支持和科研氛围)、工作特征(本职工作、科研压力、教学任务、科研自主性、科研成果和职业发展)与社会情境(重要他人、经济压力和社会认可)是影响高校科研人员科研激情的重要外部环境因素。科研认知(科研意义、科研自我效能感、科研主动性和个人使命)与科研情感(科研兴趣、享受过程的乐趣和享受成果的喜悦)是影响高校科研人员科研激情的内部驱动因素。

工作繁荣表示员工在工作中同时体验到"活力"和"学习"的状态，员工精力充沛、充满活跃、能量与热情的积极感受，并在工作中渴望并获取新知识和技能以提高自身能力的状态。Denhartog 和 Belschak 认为，主动性人格会正向影响工作繁荣的 3 个主要来源，即探索、任务聚焦和广泛的联系，进而提升个体工作繁荣水平。Spreitzer 等从社会嵌入视角指出，工作繁荣与个体周围的工作氛围及组织文化等密切相关，工作情景特征及工作资源会影响员工工作繁荣的过程，其本质上是员工自我适应的过程。Niessen 采用日志研究方法，指出聚焦任务及探索均可引发工作繁荣状态。主动性人格是指个体能够积极地影响周围环境，善于发现机会，并通过行动坚持不懈朝目标努力的倾向。王甜等认为工作繁荣会促进创造力与创新行为，周愉凡等通过对 651 名研发人员进行调研发现，研发人员工作繁荣在主动性人格与创新行为正向关系间起中介作用。

第三节　科技人才活力及其影响因素

2017 年，中华人民共和国科学技术部发布的《"十三五"国家科技人才发展规划》中指出，科技人才是指具有专业知识或专门技能，具备科学思维和创新能力，从事科学技术创新活动，对科学技术事业及经济社会发展作出贡献的劳动者。

科技人力资源总量是指大专及以上学历(或学位)科技领域毕业生存量与虽然没有高等教育科技领域学历学位，但实际从事科技活动的劳动力存量之和。本书遵循国际可比性的统计惯例，以研究与试验发展(research and experimental development，简称 R&D)人员指标对科技人才的总量结构和分布进行分析。R&D 人员队伍建设是提高研发能力和水平的重要保障，是科技活动的核心要素。R&D 人员是指从事基础研究、应用研究和实验发展 3 类活动的人员，包括直接参加 R&D 活动的人员及直接为 R&D 活动提供服务的管理行政人员和办事人员。R&D 研究人员是指 R&D 人员中从事新知识、新产品、新工艺、新方法、新系统的构想或创造的专业人员及 R&D 课题的高级管理人员。

科技人才活力是个体与环境共同作用的产物，表现为科技人才群体的整体人力资本存量和品质要素，因此受到个体、组织、知识环境与区域环境与教育体制各层面因素的共同作用。本节将按照个体影响因素、组织影响因素和区域影响因素分别说明。

一、个体影响因素

优秀的科技人才在个性和动机方面具有以下特点：受工作爱好内在驱动、高自主性、不太在意他人的评价、智慧、敌对及自大的个性。其中，区别杰出与普通科研人员的关键因素在于思维特征，包括思维的广度、深度、敏捷程度和创新思维等。关于个体特征，可以从年龄峰值、情绪、动机和社会资本4个方面展开论述。

1) 明显的年龄峰值特征

科学研究的绩效表现出明显的时间滞后性特征，年龄峰值明显。Leham调查了170名来自数学、物理、化学、地质学、生物学、心理学等领域十分杰出的学者，发现绩效产出的最佳年龄在30～40岁，而且他们最重要的产出一般都是在40岁之前做出的。Simonton证实不同学科领域论文发表的最佳年龄段不同，数学家平均在21.7岁就创造出了一生中50%的论文产出，而地理学家在28.9岁左右，历史学家在39.7岁左右。他发现热情与经验是决定研究者绩效的两个重要因素，两者在生命周期中均有不同的最佳时期，最佳平衡期一般在38～40岁。很多科学研究问题需要几代人长期的专注，呈现出明显的时间滞后性特征，但大多数发现是有曲线规律可循的。赵红州把1500—1960年间的1 928项重大科学成果按其提出时科学家的年龄做成统计分析曲线，发现最佳年龄区为25～45岁，峰值年龄在37岁左右。

2) 情绪特征

情绪是个体受到某种刺激所产生的一种身心激动状态，包括主观意识体验、外部行为变化和生理唤醒。一般采用效价的体验和生理及行为唤醒的二维分类。在效价维度上，情绪可以划分为积极情绪和消极情绪，实证研究普遍认为积极情绪可以提高认知灵活性和思维的发散性，更有助于创造性问题解决；积极情绪促进多巴胺的释放，增强个体的工作记忆容量，拓展信息加工的范围，从而提升创造力。也有证据显示，消极情绪比积极情绪更有利于促进员工创造力。另一个分类是唤醒水平(activation)，即情感强度由弱到强的变化。神经生理学的研究证据表明，唤醒情绪比未唤醒情绪更好地激活大脑边缘系统和促进多巴胺的释放。De Dreu 基于情绪与创造力的关系研究提出了创造力双路径模型(dual pathway to creativity model)，认为情绪对创造力作用是情感效价和唤醒交互作用的结果。积极唤醒情绪和消极唤醒情绪可以分别通过提升个体的认知灵活性和坚韧性影响员工创造力。认知灵活性是一种认知切换过程，是指个体能在场景和任务的转换中保持思维的灵活性，同时加工处理不同的认知范畴。认知坚韧性是指个体为达成目标所付出的认知努力程度。情绪作为个性特征的调节作用与创造力之间关系及作用机制尚需进一步深入探究。

3) 动机特征

根据动机的来源，可以划分为内在动机和外在动机。内在动机是指由内部心理因素如兴趣、满足感等转化而来的动机，是个体参与到创造性活动的内在驱动力，包括个体对工作任务的态度和任务意义的感知。Amabile 认为内在动机可以促进员工的工作卷入和创造性问题解决中的认知努力，进而有利于创造力。当科技研究专注个人兴趣、成就等的创造性时，内在动机与创造力存在显著正相关的关系。外在动机是由外在力量诱发的动机，如外在回报或压力。创造性和实用性是两个独立的构念，当实用性更强，如商业问题解决或方案设计更强调创造力的实用性时，这就有了外在的回报与压力成分，内在动机与创造力的相关性减弱甚至消失，外在压力呈现显著性水平。Deci 和 Ryan 基于认知评价理论(cognitive evaluation theory)认为，外在动机可以划分为控制性和信息性。当个体感知外在力量的操纵时，其内在动机被削弱；当个体感知外在动机是信息性时，对工作的理解和参与度更深，从而使外在动机与内在动机产生协同作用，提升个体创造力水平。Amabile 提出，内在动机对个体创造力产生正向影响，外在动机则产生负向影响。后续研究证明外在动机不一定对员工创造力水平产生负面影响，与高内在动机相协同可以提升员工的创造力表现。基于内外动机协同的视角，马君和王迪考察任务意义和外在奖励如何发挥协同作用影响员工创造力，发现只有当奖励可以激活员工的胜任需要和归属感需要时，才能推动员工将从任务意义中感知的内在激励要素转化为创造性产出。

组织行为学根据人才个体与外部环境整合的程度,将动机来源分为外部调控、内部压力、认同动机和整合动机4种类型,并引入内化概念。外部调控是受迫于外界压力,如奖励、惩罚等典型的环境因素驱使着人才活力动机显现;内部压力则是控制型动机,如个体内疚、羞愧等而对人才活力的强弱发生作用;认同动机表现为个体对自身乃至周围环境的一种认同,有着外部特征,具有工具性,但更倾向于个体层面的内部动机,是个体将自我意愿与外部环境规则进行了较高程度融合而实现的,即内化。心理学上对于个体行为发生有所介绍,当需要存在时个体动机随之产生,当动机足够强大,驱使个体发生行为。此时,环境因素作用下,活力即为需要,认同这一需要而诞生动机,随后个体便会实施行为以满足这一需要,个体也会充分认识到行为对自己的重要性,认同某种行为的潜在价值,因此,行动中更多体现的是自由与意志。而整合动机则是完全的内化,个体不仅认识到某种行为的意义所在,还会整合成自己的核心价值观和信念。因此,外部调控视为外部动机,而内部压力、认同动机、整合动机由于直接或间接受个体行为意愿驱使而归为内部动机。诸多研究表明,内部动机是员工活力及创新行为的关键要素。

4) 社会资本特征

20世纪90年代以来,社会资本理论逐渐成为学界关注的前沿和焦点问题,社会学、政治学等许多学科都从学科的角度对社会资本进行了研究,以用来解释经济增长和社会发展。社会资本甚至被一些国家的决策圈看成是解决社会矛盾的新思路,即所谓的"第三条道路"。社会资本(social capital)是存在于人际或组织关系网络中的现实和潜在的资源总和,是人才群体的基本特征,包括结构资本(指行动者之间联系的整体模式,其决定了资源获取)、关系资本(指交往带来的信任等)、认知资本(指交往带来了行动者共享象征、译码和意义系统等)。社会资本是人力资本价值实现的重要条件。信息化时代的科技人才需要整合各种资源合作创新,社会资本对于人才活力有重要意义,不同阶段的创造性产出对社会资本有不同的要求。Perry-Smith和Mannucci总结了众多相关研究,提出创造过程包括创意生成、精化、推销、执行4个阶段,这4个阶段对应的关键资源是认识灵活性、创造支持、影响力和愿景分享。因此,他们提出创造者要组建适当的社会网络去获取这4类资源,即利用微观的个体社会网络或团队社会网络促进创造全过程的顺利完成。

二、组织影响因素

认知评价理论(cognitive evaluation theory)认为特定的社会环境因素会对个体的内在动机产生正向或负向的影响，其程度取决于组织的创造性情境，具体可以划分为工作情境、人际情境和组织文化。

1) 工作情境

顾名思义，此类因素是科技人才活力直接相关的组织任务因素与工作相关内容，可区分为任务特征与压力特征。

(1) 工作任务特征具体体现在工作目标的清晰性与任务的复杂性。根据马斯洛需求层次理论可知，科技人才的需求指标较高。Shalley 发现，创造性目标可以引导员工关注产出的创造性，比效率性目标更有利于促进员工创造力，而非一味地提高生产效率；Madjar 和 Shalley 认为效率性目标会造成员工聚焦任务相关的信息和提高效率，缩小了信息获取的范畴，不利于创造。任务复杂性对员工的认知灵活性提出了更高的要求，可激发其创造力和自我效能感，促使员工充分拓展和运用已有的知识和技能领域，促进创新。

(2) 工作压力特征。压力是压力源和压力反应共同构成的一种认知和行为体验，源于环境要求与自身应对能力不平衡。比如，压力与创造力的多元关系，可以是正向的，也可能在特定情境下呈现负相关；也有学者考虑到时间向量，得到结论，压力与创造力存在倒 U 型关系。一定的时间压力是必要的，但时间压力过强，员工将产生情绪耗竭，难以从工作中获得满足感，削弱其内在动机，阻碍创造性活动。有利于个体成长的挑战性压力可以促进员工创造力，而阻碍性压力损害员工创造力，情绪在两类压力与创造力的关系中起中介作用。

2) 人际情境

其具体体现在科技人才个体与组织(或团队、项目)成员、领导的人际互动中，以及感知组织支持和社会资本、社会网络中。

(1) 团队成员的相似性与互补性。技术知识不是孤立存在的，是基于先前知识逐步发展而来并处于不断演化之中。例如，有关成员之间专业的相似性或技术知识的领域距离的研究表明，医药、电信与化学行业的企业样本，在技术知识互补性有助于发明创造的新颖性。因为相似技术更易彼此吸收与组合，但是不利于突破性创造，知识基础通过影响知识获取或流动，作用于科技人才的创造力。研究结果显示，高密度不利于异质知识进入，可能对知识创造绩效产生负面效应，但有利于知识交流，因而，知识基础相似性与创造性产出呈倒 U 型关系。

(2) 团队成员异质性。为了实现技术突破，需要搜索陌生的、差异大的或远距离的知识。具体而言，团队成员异质性是科技人才具备的技术知识的广度与深度指标，其中，广度代表异质知识，异质知识促进观点组合，异质性可以激发成员的远程联想和发散性思维，对创造力有积极影响；异质知识还可以促进知识协作与问题整合，引发创造过程中的工作讨论有利于创造力。而且，结构洞带来异质信息组合的机会，缺乏结构洞的闭合网络加速知识流动有助于隐性知识转移。当个体处于网络中"交结点"位置时，有更多合作和信息资源获取机会，促进新颖的创意产生，有助于创造。

技术知识的深度是指对内外部信息的吸收能力，知识吸收能力是决定创新有效性的关键因素。知识吸收能力可以作为中介变量，影响知识共享与创造力之间的关系。技术知识的深度是对相关知识要素的选择、理解和进一步地重复使用，深度代表组织的知识基础，知识基础影响创新结果。但是，人口统计性差异容易导致关系性冲突，而专业与知识背景的多样性又有利于发散性思维与知识整合。因此，团队成员异质性与创造性呈现情境性多元关系。

(3) 团队成员的沟通与竞争。良好的人际关系会带来团队成员信息交换以及形成认知捷径，能促进专业知识和资源的有效整合。团队成员主体之间的联结强度影响信任，带动知识分享的意愿，有助于创造力的提升。但过强联结带来自主性和对异质知识的获取意愿下降，不利于创造。比如，过度地寻求支持并不利于创造力的提升。同时，根据沙丁鱼效应，团队的有序竞争可以提升员工内在动机，促进员工创造力；当员工认为内部竞争是一种威胁时，则不利于内在动机和创造力。因此，团队沟通、人际关系及联结、成员竞争等因素都会与创新在一定情境下呈现倒 U 型关系。

(4) 领导方式。如前文所述，明确的目标有助于创造力的提升，比效率性目标更有利于促进员工创造力。因此，变革型领导通过个人魅力和愿景激励使员工专注于集体目标的达成，通过内在动机正向影响员工创造力；家长式领导通过仁慈维度的心理赋权，产生对所在团队或组织的归属感，显著提升团队成员的创造力，家长式领导的德行维度和威权维度的作用并不明显；包容性领导对科技人才创新绩效具有显著正向影响，责任心显著调节包容性领导与科研人员创新绩效之间的关系。科研团队带头人的威权、仁慈和德行等家长式领导行为，通过影响团队知识管理过程正向影响团队创新绩效，不同的领导风格会影响科技人才创新动机和创新氛围。

3) 组织文化

组织文化是一种组织共享的价值观、理念与行为风格，是"共同的心智程序"，引导着组织成员的行为。愿景是指团队成员感知到的有关团队目标的共识程度和意愿一致性。注重灵活性和自由决策的组织文化，支持员工创新和冒险，同时又关注外部适应性和差异化，积极应对外部市场环境的变化，能显著提升员工创造力。组织支持与心理安全氛围可以缓解员工对失败的担忧，鼓励员工提出新的想法或解决方法。杨晶照等人通过实证研究发现，学习型导向的组织员工在遇到挑战时，会投入更多的时间和精力学习与任务相关的知识和技能，进而促进科技人才的创造性产出，员工创造力自我效能感在两者关系中起中介作用。

三、区域影响因素

区域环境直接影响到科技人才的流动，Amabile 的研究表明，适度流动有助于科技工作者创造力的提升，创造力是新颖与有用的产出，体现为论文、专利或新产品等形式。尤其对于年轻人和科技、工程与数学领域的科研人员来说，适度流动的好处更为明显；有国外经历的学者发表的论文影响因子更高；在对 12 个学科的 1512 位中国高被引学者在国外工作或访学 1 年以上的跟踪研究显示，其国际合著的高影响因子论文产出数量增加 167%和 41.96%。科技人员流入为接收区域带来了人力资本，即个体所习得的知识、经验与技能，以及加以使用的能力，促进了接收单位的创造力与创新。吴耀国等基于2008—2018年38个地级以上城市常住人口、户籍人口年度数据，构建了人才招引政策下城市间人口迁移理论分析模型，采用面板数据政策效应评估方法和连续时间双重差分模型，对2017—2018年的城市"抢人"政策吸引人口效应进行评估，结果表明：人才招引政策的户籍人口效应总体上好于常住人口效应。也就是说，在城市新增户籍人口中，实则含有相当部分原常住人口，即存在非户籍常住人口户籍化现象，"抢人"政策起到了"留住人"的较好效果。区域政策的绝对与相对力度、城市收入水平与生活成本、城市经济发展水平与城市吸引力、人才流动质量等因素都对科技人才活力有一定影响。

首先，影响科技人才活力的区域因素是宜居环境与教育资源。牛冲槐等提出教育环境是指一个地区各种教育的普及程度及其质量水平。主要包括区域内各种教育机构的数量、质量、在职培训机会、子女接受高等教育的容易程度等方面。为了其自身的发展，便于自身知识更新，科技型人才在迁移时通常会考虑迁入地的教育环境。孙锐、孙雨洁基于2007—2018年中央层面颁布的青年科技人才引进政策文本，从供给型(一次性补贴、岗位薪酬、税收优惠)、需求型(职务聘用、职称评定、项目支持、融资支持、荣誉表彰)、环境型(居留和出入境、落户、社会保险、医疗保健、子女入学、配偶工作、住房保障)3个维度构建评价指标体系，确定政策量化标准手册，按照15项政策类目进行赋值，其中环境性指标中占比较大是"住房保障""子女入学""居留和出入境"。研究发现，各地市的综合指数测算结果呈现较大差异性和不平衡性。对于各城市而言，如何补齐人才引进政策中的短板、完善人才体制机制、用好人才资源是当下亟待解决的重点问题。

影响科技人才活力的区域因素还有区域产业环境与政策因素。区域的产业结构、产学研合作环境等都会影响科技人才的活力与创造力产出。左健民指出，产学研合作是生产企业与高校、科研院所为了实现各自的利益目标，利用各自的优势资源，合作开展科学研究、技术开发和应用及人才培养而建立的一种合作关系。陈恒、初国刚、侯建选取环渤海地区的高校和高新企业的员工及其领导作为研究对象，通过发放调查问卷、收集数据并进行实证分析，结果表明：产学研合作环境支持度、投入度和产出正向影响合作培养创新人才效果，即创新环境越好越利于提升合作培养创新人才的效果。赵晨提出了要建立以东、中、西部3大板块为基础的预测模型，促进区域间科技型人才相互融通补充，建立科技型人才区域战略统筹机制，构建协调东、中、西部区域科技型人才协同发展的合作新格局。完善区域间的省市政府协商合作的机制，加强区域间的合作，建立跨区域合作引导平台，以实现科技资源共享，推动区域间的协调发展，进一步做到合理吸引人才进行区域间的流动。

第四节　科技人才政策基础与回顾

党的十九大以来，在以习近平同志为核心的党中央坚强领导下，我国加快推进科技体制和人才发展体制改革。党中央、国务院先后制定并印发了《关于进一步加强党管人才工作的意见》《关于深化人才发展体制机制改革的意见》《深化科技体制改革实施方案》等总体改革行动纲领。围绕党管人才、人才培养、人才评价、人才激励、人才流动等关键环节，中央办公厅、国务院办公厅分别印发了《关于分类推进人才评价机制改革的指导意见》《关于深化科技奖励制度改革的方案》《关于进一步弘扬科学家精神加强作风和学风建设的意见》等一系列改革文件。有关部门、单位和地方政府齐抓共管，协同推进政策落实落地，以"放权、松绑、激励、服务"为重点，陆续推出了一系列改革力度大、含金量高的人才政策措施，为激发科技人才创新活力和增强人才获得感起到了积极的促进作用。

科技人才活力需要人才政策的扶持而实现激活，人才政策的制定与执行是公共治理体系协同运行的产物。因此，对科技人才的相关政策进行时间序列的梳理，分类研究各类人才政策工具之间的相互关系，研究基于纵向维度和横向维度的多部门主体、多要素联动的科技人才政策协同分析框架，研究利益相关者主体之间关系，分析典型的人才政策或政策组合对科技人才活力与创新的影响机理，总结经验，提炼问题，可以为后续的协同思路与建议提供基础性研究成果。按照《中国科技人才发展报告(2020)》相关内容,本书对十九大以来的科技人才政策进行回顾,梳理脉络,突出重点,具体将按照科技人才管理与服务、深入落实科技人才评价政策、加强科技人才激励、促进科技人才有序流动、推动科技人才国际化、科技人才创新文化建设和推动科技人才服务经济社会发展7个方面展开。

一、科技人才管理与服务

遵循科技创新规律和人才成长规律,提升针对各类创新主体和广大科技人才的专业化服务水平,中共中央办公厅、国家各部委和有关单位围绕坚持党管人才原则、强化科技人才管理和服务、提升科技人才创新创业能力等方面,积极开展形式多样的科技人才管理与服务工作,成效显著。

(一) 坚持党管人才原则

2012年9月26日,中共中央办公厅印发了《关于进一步加强党管人才工作的意见》,指出:"党管人才是人才工作的重要原则""完善党管人才工作运行机制,具体包括建立科学决策机制、完善分工协作机制、建立沟通交流机制和健全督促落实机制"。2019年9月9日,中华人民共和国科学技术部印发《关于促进新型研发机构发展的指导意见》,强调:"新型研发机构应全面加强党的建设。根据《中国共产党章程》规定,设立党的组织,充分发挥党组织在新型研发机构中的战斗堡垒作用,强化政治引领,切实保证党的领导贯彻落实到位。"

(二) 强化科技人才管理和服务

(1) 切实发挥用人单位主体作用。2017年11月25日,中华人民共和国科学技术部发布《关于印发国家技术创新中心建设工作指引的通知》,强调要"认真贯彻党的十九大关于'建立以企业为主体、市场为导向、产学研深度融合的技术创新体系'的重大决策部署",深入落实习近平同志在全国科技创新大会上关于"支持依托企业建设国家技术创新中心"的重要指示精神。聚焦产业,"在若干重点领域建设一批国家技术创新中心""国家技术创新中心所在地方政府应积极发挥支撑保障作用,在政策、资金、土地、基础设施等方面给予支持""充分发挥企业在技术创新决策、研发投入、科研组织和成果转化中的主体作用"。

(2) 持续扩大高校院所和科研人员相关自主权。2018 年 7 月 24 日,国务院发布《关于优化科研管理提升科研绩效若干措施的通知》,明确提出:"赋予科研单位科研项目经费管理使用自主权""直接费用中除设备费外,其他科目费用调剂权全部下放给项目承担单位""高校和科研院所要简化科研仪器设备采购流程,对科研急需的设备和耗材,采用特事特办、随到随办的采购机制,可不进行招投标程序,缩短采购周期;对于独家代理或生产的仪器设备,按程序确定采取单一来源采购等方式增强采购灵活性和便利性"。2019 年 4 月 23 日,中华人民共和国人力资源和社会保障部、中华人民共和国科学技术部联合印发《关于深化自然科学研究人员职称制度改革指导意见》(以下简称《意见》),《意见》指出:"各地区可根据本地区经济社会发展情况,制定地区标准。具有自主评审权的用人单位可结合本单位实际,制定单位标准。"科技人才的职称评价制度要"以激发自然科学研究人员的积极性、创造性为核心,尊重科研人员成长规律,建立符合自然科学研究人员职业特点的职称制度,发挥好人才评价'指挥棒'和风向标作用,培养造就高水平创新型自然科学研究人员队伍,为高质量发展提供人才支撑"。尤其提到将"逐步将自然科学研究人员高级职称评审权下放到市地或符合条件的科研单位,充分发挥科研单位在职称评审中的主导作用。"2019 年 7 月 30 日,中央全面深化改革委员会第七次会议审议通过,中华人民共和国科学技术部、中华人民共和国教育部、中华人民共和国国家发展和改革委员会、中华人民共和国财政部、中华人民共和国人力资源和社会保障部、中国科学院联合印发《关于扩大高校和科研院所科研相关自主权的若干意见》(以下简称《意见》),《意见》指出:"支持高校和科研院所依法依规行使科研相关自主权,充分调动单位和人员积极性创造性，增强创新动力活力和服务经济社会发展能力，为建设创新型国家和世界科技强国提供有力支撑""最大限度减少政府对高校和科研院所内部事务的微观管理和直接干预，加强对发展方向的总体把握""赋予创新领军人才更大科研自主权""高校和科研院所可在绩效工资总量内，按国家有关规定自主确定绩效工资结构、考核办法、分配方式、工资项目名称、标准和发放范围，绩效工资分配要向关键创新岗位、作出突出贡献的科研人员、承担财政科研项目的人员、创新团队和优秀青年人才倾斜"。2020 年 4 月 29 日，中华人民共和国科学技术部、中华人民共和国财政部、中华人民共和国教育部、中国科学院、中国工程院、国家自然科学基金委员会共同制定了《新形势下加强基础研究若干重点举措》，指出："坚持以人为本，增加对'人'的支持""落实科研人员在立项选题、经费使用以及资源配置的自主权，释放人才创新创造活力""加快推进经费使用'包干制'的落实落地""支持高校和科研院所围绕重要方向，自主组织开展基础研究"，高校院所和科研人员自主权更加全面、灵活地落实。

(3) 科研人员减负的三轮专项行动。2018 年 7 月，中华人民共和国科学技术部、中华人民共和国财政部、中华人民共和国教育部、中国科学院联合印发《贯彻落实习近平总书记在两院院士大会上重要讲话精神开展减轻科研人员负担专项行动方案》，在全国范围内开展解决报销繁等减轻科研人员负担 7 项具体行动，即"减负行动 1.0"。2020 年 10 月，中华人民共和国科学技术部、中华人民共和国财政部、中华人民共和国教育部、中国科学院联合印发《关于持续开展减轻科研人员负担激发创新活力专项行动的通知》，在持续巩固深化前期 7 项行动基础上，部署成果转化尽责担当、科研人员保障激励、新型研发机构服务和政策宣传等 4 项新行动，即"减负行动 2.0"。

2022 年 7 月 8 日，中华人民共和国科学技术部、中华人民共和国财政部、中华人民共和国教育部、中国科学院、国家自然科学基金委员会五部门联合印发《关于开展减轻青年科研人员负担专项行动的通知》，推出减轻青年科研人员负担专项行动，即"减负行动 3.0"，此次行动聚焦青年科研人员面临的崭露头角机会少、起步成长通道窄、评价考核频繁、事务性负担重等问题，推动减负行动效果持续深化，保障青年科研人员将主要精力用于科研工作。行动内容主要包括五大方面:"挑大梁",国家重点研发计划40岁以下青年人才担任项目(课题)负责人和骨干的比例提高到20%;扩大国家重点研发计划青年科学家项目规模;"增机会",中央级公益性科研院所和中央部门直属高等学校基本科研业务费用于资助青年科研人员的比例一般不低于50%,加大对青年科研人员科研的支持力度,减轻项目申报负担;"减考核",完善国家重点研发计划青年科学家项目、自然科学基金优秀青年科学基金项目和国家杰出青年科学基金项目、重大项目的青年科学家项目考核评价方式,对探索性强、研发风险高的前沿领域科研项目,建立尽职免予追责机制。推动科研单位对青年科研人员减少考核频次,实行聘期考核、项目周期考核等中长周期考核评价。简化、淡化平时考核;"保时间",确保青年专职科研人员工作日用于科研的时间不少于4/5。不要求青年科研人员参加应景性、应酬性活动、列席接待性会议;"强身心",有关部门组织开展优秀青年科研人员专训班,并建立常态化机制;推动科研单位面向博士、博士后开展科研职业生涯启蒙培训,配备高水平科研、创业导师,让青年科研人员少走弯路。定期组织青年科研人员开展心理健康咨询和心理疏导,关心、解决广大青年科研人员心理焦虑。推动科研单位组织青年科研人员开展"每天运动1小时"活动,积极配备相应的活动场地和条件。专项行动为期1年,分三个阶段展开:2022年9月底前,广泛部署动员,摸排情况,找准卡点堵点;2022年12月底前,各部门各地方各单位完成各自层面的措施办法制修订工作;2023年6月底前,各项措施办法全面开展实施,减负行动全面落地见效。

2019年7月30日,中央全面深化改革委员会第七次会议审议通过,中华人民共和国科学技术部、中华人民共和国教育部、中华人民共和国国家发展和改革委员会、中华人民共和国财政部、中华人民共和国人力资源和社会保障部、中国科学院联合印发《关于扩大高校和科研院所科研相关自主权的若干意见》,提出:"最大限度减少政府对高校和科研院所内部事务的微观管理和直接干预""简化科研项目管理流程。"2022年6月29日,中华人民共和国科学技术部、中华人民共和国教育部、中华人民共和国财政部、中华人民共和国人力资源和社会保障部、国务院国有资产监督管理委员会、中国科学院和国家自然科学基金委员会联合下发《关于做好科研助理岗位开发和落实工作的通知》,明确了"科研助理岗位是科研队伍的重要组成部分,是完善科研治理体系、提升科技创新治理能力的重要抓手。鼓励各类创新主体开发科研助理岗位吸纳高校毕业生就业,既是促进就业的有力手段,也是深化科技管理改革、构建与科技计划相适应的专业化支撑队伍的重要举措,更是提升高校、科研院所、企业创新能力的有效途径",并要求"统筹推进科技研发、高新技术企业成长、高新技术产业发展和科研助理岗位开发工作,尤其重点关注脱贫家庭、低保家庭、零就业家庭以及有残疾的、较长时间未就业的高校毕业生,发挥科技计划和创新基地平台依托单位的引领作用,强化央地协同,广泛动员部署,充分挖掘岗位资源,做实做细服务,加大保障力度,大幅增加科研助理岗位数量"。

(4) 提升科技人才信息化、社会化服务水平。2017年4月13日,中华人民共和国科学技术部印发《"十三五"国家科技人才发展规划》,强调:"建立健全专业化、行业化的科技人才公共服务体系""推进人才公共服务的信息化进程。加大对人才公共服务体系建设的经费投入""以科技人才工作信息化为基础,坚持政府主办与购买服务相结合。建立重点行业和领域人才供给和需求信息的调查制度,探索推行科技人才唯一标识制度,建立多源信息的关联共享与安全机制,有序推进科技人才信息数据库及公共服务平台建设。"2019年8月17日,中华人民共和国人力资源和社会保障部印发《关于进一步规范人力资源市场秩序的意见》(以下简称《意见》),《意见》指出:"依托互联网、大数据技术,推动"互联网+监管"信息化建设,打造市场监管大数据平台,提升监管效率,提高市场监管的智慧化、精准化水平。"2020年4月29日,中华人民共和国科学技术部办公厅、中华人民共和国财政部办公厅、中华人民共和国教育部办公厅、中国科学院办公厅、中国工程院办公厅和国家自然科学基金委员会办公室6部门联合印发《新形势下加强基础研究若干重点举措》,强调:"推进国家科技资源共享服务平台建设,建设一批国家科学数据中心和国家科技资源库(馆)。加强实验动物资源和科研用试剂的研发与应用。构建完善的国家科技文献信息保障服务体系。"

(三) 提升科技人才创新创业能力

(1) 构建科技人才创新创业服务体系。2020年7月23日,国务院办公厅印发了《关于提升大众创业万众创新示范基地带动作用进一步促改革稳就业动能的实施意见》,强调:"大众创业万众创新示范基地启动建设以来,创新资源不断集聚,创业活力持续提升,平台能力显著增强,有力带动了创新创业深入发展""发挥多元主体带动作用,打造创业就业重要载体""提升高校学生创新创业能力""依托企业和平台加强创新创业要素保障""构筑产学研融通创新创业体系",并具体提出了"加强创新创业金融支持,着力破解融资难题""完善创新创业创投生态链""鼓励国家出资的创业投资引导基金、产业投资基金等与双创示范基地深度合作,加强新兴领域创业投资服务"等一系列的服务支持体系和政策保障。

(2) 加强科技人才培训。2018年5月,中华人民共和国科学技术部制定《关于在"三区三州"大力实施"三区"人才支持计划科技人员专项计划工作方案》,指出:"要实现深度贫困地区贫困村和贫困户持续增收、稳固脱贫,离不开脱贫产业的发展和壮大,而培养一批懂技术、会经营、善管理的创业扶贫带头人则是解决"三区三州"深度贫困的重要举措。"要重点培养创业扶贫带头人,持续为深度贫困地区特色支柱产业发展提供科技服务和创业带动。2020年2月17日,中华人民共和国人力资源和社会保障部、中华人民共和国财政部联合发布《关于实施职业技能提升行动"互联网+职业技能培训计划"的通知》,鼓励"支持广大劳动者参加线上职业技能培训""健全'互联网+职业技能培训'管理服务工作模式,构建线上培训资源充足、线上线下融合衔接、政策支持保障有力、监管有序到位的工作格局,进一步扩大线上培训规模,提高线上培训质量""强化对企业的支持力度、加大培训补贴政策支持"等具体的人才培训支持。

(3) 搭建科技人才发展平台。2019年9月12日,中华人民共和国科学技术部印发《关于促进新型研发机构发展的指导意见》(以下简称《意见》),《意见》指出,新型研发机构是"主要从事科学研究、技术创新和研发服务，投资主体多元化、管理制度现代化、运行机制市场化、用人机制灵活的独立法人机构"，鼓励"多元投资设立的新型研发机构""充分发挥市场机制在配置创新资源中的决定性作用""地方政府可根据区域创新发展需要，综合采取以下政策措施，支持新型研发机构建设发展""推动新型研发机构健康有序发展，提升国家创新体系整体效能"。2020年3月4日，中华人民共和国科学技术部、中华人民共和国国家发展和改革委员会、中华人民共和国教育部、中国科学院和国家自然科学基金委员会联合印发《加强"从0到1"基础研究工作方案》并指出，要"优化原始创新环境""强化国家科技计划原创导向""加强基础研究人才培养""提升企业自主创新能力"等具体建设思路，"进一步推进政府职能转变和'放管服'改革"，强化基础研究的原创导向，激发科研人员创新活力，努力取得更多重大原创性成果，为建设世界科技强国提供强有力的支撑。

二、深入落实科技人才评价政策

人才评价是人才发展体制机制的重要组成部分，是人才资源开发管理和使用的前提。建立科学的人才分类评价机制，对于树立正确用人导向、激励引导人才职业发展、调动人才创新创业积极性、加快建设人才强国具有重要作用。科技人才评价是与人才的培养、使用、激励密切相关，具有明显的"指挥棒"和"风向标"的作用。党中央、国务院一直高度重视科技人才的评价制度建设，2017年以来制定了一系列尊重规律、科技奖励制度、"破五唯"、激发活力的人才评价政策，形成了中国特色科技评价体系，为提升我国科技创新能力、加快建设创新型国家和世界科技强国提供有力的制度保障。主要体现在如下6个方面。

（一）破除"唯论文"不良导向

2020年2月20日，中华人民共和国教育部、中华人民共和国科学技术部联合印发《关于规范高等学校SCI论文相关指标使用 树立正确评价导向的若干意见》并指出，要"破除论文'SCI至上'，探索建立科学的评价体系",避免"过度追求 SCI 论文相关指标",要"建立健全分类评价体系""完善学术同行评价"。2020 年 2 月 23 日,中华人民共和国科学技术部会同中华人民共和国财政部制定印发了《关于破除科技评价中"唯论文"不良导向的若干措施(试行)》,措施要求"强化分类考核评价导向""实施分类考核评价,注重标志性成果的质量、贡献和影响""对论文评价实行代表作制度"。

(二) 推进落实科技人才分类评价

2018 年 2 月 26 日,中共中央办公厅、国务院办公厅印发《关于分类推进人才评价机制改革的指导意见》并指出,要"坚持党管人才原则""实行分类评价""突出品德评价""坚持凭能力、实绩、贡献评价人才,克服唯学历、唯资历、唯论文等倾向,注重考察各类人才的专业性、创新性和履责绩效、创新成果、实际贡献""鼓励人才在不同领域、不同岗位作出贡献、追求卓越"。2018 年 7 月 3 日,中共中央办公厅、国务院办公厅印发《关于深化项目评审、人才评价、机构评估改革的意见》并指出,要"坚持尊重规律""坚持分类评价""科学设立人才评价指标。突出品德、能力、业绩导向,克服唯论文、唯职称、唯学历、唯奖项倾向,推行代表作评价制度,注重标志性成果的质量、贡献、影响""注重个人评价与团队评价相结合,尊重和认可团队所有参与者的实际贡献""探索对特殊人才采取特殊评价标准""强化用人单位人才评价主体地位"。

(三) 规范人才称号使用

2020 年 12 月 18 日,中华人民共和国教育部印发《关于正确认识和规范使用高校人才称号的若干意见》,要求"正确理解人才称号内涵",并规范人才称号的内涵"是在人才计划或项目实施过程中给予人才的入选标识,是对人才阶段性学术成就、贡献和影响力的充分肯定,不是给人才贴上'永久牌'标签,也不是划分人才等级的标准,获得者不享有学术特权""不把人才称号作为评价人才、配置学术资源的唯一依据,不单纯以人才称号获得者数量评价人才队伍建设成效,扭转以'帽子'为牵引建设人才队伍的不良倾向"。

(四) 深化职称评审制度改革

2017年1月8日,中共中央办公厅、国务院办公厅印发《关于深化职称制度改革的意见》(以下简称《意见》),《意见》规范了职称是"专业技术人才学术技术水平和专业能力的主要标志",职称制度是"专业技术人才评价和管理的基本制度,对于党和政府团结凝聚专业技术人才,激励专业技术人才职业发展,加强专业技术人才队伍建设具有重要意义"。《意见》要求进一步"完善职称系列""健全层级设置",并"科学分类评价专业技术人才能力素质""下放职称评审权限""促进职称制度与职业资格制度有效衔接",为客观科学公正评价专业技术人才提供制度保障。2019年2月25日,中华人民共和国人力资源和社会保障部、中华人民共和国工业和信息化部印发《关于深化工程技术人才职称制度改革的指导意见》,要求"实现职称制度与职业资格制度有效衔接。工程技术领域实行职业资格考试的专业,不再开展相应层级的职称评审""实现职称制度与用人制度有效衔接。全面实行岗位管理、工程技术人才素质与岗位职责密切相关的事业单位,一般应在岗位结构比例内开展职称评审,聘用具有相应职称的工程技术人才到相应岗位。"2019年7月1日,中华人民共和国人力资源和社会保障部印发《职称评审管理暂行规定》,详细地规定了职称评审的标准和程序,以此作为专业技术人才聘用、考核、晋升等的重要依据。依据职称管理权力下放的原则,将职称评审标准分为国家标准、地区标准和单位标准。并对职称评审委员会、组织评审和监督管理等做了明确的规范与规定。2020年11月7日,中华人民共和国人力资源和社会保障部印发《关于支持企业大力开展技能人才评价工作的通知》,要求"加快政府职能转变,充分发挥市场在资源配置中的决定性作用,激发市场主体活力,向用人主体放权,按照'谁用人、谁评价、谁发证、谁负责'的原则,支持各级各类企业自主开展技能人才评价工作,发放职业技能等级证书,推动建立以市场为导向、以企业等用人单位为主体、以职业技能等级认定为主要方式的技能人才评价制度""企业自主确定评价范围""企业自主设置职业技能等级"。2021年1月7日,中华人民共和国人力资源和社会保障部印发《关于进一步加强高技能人才与专业技术人才职业发展贯通的实施意见》,要求"打通高技能人才与专业技术人才职业发展通道,加强创新型、应用型、技能型人才培养",进一步"扩大贯通领域""完善高技能人才职称评价标准""淡化学历要求、强化技能贡献"。2021年8月9日,中华人民共和国人力资源和社会保障部、中华人民共和国教育部联合印发《关于深化实验技术人才职称制度改革的指导意见》(以下简称《意见》),《意见》遵循实验技术发展和人才成长规律,建立符合实验技术人才职业特点的职称制度,具体规定了"推动科学技术研究和教学工作,加强科技实践与创新的"实验技术人才的职称制度,并要求"坚持德才兼备、以德为先""突出评价实验能力和工作业绩"。

(五) 深化科技奖励制度改革

2017年6月9日,国务院办公厅印发《关于深化科技奖励制度改革的方案》并指出,科技奖励制度"是党和国家激励自主创新、激发人才活力、营造良好创新环境的一项重要举措,对于促进科技支撑引领经济社会发展、加快建设创新型国家和世界科技强国具有重要意义"。并进一步明确了"改革完善国家科技奖励制度""实行提名制""建立定标定额的评审制度""分类制定以科技创新质量、贡献为导向的评价指标体系"。2019年1月9日,中华人民共和国科学技术部、中华人民共和国财政部印发《关于调整国家科学技术奖奖金标准的通知》,对国家科学技术奖奖金标准进行调整,进一步提升了国家科学技术奖对广大科技工作者的激励作用。2020年10月7日,国务院总理李克强签署第731号国务院令,公布修订后的《国家科学技术奖励条例》(以下简称《条例》),《条例》共38条,这是该条例自1999年发布实施,2016年和2017年两次修订之后的第三次较大修订,修订后的《条例》进一步落实了科技奖励由"推荐制"调整为"提名制"的改革要求,主要体现为改革报奖方式、强化提名责任。"改革报奖方式,实行由专家、学者、组织机构、相关部门等提名的制度,在坚持政府主导的基础上充分发挥专家、学者作用，突出奖励的学术性。强化提名责任，提名者应当严格按照提名办法提名，提供提名材料，对材料的真实性和准确性负责，并按照规定承担相应责任。"并完善了科技奖励的评审机制、诚信体系建设和奖励监督等内容。2021年8月2日，国务院办公厅印发《关于完善科技成果评价机制的指导意见》，进一步明确了"坚持科学分类、多维度评价"的原则，"根据科技成果不同特点和评价目的，有针对性地评价科技成果的多元价值""鼓励国际'小同行'评议，推行代表作制度，实行定量评价与定性评价相结合""推动建立全国性知识产权和科技成果产权交易中心，完善技术要素交易与监管体系，支持高等院校、科研机构和企业科技成果进场交易，鼓励一定时期内未转化的财政性资金支持形成的成果进场集中发布信息并推动转化""重在奖励真正作出创造性贡献的科学家和一线科技人员，控制奖励数量，提升奖励质量""强化国家科技奖励与国家重大战略需求的紧密结合，加大对基础研究和应用基础研究成果的奖励力度。培育高水平的社会力量科技奖励品牌，政府加强事中事后监督，提高科技奖励整体水平"。

(六) 推动院士制度改革

2020年9月28日，中国科学院学部主席团发布修订后的《中国科学院院士增选工作实施细则》及《中国科学院院士行为规范》，同年11月，中国工程院印发《中国工程院院士行为规范》，对院士队伍建设和弘扬优良作风和学风做了明确规定。细则"特别注意推选符合标准和条件的优秀中青年科技专家"，从院士推荐候选人，尤其是新兴和较差学科推荐机制等方面优化与改革了院士增选制度。行为规范中强调了崇尚科学、弘扬科学的主导性原则，并要求"自觉抵制社会上的不正之风以及行政干预增选工作"。

2019年9月30日，中国科学院主席团与中国工程院主席团联合发布《关于弘扬新时代科学家精神 做作风和学风建设表率》倡议书，要求广大高级科学工作者要"弘扬新时代科学家精神，加强作风和学风建设，营造良好科研生态"，并倡议要"科技报国、追求真理、淡泊名利、敬业奉献、甘为人梯、提携后学"，希望全体院士要以实际行动带头弘扬新时代科学家精神，始终不忘初心、牢记使命，为建设世界科技强国、实现中华民族的伟大复兴而共同奋斗。2020年12月14日，中国工程院印发《关于严肃院士增选纪律的"八不准"》，以院士增选纪律的"八不准"，进一步明确要"建设一支适应新时代要求的院士队伍，使院士制度成为引导科技创新人才健康成长的强大正能量"。

三、加强科技人才激励

人才发展体制机制改革始终要以激发人才活力为根本出发点，合理的激励制度和有效的激励政策是充分激发科技人才积极性和创造性、领导和组织科技人才服务创新驱动发展实践的根本途径。党中央、国务院高度重视加大科技人才激励、增强科技人才获得感，制定了一系列文件，相关部门及时印发配套文件，通过稳步提高基础工资、加大绩效工资分配激励力度、加大科研经费支持、落实科技成果转化激励政策、实行股权激励和税收优惠、给予荣誉奖励等实在举措，推动形成以增加知识价值为导向的收入分配机制，科研人员收入与岗位职责、工作业绩、实际贡献的联系越来越紧密，知识创造价值、价值创造者获得合理回报的良性循环正在形成，激励科技人才成长和发展的政策环境逐步改善。

（一）完善薪酬激励制度

2016年11月7日，中共中央办公厅、国务院办公厅印发《关于实行以增加知识价值为导向分配政策的若干意见》并指出，要"逐步提高科研人员收入水平""建立绩效工资稳定增长机制""加大对作出突出贡献科研人员和创新团队的奖励力度，提高科研人员科技成果转化收益分享比例。强化绩效评价与考核，使收入分配与考核评价结果挂钩""发挥财政科研项目资金的激励引导作用""鼓励科研人员通过科技成果转化获得合理收入"。同时，落实"扩大科研机构、高校收入分配自主权""加强科技成果产权对科研人员的长期激励"机制。2017年1月17日，中共中央组织部、中华人民共和国科学技术部联合发布《科研事业单位领导人员管理暂行办法》(以下简称《办法》)，《办法》

共分 9 章 50 条，明确了科研事业单位领导人员管理的总体要求、任职资格和条件、选拔任用方式和程序、任期管理和考核评价要求、激励保障和监督约束措施以及退休退出等规定。在激励制度方面，"实行以增加知识价值为导向的分配政策""试行年薪制、协议工资制等分配办法"。2017 年 2 月，中华人民共和国科学技术部等部门印发《关于开展"扩大高校和科研院所自主权、赋予创新领军人才更大人财物支配权、技术路线决策权"试点工作的通知》，选择了部分单位开展试点。允许试点单位实行以增加知识价值为导向的分配制度，在绩效工资总量内探索实行年薪制、协议工资、项目工资等多种灵活分配方式。2019 年 7 月 30 日，中华人民共和国科学技术部、中华人民共和国教育部、中华人民共和国国家发展和改革委员会、中华人民共和国财政部、中华人民共和国人力资源和社会保障部、中国科学院联合印发《关于扩大高校和科研院所科研相关自主权的若干意见》，进一步完善绩效工资分配方式，强化绩效工资对科技创新的激励作用。"加大绩效工资分配向科研人员倾斜力度""高校和科研院所可在绩效工资总量内，按国家有关规定自主确定绩效工资结构、考核办法、分配方式、工资项目名称、标准和发放范围，绩效工资分配要向关键创新岗位、作出突出贡献的科研人员、承担财政科研项目的人员、创新团队和优秀青年人才倾斜"。

2021 年 2 月 8 日，中华人民共和国人力资源和社会保障部、中华人民共和国财政部、中华人民共和国科学技术部联合发布《关于事业单位科研人员职务科技成果转化现金奖励纳入绩效工资管理有关问题的通知》，明确规定："职务科技成果转化后，科技成果完成单位按规定对完成、转化该项科技成果做出重要贡献人员给予的现金奖励，计入所在单位绩效工资总量，但不受核定的绩效工资总量限制""不属于职务科技成果转化的，从项目经费中提取的人员绩效支出，应在核定的绩效工资总量内分配，纳入单位绩效工资总量管理。"2022 年 3 月 8 日，中华人民共和国科学技术部办公厅、中华人民共和国教育部办公厅、中华人民共和国财政部办公厅、中华人民共和国人力资源和社会保障部办公厅联合印发《〈关于扩大高校和科研院所科研相关自主权的若干意见〉问答手册》，进一步回答了有关薪酬激励的相关内容，用工单位可以根据具体需要"向主管部门申报动态调整绩效工资水平""事业单位绩效工资分配应向在创新岗位做出突出成绩的科研人员倾斜"。

（二）加大科研经费激励

为进一步贯彻落实 2016 年 7 月 31 日，中共中央办公厅、国务院办公厅印发的《关于进一步完善中央财政科研项目资金管理等政策的若干意见》，促进中央财政科研项目资金管理改革举措落地生根，切实增强科研人员改革"成就感""获得感"，2017 年 3 月 13 日，中华人民共和国财政部、中华人民共和国科学技术部、中华人民共和国教育部、中华人民共和国国家发展和改革委员会联合发布《关于进一步做好中央财政科研项目资金管理等政策贯彻落实工作的通知》，要求"项目承担单位应当结合本单位实际，抓紧制定和完善项目预算调剂、间接费用统筹使用、劳务费分配管理、结余资金使用、科研财务助理岗位设立、内部信息公开公示等内部管理办法""细化、完善劳务费和间接费用管理"。2018 年 7 月 24 日，国务院发布《关于优化科研管理提升科研绩效若干措施的通知》(以下简称《通知》)，贯彻落实党中央、国务院关于推进科技领域"放管服"改革的要求，按照能放尽放的要求赋予科研人员更大的人财物自主支配权，减轻科研人员负担，充分释放创新活力，调动科研人员积极性，激励科研人员敬业报国、潜心研究、攻坚克难。《通知》进一步"完善有利于创新的评价激励制度"，中华人民共和国科学技术部、中华人民共和国财政部会同中华人民共和国教育部、中国科学院在中华人民共和国教育部直属高校和中国科学院所属科研院所中选择部分创新能力和潜力突出、创新绩效显著、科研诚信状况良好的单位开展支持力度更大的"绿色通道"改革试点。开展"简化科研项目经费预算编制""扩大科研经费使用自主权""赋予科研人员职务科技成果所有权或长期使用权"等试点工作，开展对试点单位落实改革措施的跟踪指导和考核，探索优化管理与服务，管好底线与秩序，为科研活动保驾护航。

2019 年 4 月 4 日，中共中华人民共和国教育部发布《关于抓好赋予科研管理更大自主权有关文件贯彻落实工作的通知》，强调要"遵循科研规律，落实科研管理自主权""合理区分业务活动与公务活动，支持科研活动规范、高效开展""纵向科研经费管理，由高校结合学校实际自主确定开支标准、报销范围，优化审批程序，简化报销手续""横向科研经费，可按实际需要开支少量科研活动接待费，由学校确定具体管理办法，严格管理"。2019年4月6日，国家自然科学基金委员会、中华人民共和国财政部联合发布《关于进一步完善科学基金项目和金管理的通知》，规定"赋予科研单位项目经费管理使用自主权。科学基金项目资金直接费用中除设备费外，其他科目预算调剂权全部下放给依托单位"。在下放权力的同时，"规范结题财务审计""第三方机构完成结题财务审计，并作为财务验收的依据"。2020年3月21日，中华人民共和国科学技术部印发《关于科技创新支撑复工复产和经济平稳运行的若干措施》，启动实施"科技助力经济2020"重点专项，"各地方要结合自身实际加大科技投入，支持科技型企业有序复工复产和经济平稳运行，实现创新发展""加大对科技型中小企业的支持力度"，面向科技型中小企业宣传"援企稳岗、减税免费、社保减免、金融支持"等重点政策。2021年8月13日，国务院办公厅印发《关于改革完善中央财政科研经费管理的若干意见》，要求进一步"优化科研经费管理，有力地激发了科研人员的创造性和创新活力"，并规定"扩大科研项目经费管理自主权""简化预算编制，下放预算调剂权，扩大经费包干制实施范围""加大科研人员激励力度""提高间接费用比例、扩大劳务费开支范围、合理核定绩效工资总量、加大科技成果转化激励力度"等一系列优化改革措施。

关于科研助理工作，2020年5月30日，中华人民共和国科学技术部、中华人民共和国教育部、中华人民共和国人力资源和社会保障部、中华人民共和国财政部、中国科学院、国家自然科学基金委员会联合发布《关于鼓励科研项目开发科研助理岗位吸纳高校毕业生就业的通知》。2022年5月6日，中华人民共和国教育部办公厅印发《关于高等学校做好2022年开发科研助理岗位吸纳毕业生就业工作的通知》；2022年6月30日，中华人民共和国科学技术部、中华人民共和国教育部、中华人民共和国财政部、中华人民共和国人力资源和社会保障部、国务院国有资产监督管理委员会、中国科学院、国家自然科学基金委员会联合印发《科技部等七部门关于做好科研助理岗位开发和落实工作的通知》。上述文件认真落实贯彻党中央、国务院关于做好"稳就业""保就业"的决策部署。明确科研助理岗位薪酬、社保、档案等规定的要求，落实科研助理经费开支，"项目承担单位可结合自身情况，按规定从科研项目经费等渠道开支科研助理的相关经费支出。科研项目经费中，'劳务费'科目及结余资金均可按照有关规定用于科研助理的劳务性报酬和社会保险补助等支出。"

(三) 落实科技成果转化激励政策

2017年9月15日，国务院印发《国家技术转移体系建设方案》，提出要"激发创新主体技术转移活力""明确利益分配机制，引导专业人员从事技术转移服务"。2017年11月13日，中华人民共和国财政部印发《关于<国有资产评估项目备案管理办法>的补充通知》，要求"研究开发机构、高等院校的主管部门要结合科技成果转化工作实际，制定科技成果资产评估项目备案工作操作细则，缩短备案流程，简化备案程序，提高备案工作效率"。2018年5月18日，中华人民共和国教育部印发《高校科技成果转化和技术转移基地认定暂行办法》，明确"推进实施高等学校服务国家战略行动，完善高校促进科技成果转化的管理体系、制度体系和支撑服务体系"。

2019年1月8日，国务院办公厅印发《关于推广第二批支持创新相关改革举措的通知》，明确"以事前产权激励为核心的职务科技成果权属改革、技术经理人全程参与的科技成果转化服务模式、技术股与现金股结合激励的科技成果转化相关方利益捆绑机制和'定向研发、定向转化、定向服务'的订单式研发和成果转化机制"四项科技成果转化激励列入推广范围。包括"赋予科研人员一定比例的职务科技成果所有权""以产权形式激发职务发明人从事科技成果转化的重要动力""以'技术股+现金股'组合形式持有股权，与孵化企业发展捆绑在一起，提升科技成果转化效率和成功率"等具体改革内容。2019年3月9日，中华人民共和国财政部发布《关于修改〈事业单位国有资产管理暂行办法〉的决定》，增补"国家设立的研究开发机构、高等院校将其持有的科技成果转让、许可或者作价投资给国有全资企业的""国家设立的研究开发机构、高等院校将其持有的科技成果转让、许可或者作价投资给非国有全资企业的,由单位自主决定是否进行资产评估""国家设立的研究开发机构、高等院校对其持有的科技成果,可以自主决定转让、许可或者作价投资,不需报主管部门、中华人民共和国财政部门审批或者备案,并通过协议定价、在技术交易市场挂牌交易、拍卖等方式确定价格。通过协议定价的,应当在本单位公示科技成果名称和拟交易价格"。2019年7月30日,中央全面深化改革委员会第七次会议审议通过,中华人民共和国科学技术部、中华人民共和国教育部、中华人民共和国国家发展和改革委员会、中华人民共和国财政部、中华人民共和国人力资源和社会保障部、中国科学院联合印发《关于扩大高校和科研院所科研相关自主权的若干意见》,要求"赋予科研人员职务科技成果所有权或长期使用权试点,为进一步完善职务科技成果权属制度探索路子""研发机构负责人可依法依规获得科技成果转化现金和股权奖励""加大高校和科研院所人员科技成果转化股权期权激励力度,科研人员获得的职务科技成果转化现金奖励、兼职或离岗创业收入不受绩效工资总量限制,不纳入总量基数"。2019年9月23日,中华人民共和国财政部发布《关于进一步加大授权力度促进科技成果转化的通知》,要求"中央级研究开发机构、高等院校对持有的科技成果,可以自主决定转让、许可或者作价投资""纳入国有资本投资运营公司集中统一监管的,公司要按照科技成果转化授权要求,简化科技成果作价投资形成的国有股权管理决策程序,积极支持科技成果转化和科技创新""中央级研究开发机构、高等院校转化科技成果所获得的收入全部留归本单位,纳入单位预算,不上缴国库,主要用于对完成和转化职务科技成果做出重要贡献人员的奖励和报酬、科学技术研发与成果转化等相关工作"。

2020年2月3日,中华人民共和国教育部、国家知识产权局、中华人民共和国科学技术部联合印发了《关于提升高等学校专利质量促进转化运用的若干意见》,支持"允许高校开展职务发明所有权改革探索,并按照权利义务对等的原则,充分发挥产权奖励、费用分担等方式的作用,促进专利质量提升""促进技术转移与知识产权管理运营体系建设，不断提升高校科技成果转移转化能力。鼓励各高校探索市场化运营机制，充分调动专业机构和人才的积极性""鼓励高校与第三方知识产权运营服务平台或机构合作，并从科技成果转移转化收益中给予第三方专业机构中介服务费""支持高校根据岗位设置管理有关规定自主设置技术转移转化系列技术类和管理类岗位，激励科研人员和管理人员从事科技成果转移转化工作。"2020年5月9日，中华人民共和国科学技术部、中华人民共和国国家发展和改革委员会、中华人民共和国教育部、中华人民共和国工业和信息化部、中华人民共和国财政部、中华人民共和国人力资源和社会保障部9部门联合发布《赋予科研人员职务科技成果所有权或长期使用权试点实施方案》，为深化科技成果使用权、处置权和收益权改革，进一步激发科研人员创新热情，促进科技成果转化，明确"赋予科研人员职务科技成果所有权""按照科研人员意愿采取转化前赋予职务科技成果所有权(先赋权后转化)或转化后奖励现金、股权(先转化后奖励)的不同激励方式""赋予科研人员职务科技成果长期使用权""试点单位可赋予科研人员不低于10年的职务科技成果长期使用权""充分赋予试点单位管理科技成果自主权，探索形成符合科技成果转化规律的国有资产管理模式"。2020年5月20日，中华人民共和国科学技术部、中华人民共和国教育部联合印发《关于进一步推进高等学校专业化技术转移机构建设发展实施意见》，鼓励高校"聘请社会化技术转移机构协助其开展科技成果转移转化工作""建立技术转移从业人员评价激励机制，畅通职务晋升和职称评审通道。科技成果作价投资的激励比例由各方协商确定。"进一步完善高校科技成果转化体系，提高高校科技成果转移转化能力建设，促进科技成果高水平创造和高效率转化，加快"双一流"建设，提升高校服务经济社会发展的能力，为高质量发展提供科技支撑。

(四) 加大税收优惠力度

2018年5月29日，中华人民共和国财政部、国家税务总局、中华人民共和国科学技术部联合发布《关于科技人员取得职务科技成果转化现金奖励有关个人所得税政策的通知》，明确了"依法批准设立的非营利性研究开发机构和高等学校根据《中华人民共和国促进科技成果转化法》规定,从职务科技成果转化收入中给予科技人员的现金奖励,可减按50%计入科技人员当月'工资、薪金所得',依法缴纳个人所得税"。

(五)重视精神激励,授予科学家国家荣誉称号、提倡科学家精神

2019年6月11日,中共中央办公厅、国务院办公厅印发《关于进一步弘扬科学家精神加强作风和学风建设的意见》,对自觉践行、大力弘扬新时代科学家精神作出部署,要求"大力弘扬胸怀祖国、服务人民的爱国精神""勇攀高峰、敢为人先的创新精神""追求真理、严谨治学的求实精神""淡泊名利、潜心研究的奉献精神""集智攻关、团结协作的协同精神"和"甘为人梯、奖掖后学的育人精神"。2019年9月17日,国家主席习近平签署主席令,根据十三届全国人民代表大会常委会第十三次会议通过的全国人大常委会关于授予国家勋章和国家荣誉称号的决定,授予42人国家勋章、国家荣誉称号。9月29日,中华人民共和国国家勋章和国家荣誉称号颁授仪式在北京人民大会堂隆重举行。习近平同志向国家勋章和国家荣誉称号获得者颁授勋章奖章并发表重要讲话。"共和国勋章"获得者中有5位科学家,他们是于敏、孙家栋、袁隆平、黄旭华、屠呦呦;在国家荣誉称号获得者中,叶培建、吴文俊、南仁东、顾方舟、程开甲被授予"人民科学家"国家荣誉称号。2019年10月10日,在庆祝中华人民共和国70华诞的盛大活动中,中国科学院院士、中国空间技术研究院空间科学与深空探测首席科学家叶培建,著名数学家、中国人工智能先驱吴文俊,"天眼之父"FAST工程首席科学家兼总工程师南仁东,中国病毒学专家、中国医学科学院北京协和医学院原院长顾方舟,被誉为"中国核司令"的"两弹一星"元勋程开甲,5位科学高峰的勤奋攀登者被授予"人民科学家"国家荣誉称号。崇高的称号褒扬了他们在探索新知的道路上奋勇拼搏的精神和取得的突出成就,更诠释了他们科学为民的浓郁家国情怀。

2020年8月11日,国家主席习近平签署主席令,根据第十三届全国人民代表大会常务委员会第二十一次会议的决定,授予钟南山"共和

国勋章",授予张伯礼、张定宇、陈薇"人民英雄"国家荣誉称号。9月8日,在全国抗击新冠肺炎疫情表彰大会上,习近平同志向钟南山颁授"共和国勋章"奖章,向张伯礼、张定宇、陈薇颁授"人民英雄"奖章。2021年11月3日,习近平同志在北京人民大会堂参加2020年度国家科学技术奖励大会,并向获得2020年度国家最高科学技术奖的中国航空工业集团有限公司顾诵芬院士和清华大学王大中院士颁发奖章、证书。2020年9月11日,习近平同志在科学家座谈会上讲话时指出:"科学成就离不开精神支撑。科学家精神是科技工作者在长期科学实践中积累的宝贵精神财富。新中国成立以来,广大科技工作者在祖国大地上树立起一座座科技创新的丰碑,也铸就了独特的精神气质。"荣获"共和国勋章""人民英雄"和"人民科学家"国家荣誉称号的科学家,是我国广大科技工作者的杰出代表,是新时代榜样科学家,是新时代科学家精神的诠释者、践行者、传播者。

四、促进科技人才有序流动

改革开放以来,在国家宏观政策发挥调控作用的同时,市场在人才资源配置中发挥决定性作用,合理有序的人才流动机制极大地促进了人才资源的高效配置。科技人才可以在高校、科研院所、企业等各类创新主体及各地区之间顺畅流动,高层次人才的柔性流动,促进了各类科技人才发挥更大作用。

(一)促进在创新主体之间有序流动

2017年3月10日,为进一步"贯彻落实党中央、国务院关于加快实施创新驱动发展战略、深化人才发展体制机制改革、大力推进大众创业万众创新和做好新形势下就业创业工作的总体部署和要求""发挥事业单位在科技创新和大众创业万众创新中的示范引导作用""促进人才在事业单位和企业间合理流动",中华人民共和国人力资源和社会保障部印发《关于支持和鼓励事业单位专业技术人员创新创业的指导意见》,指出:"支持和鼓励事业单位选派专业技术人员到企业挂职或者参与项目合作""支持和鼓励事业单位专业技术人员兼职创新或者在职创办企业""支持和鼓励事业单位专业技术人员离岗创新创业""支持和鼓励事业单位设置创新型岗位",并要求各级人力资源和社会保障部门要树立大局意识,解放思想,大胆创新,结合本地区本部门实际,确保政策落到实处。

2019年1月28日,中华人民共和国人力资源和社会保障部印发《关于充分发挥市场作用促进人才顺畅有序流动的意见》(以下简称《意见》),这是中央关于要素市场化配置的第一份文件,《意见》明确了要素市场制度建设的方向及重点改革任务,并就扩大要素市场化配置范围、促进要素自主有序流动、加快要素价格市场化改革等作出了部署。《意见》从健全人才流动市场机制、畅通人才流动渠道、规范人才流动秩序、完善人才流动服务体系4个方面提出16条有针对性的具体措施。在畅通人才流动渠道方面提出4条措施,促进人才合理流动和优化配置。一是健全党政机关和企事业单位人才流动机制,二是畅通人才跨所有制流动渠道,三是完善人才柔性流动政策,四是构建更加开放的国际人才交流合作机制。

2019年8月9日,中华人民共和国科学技术部印发《关于新时期支持科技型中小企业加快创新发展的若干政策措施》,指出:"鼓励科研人员创新创业。推动出台支持科研人员离岗创业的实施细则,完善科研人员校企、院企共建双聘机制。"2019年9月29日,中华人民共和国教育部印发《关于深化本科教育教学改革全面提高人才培养质量的意见》,鼓励"高校可根据需要设立一定比例的流动岗位,加大聘用具有其他高校学习和行业企业工作经历教师的力度""引导高校建立兼职教师资源库,优化高校实验系列队伍结构"。2019年10月30日,中华人民共和国教育部印发《关于加强新时代教育科学研究工作的意见》,要求"完善管理制度,灵活运用编制配额,建立持久良性的'旋转门'机制,促进优秀科研人员到党政机关、事业单位、国有企业等机构任职,聘请有实践经验和科研能力的行政领导、学校校长(教师)、企业高层次人才等到教育科研机构担任专职或兼职研究员。探索建立学术休假和学术进修制度"。

2020年3月30日,中共中央、国务院印发《关于构建更加完善的要素市场化配置体制机制的意见》，指出："为深化要素市场化配置改革，促进要素自主有序流动，提高要素配置效率"，要求"畅通劳动力和人才社会性流动渠道""健全统一规范的人力资源市场体系，加快建立协调衔接的劳动力、人才流动政策体系和交流合作机制""深化科技成果使用权、处置权和收益权改革，开展赋予科研人员职务科技成果所有权或长期使用权试点"。

（二）探索高层次人才多种流动方式

2019年1月28日，中华人民共和国人力资源和社会保障部印发《关于充分发挥市场作用促进人才顺畅有序流动的意见》，指出："在技术要素方面，着力激发技术供给活力，促进科技成果转化"，在规范人才流动秩序方面提出五条措施，促进人才良性有序流动。一是强化人才流动的法制保障，二是引导鼓励人才向艰苦边远地区和基层一线流动，三是深化区域人才交流开发合作，四是维护国家重点领域人才流动秩序，五是建立完善政府人才流动宏观调控机制。2019年10月30日，中华人民共和国教育部印发《关于加强新时代教育科学研究工作的意见》，支持地方因地制宜创新高层次人才选聘和薪酬分配办法，加大高层次人才吸引力度，积极引进海外高层次人才。

（三）人才流动服务保障体系

2019年12月25日，中共中央办公厅、国务院办公厅印发《关于促进劳动力和人才社会性流动体制机制改革的意见》并指出，要"畅通有序流动渠道，激发社会性流动活力""全面取消城区常住人口300万以下的城市落户限制，全面放宽城区常住人口300万至500万的大城市落户条件""精简积分项目，确保社会保险缴纳年限和居住年限分数占主要比例""推进基本公共服务均等化，常住人口享有与户籍人口同等的教育、就业创业、社会保险、医疗卫生、住房保障等基本公共服务""流动人员人事档案可存放在公共就业服务机构、公共人才服务机构等档案管理服务机构，存档人员身份不因档案管理服务机构的不同发生改变""研究制定各类民生档案服务促进劳动力和人才社会性流动的具体举措"。2020年3月30日,中共中央、国务院印发《关于构建更加完善的要素市场化配置体制机制的意见》,要求"放开放宽除个别超大城市外的城市落户限制,试行以经常居住地登记户口制度。建立城镇教育、就业创业、医疗卫生等基本公共服务与常住人口挂钩机制,推动公共资源按常住人口规模配置""完善人事档案管理服务,加快提升人事档案信息化水平"。

五、推动科技人才国际化

科技人才国际化是一个国家积极参与全球科技合作与交流、共同应对国际科技问题与挑战,并有效利用全球科技资源、加速提升自身创新能力的过程。科技人才国际化是经济全球化导致人才资源在全球范围流动的必然结果。科技人才不再局限于一个国家或地区的范围内,而是以本民族的文化为背景,超越国家的范畴,在全球范围内开发、配置,呈现国际化的格局,包括人才构成的国际化、人才流动的国际化、人才素质的国际化、人才教育培训的国际化,以及人才评价与人才政策法规的国际化特点。党中央、国务院一贯注重科技人才的国际化建设,为进一步加大对优秀留学生的吸引力,设立"丝绸之路"奖学金项目,培养人才助力"一带一路"建设,不断优化留学环境,打造"留学中国"品牌。同时出台了一系列措施,通过建设平台、拓展渠道、创新政策、加强服务保障等方式,促进科技人才的国际交流合作,提升科技人才的国际化培养与激励的整体水平。

(一)加大国际化教育培训力度

2017年1月6日,中华人民共和国人力资源和社会保障部、中华人民共和国外交部、中华人民共和国教育部联合印发《关于允许优秀外籍高校毕业生在华就业有关事项的通知》,同时规定"对符合条件的外国留学生发放外国人就业许可证书(或工作许可)和外国人就业证(或工作证)""对符合条件的境外高校外籍毕业生发放外国人就业许可证书"。2017年6月2日,中华人民共和国教育部、中华人民共和国外交部、中华人民共和国公安部联合发布《学校招收和培养国际学生管理办法》,进一步丰富、完善了高等学校招收国际学生的招生条件、教学管理及奖学金事宜,为增强来华留学吸引力、提高中国教育国际化水平提供了政策保障。2018年9月3日,中华人民共和国教育部印发《来华留学生高等教育质量规范(试行)》,该文件是我部首次专门针对来华留学教育制定的质量规范文件,是指导和规范高校开展来华留学教育的全国统一的基本准则,也是开展来华留学内部和外部质量保障活动的基本依据。文件分为人才培养目标、招生录取和预科、教育教学、管理和服务支持4个部分,是高等学校等高等教育机构完善来华留学生教育内部质量保障、开展自我评价的基本依据,也是各类教育评价机构开展来华留学生高等教育评价的基本依据。

2020年6月,中华人民共和国教育部等8部门联合印发《关于加快和扩大新时代教育对外开放的意见》,着眼加快推进我国教育现代化和培养更具全球竞争力的人才,对新时代教育对外开放进行了重点部署,要求"做强'留学中国'品牌""支持高校加强与世界一流大学和学术机构的合作,完善高校对外开放评价指标,授予'双一流'建设高校一定外事审批权;在职业教育领域,将在借鉴'双元制'等办学模式、引进国外优质职业教育资源方面取得政策突破,鼓励有条件的国内职业院校与企业携手参与国际产能合作,着手打造'一带一路'国际技能大赛等品牌赛事;在基础教育领域,将加强中小学国际理解教育,帮助学生树立人类命运共同体意识,培养德智体美劳全面发展且具有国际视野的新时代青少年""加大中外合作办学改革力度""探索适当放宽合作办学主体和办学模式的限制,给予相应的鼓励引导政策或实行准入特别管理措施"。为引导学校自主、高效、有序赴境外办学,《意见》明确"量力而行、依法办学、质量优先、稳步发展的基本思路""借力'中国教育云',建立中国特色国际课程推广平台"。

(二) 科技计划进一步对境外人员开放

2017年6月8日,为贯彻落实《国家创新驱动发展战略纲要》

《"十三五"国家科技创新规划》，加快推动基础研究发展，中华人民共和国科学技术部、中华人民共和国教育部、中国科学院、国家自然科学基金委员会共同制定并联合发布《关于印发"十三五"国家基础研究专项规划的通知》，强调要积极"组织和加强重大国际科技合作与交流""支持和推荐我国科学家到国际学术组织交流和任职，选派优秀青年科研人员到国外一流研究机构深造。大力引进从事科学前沿探索和交叉研究、具有创新潜质的优秀科学家，支持高校、科研院所在重点学科领域建立联合研究中心或创新团队，支持国际知名高校、科研机构来华开展科研合作，成立研究中心"。2017年7月31日，中共教育部党组印发《关于加快直属高校高层次人才发展的指导意见》并指出，要"加快培养造就具有国际竞争力的高层次人才队伍""实施更积极、更开放、更有效的人才引进政策，深化对外交流合作，提升人才国际化水平""支持高层次人才到国际组织任职服务""围绕'一流大学和一流学科'建设，重点引进活跃在国际学术前沿、满足国家重大战略需求的一流科学家、学科领军人物和创新团队、高层次青年人才和急需紧缺青年专门人才""更大力度实施海外引才计划、高等学校学科创新引智计划，吸引更多海外高层次人才和优秀青年人才来华从事教学、科研和管理工作""实施多元化、柔性人才引进机制，吸引海外人才以多种形式到校从事咨询、讲学、科研等活动。积极吸引海外优秀博士从事博士后研究"。2017年12月20日，中华人民共和国科学技术部印发《关于推进外籍科学家深入参与国家科技计划的指导意见》，鼓励"邀请外籍科学家参与国家科技计划战略研究和任务布局等顶层设计""推动外籍科学家参与国家科技计划项目管理工作""鼓励外籍科学家领衔和参与国家科技计划项目研究"，并要求相关部门和单位要"要主动服务，积极协助外籍科学家办理来华任职、居留、社会保障、子女教育等相关事项，解决其后顾之忧。要引导外籍科学家学习和自觉遵守我国法律、法规和相关政策规定，尊重社会公序良俗，心情舒畅地在华工作"。

2018年5月14日，中华人民共和国科学技术部、中华人民共和国财政部联合发布《关于鼓励香港特别行政区、澳门特别行政区高等院校和科研机构参与中央财政科学计划组织实施的若干规定(试行)》，鼓励"内地与香港特别行政区、澳门特别行政区(以下简称港澳特区)发挥各自的科技优势、加强科技合作，支持港澳特区科技创新发展",根据规定,"港澳特区的高等院校和科研机构可通过竞争择优方式承担中央财政科技计划项目,并获得项目经费资助""港澳机构可联合内地单位,按照指南要求牵头或参与申报中央财政科技计划的相关项目,并根据港澳特区科研活动的实际支出情况提出项目经费需求",鼓励爱国爱港爱澳科学家在建设创新型国家和科技强国中发挥更大作用。2020年7月9日,中华人民共和国科学技术部、中华人民共和国财政部、国家自然科学基金委员会发布《中央财政科技计划(专项、基金等)绩效评估规范(试行)》,文件允许"在符合保密要求的前提下,评估委托者可根据需要引入国际评估或邀请国际专家参与咨询。"

(三) 搭建国际交流合作平台

2017年9月15日,国务院发布《关于印发国家技术转移体系建设方案的通知》,要求"拓展国际技术转移空间""加速技术转移载体全球化布局""开展'一带一路'科技创新合作技术转移行动""鼓励企业开展国际技术转移"。2019年9月12日,中华人民共和国科学技术部印发《关于促进新型研发机构发展的指导意见》,鼓励"积极参与国际科技和人才交流合作。建设国家国际科技合作基地和国家引才引智示范基地;开发国外人才资源,吸纳、集聚、培养国际一流的高层次创新人才;联合境外知名大学、科研机构、跨国公司等开展研发,设立研发、科技服务等机构"。鼓励建立各类国际研发中心和技术产业中心;积极搭建国际科技人才创新创业双向交流平台。

(四) 完善人才服务与保障机制

2017年3月28日,国家外国专家局、中华人民共和国人力资源和社会保障部、中华人民共和国外交部、中华人民共和国公安部发布《关于全面实施外国来华工作许可制度的通知》,规定了外国人才来华工作管理制度,实现外国人来华工作许可、签证、居留有机衔接,建立了统一、权威、高效的外国人才管理体制;并明确外国人来华工作分类标准、外国高端人才公认职业成就认定标准说明等内容。标志我国已逐步形成具有国际竞争力的人才制度优势和平衡保护国内就业市场的制度环境，更好地服务于国家重大战略实施和经济社会发展。2017年11月28日，国家外国专家局、中华人民共和国外交部、中华人民共和国公安部联合印发《外国人才签证制度实施办法》，完善了外国人才签证制度，明确申请人才签证的标准条件和办理程序，为外国人才来华创新创业和工作提供便利。2017年12月，国家外国专家局、中华人民共和国教育部、中华人民共和国住房和城乡建设部、中华人民共和国国家卫生和计划生育委员会发布《关于开展外国高端人才服务"一卡通"试点工作的通知》，开展外国高端人才"一卡通"服务，是实施更加积极、更加开放、更加有效的引才引智政策，优化引才引智环境的具体举措，进一步实施建立外国高端人才安居保障、子女入学和医疗保健服务通道，提供优质公共服务，优化外国高端人才在华工作生活环境，完善了外国人来华工作许可制度，让有志于来华发展的外国人才来得了、待得住、用得好、流得动，为我国科技人才国际化提供了有力的人才支持。

六、科技人才创新文化建设

为激励和引导广大科技工作者追求真理、勇攀高峰，树立科技界广泛认可、共同遵循的价值理念，加快培育促进科技创新的强大精神动力，营造尊重科学、尊重人才、激发创新活力的良好氛围，党中央、国务院及各部委在弘扬科学家精神健全、加强科研诚信建设、加强科技伦理治理体制等方面采取积极措施，取得了显著成效。

(一) 弘扬科学家精神

2019年6月11日，中共中央办公厅、国务院办公厅印发《关于进一步弘扬科学家精神加强作风和学风建设的意见》(以下简称《意见》)，《意见》对自觉践行、大力弘扬新时代科学家精神作出部署，要求"以塑形铸魂科学家精神为抓手，切实加强作风和学风建设，积极营造良好科研生态和舆论氛围""大力弘扬胸怀祖国、服务人民的爱国精神""勇攀高峰、敢为人先的创新精神""追求真理、严谨治学的求实精神""淡泊名利、潜心研究的奉献精神""集智攻关、团结协作的协同精神"和"甘为人梯、奖掖后学的育人精神""争做重大科研成果的创造者、建设科技强国的奉献者、崇高思想品格的践行者、良好社会风尚的引领者"。

(二)加强作风学风建设

2016年3月31日,中共教育部党组印发《关于强化学风建设责任实行通报问责机制的通知》,要求"落实学风建设主体责任",明确"高校党政主要领导是学风建设和学术不端行为查处的第一责任人",压紧压实用人单位主体责任,实行通报问责制度。2020年7月29日,中华人民共和国科学技术部、国家自然科学基金委员会联合印发《关于进一步压实国家科技计划(专项、基金等)任务承担单位科研作风学风和科研诚信主体责任的通知》,规定"从事科研活动的各类科研院所、高校、企业、社会组织等是科研作风学风和科研诚信建设第一责任主体""强化责任传导,确保科研作风学风和科研诚信建设各项要求落实到位""每年年底要通过国家科研诚信管理信息系统报告本单位科研作风学风和科研诚信建设情况"。

(三)加强科研诚信建设

2017年6月16日,中华人民共和国教育部印发《高等学校预防与处理学术不端行为办法》,明确"高等学校是学术不端行为预防与处理的主体""高等学校应当利用信息技术等手段,建立对学术成果、学位论文所涉及内容的知识产权查询制度,健全学术规范监督机制""建立教学科研人员学术诚信记录,在年度考核、职称评定、岗位聘用、课题立项、人才计划、评优奖励中强化学术诚信考核",并给出了学术委员会的认定结论、处理及复核建议。2018年5月30日,中共中央办公厅、国务院办公厅印发《关于进一步加强科研诚信建设的若干意见》,指出:"科研诚信是科技创新的基石",要求"营造坚守底线、严格自律的制度环境和社会氛围""加强科技计划全过程的科研诚信管理""坚持零容忍,强化责任追究,对严重违背科研诚信要求的行为依法依规终身追责"。2018年11月9日,中华人民共和国国家发展和改革委员会、中国人民银行、中华人民共和国科学技术部等多部门联合签署《关于对科研领域相关失信责任主体实施联合惩戒的合作备忘录》,文件规定对失信责任主体实施"联合惩戒实施方式""科技部通过全国信用信息共享平台定期向签署本备忘录的相关部门提供科研领域联合惩戒对象的相关信息""其他部门和单位通过全国信用信息共享平台联合奖惩子系统获取科研领域联合惩戒对象信息,按照本备忘录约定内容,依法依规实施惩戒",并对具体惩戒措施与实施惩戒部门做了详细的附件说明。2019年9月25日,中华人民共和国科学技术部、中共中央宣传部、中华人民共和国最高人民法院、中华人民共和国最高人民检察院、国家自然科学基金委员会、中华人民共和国教育部等多部门联合印发《科研诚信案件调查处理规则(试行)》,文件界定了违背科研诚信要求的行为(科研失信行为)和科研诚信案件的定义及具体内容,"科技部和社科院分别负责统筹自然科学和哲学社会科学领域科研诚信案件的调查处理工作",明确了举报、调查、受理、处理和申诉复查等相应规定。

2020年7月17日,中华人民共和国科学技术部公布《科学技术活动违规行为处理暂行规定》,文件对科学技术活动实施单位、第三方科学技术服务机构、科学技术人员、科学技术活动咨询评审专家及相关机构的工作人员在开展有关科学技术活动过程中出现的违规行为的具体情形、处理建议、处理流程做了明确规定。2020年12月23日,中华人民共和国科学技术部印发《科学技术活动评审工作中请托行为处理规定(试行)》,文件对科学技术活动评审过程中的探听评审专家信息、评审结果等和未经公开的评审信息、为获得有利的评审结果进行游说、说情等,搞"人情评审"、以"打招呼""走关系"或其他方式干扰评审工作、影响评审结果、破坏评审秩序的请托行为,做了专项规定。要求"建立评审诚信承诺制度""评审组织者、承担者应当全面、如实、及时记录请托情况,做到全程留痕、有据可查"。对违反评审纪律的人员,

"实施请托行为的,禁止在 1~5 年直至永久承担或参与财政性资金支持的科学技术活动",对涉事的评审专家,视事实、情节、后果和影响"禁止在 3~5 年直至永久承担或参与财政性资金支持的科学技术活动"。上述文件聚焦弘扬科学精神,倡导创新文化,为加快建设创新型国家,加强科研诚信建设、营造诚实守信的良好科研环境提供了政策保障。

(四) 健全科技伦理治理体制

2019 年 7 月 24 日,中央全面深化改革委员会第九次会议审议通过了《国家科技伦理委员会组建方案》,推动构建覆盖全面、导向明确、规范有序、协调一致的科技伦理治理体系。2019 年 10 月,中共中央办公厅、国务院办公厅印发通知,成立国家科技伦理委员会。2021 年 1 月施行的《中华人民共和国民法典》中,新增科技伦理条款,规范研制新药、医疗器械或发展新的预防和治疗方法,以及从事与人体基因、人体胚胎等有关的医学和科研活动。2021 年 12 月 17 日,中央全面深化改革委员会第二十三次会议,审议通过《关于加强科技伦理治理的指导意见》,强调科技伦理是科技活动必须遵守的价值准则,要坚持增进人类福祉、尊重生命权利、公平公正、合理控制风险、保持公开透明的原则,健全多方参与、协同共治的治理体制机制,塑造科技向善的文化理念和保障机制。2022 年 1 月施行的新修订的《中华人民共和国科学技术进步法》中,进一步细化增加了科技伦理治理的相关要求,强化了科技伦理治理的法律支撑。2022 年 3 月 21 日,中共中央办公厅、国务院办公厅印发实施《关于加强科技伦理治理的意见》(以下简称《意见》),这是我国首个国家层面的科技伦理治理指导性文件,是我国科技伦理治理体系建设的又一标志性事件,具有重要里程碑意义。《意见》对我国科技伦理治理工作作出顶层设计,对各领域科技研发中涉及的伦理问题,从制度设计、管理手段等方面进行了规范。《意见》还提出增进人类福祉、尊重生命权利、坚持公平公正、合理控制风险、保持公开透明等科技伦理原则。

上述一系列政策法规的出台,表明中国科技界要更加重视科技伦理基本问题研究,在个人信息及隐私保护、伦理审查制度与知情同意原则、生命伦理等方面形成较为系统性、前瞻性的解决方案，对于建立健全符合我国国情的科技伦理治理体系具有十分重要的意义。

七、推动科技人才服务经济社会发展

2020年9月11日，习近平同志在科学家座谈会上强调："我国经济社会发展和民生改善比过去任何时候都更加需要科学技术解决方案，都更加需要增强创新这个第一动力""希望广大科学家和科技工作者肩负起历史责任，坚持面向世界科技前沿、面向经济主战场、面向国家重大需求、面向人民生命健康，不断向科学技术广度和深度进军"，助力我国经济发展、社会进步和人民健康。

（一）助力疫情防控

2020年3月21日，中华人民共和国科学技术部印发《关于科技创新支撑复工复产和经济平稳运行的若干措施》，提出："启动实施'科技助力经济2020'重点专项""各地方要结合自身实际加大科技投入，支持科技型企业有序复工复产和经济平稳运行，实现创新发展""充分发挥国家高新区在推动复工复产中的重要载体作用"。文件要求"加大对科技型中小企业的支持力度"，宣传并督促落实"援企稳岗、减税免费、社保减免、金融支持等重点政策"，助力复工复产和经济平稳运行。同时要求各级主管部门要"扩大高校毕业生就业渠道"，积极促进疫情期间高校毕业生平稳就业。2020年5月27日，中华人民共和国科学技术部、中华人民共和国教育部、中华人民共和国人力资源和社会保障部、中华人民共和国财政部、中国科学院、国家自然科学基金委员会联合发布《关于鼓励科研项目开发科研助理岗位吸纳高校毕业生就业的通知》，要求"充分认识开发科研助理岗位吸纳高校毕业生就业的重要意义""主动作为积极开发科研助理岗位""做好开发科研助理岗位吸纳高校毕业生就业的组织、协调和推动工作"。2022年5月6日，中华人民共和国教育部办公厅发布《关于高等学校做好2022年开发科研助理岗位吸纳毕业生就业工作的通知》，要求"提高政治站位，高度重视科研助理工作""积极主动作为,充分开发利用科研助理岗位""最大限度吸纳高校毕业生就业""对科研助理岗位薪酬、社保、档案等规定的要求,增强科研助理岗位的吸引力""在促进高校毕业生就业的同时,不断提升科技创新供给能力"。2022年6月29日,中华人民共和国科学技术部、中华人民共和国教育部、中华人民共和国财政部、中华人民共和国人力资源和社会保障部、国务院国有资产监督管理委员会、中国科学院、国家自然科学基金委员会7部门联合印发《关于做好科研助理岗位开发和落实工作的通知》,明确"部属高校、中央院所、中央企业等单位加大科研助理岗位开发力度",切实增强"时时放心不下"的责任感、使命感和紧迫感,"积极吸纳高校毕业生参与科研工作,合理设置新的科研助理岗位""鼓励各类创新主体开发科研助理岗位吸纳高校毕业生就业,既是促进就业的有力手段,也是深化科技管理改革、构建与科技计划相适应的专业化支撑队伍的重要举措,更是提升高校、科研院所、企业创新能力的有效途径,对推进科技创新支撑引领现代化经济体系建设和高质量发展具有重大意义。"

(二) 助力脱贫攻坚和乡村振兴

2018年8月24日,中共科学技术部党组发布《关于创新驱动乡村振兴发展的意见》,指出:"实施乡村振兴战略,是党的十九大作出的重大决策部署""实施乡村振兴战略的本质是推进农业农村现代化,农业农村现代化的关键在科技进步,创新是实现乡村振兴的战略支撑""科技战线必须立足世情国情科情农情""加快农业科技进步,为乡村振兴插上科技的翅膀,为保障国家粮食安全、食品安全和生态安全,推进农业全面升级、农村全面进步、农民全面发展提供战略支撑"。通过"强化农业农村科技创新供给""农业农村科技人才队伍建设""推动农业农村科技成果转化应用""加大'三区'人才科技人员专项计划"等方式开展科技扶贫助力打赢精准脱贫攻坚战。2018年11月1日,中华人民共和国财政部、中华人民共和国教育部联合印发《关于进一步加强财政投入管理深入推进"三区三州"教育脱贫攻坚的指导意见》,具体落实部署了党中央关于"着力支持推进'三区三州'(西藏、四省藏区、南疆四地州和四川凉山州、云南怒江州、甘肃临夏州,以及新疆生产建设兵团地处南疆四地州的团场)教育脱贫攻坚工作",要求守住底线"有学上",保障贫困家庭孩子接受九年义务教育;强化技能"有出路",支持贫困家庭学生利用好现有特殊帮扶政策获得一技之长,增强谋生技能。实现"三区三州"教育总体发展水平稳步提升,实现建档立卡等贫困人口教育基本公共服务全覆盖。2019年3月27日,中华人民共和国人力资源和社会保障部办公厅发布《关于动员组织各类专家助力脱贫攻坚活动的通知》,文件指出,要"动员组织各类专家汇聚脱贫攻坚主战场",以国家和省定贫困县(村)为主要帮扶对象,"充分发挥各类专家专业优势,精准助力脱贫攻坚。发挥专家技术优势,帮助贫困地区解决一批发展中的关键技术难题;发挥专家产业带动优势,帮助贫困地区群众就业创业;发挥专家专业优势,帮助贫困地区推动乡村建设、修复生态环境;发挥医疗专家专长,提高贫困地区人民群众医疗保障水平;发挥专家人才培养优势,帮助贫困地区培养一批实用骨干人才;发挥专家报国奉献热情,助推社会民生发展,补好扶贫短板",健全完善专家助力脱贫攻坚的长效机制,助力脱贫攻坚和乡村振兴。

2021年2月23日,中共中央办公厅、国务院办公厅发布《关于加快推进乡村人才振兴的意见》,文件指出:"乡村振兴,关键在人",要坚持"加快培养农业生产经营人才、农村二三产业发展人才、乡村公共服务人才、乡村治理人才",尤其要"加快培养农业农村科技人才"。建立健全乡村人才振兴体制机制,坚持把乡村人力资本开发放在首要位置,引导城市人才下乡,推动专业人才服务乡村,吸引各类人才在乡村振兴中建功立业,健全乡村人才工作体制机制,强化人才振兴保障措施,培养造就一支懂农业、爱农村、爱农民的"三农"工作队伍,为全面推进乡村振兴、加快农业农村现代化提供有力人才支撑。

2022年1月25日,中华人民共和国农业农村部印发《"十四五"农业农村人才队伍建设发展规划》,提出:"到2025年,初步打造一支规模宏大、结构优化、素质优良、作用凸显,以主体人才为核心、支撑人才和管理服务人才为基础的农业农村人才队伍"。文件具体指出,首先,广大农村要壮大主体人才队伍,"重点培育农村基层组织负责人、家庭农场主、农民合作社带头人三支队伍，提升乡村治理现代化水平，促进乡村产业转型升级，发挥乡村本土人才推动乡村振兴的主体功能和先锋引领作用""选优建强农村基层组织负责人队伍，提升乡村治理现代化水平；扶持壮大家庭农场主队伍，促进农业适度规模经营发展；加快培育农民合作社带头人队伍，带动小农户与大市场有效衔接"。第二，广大农村要做强支撑人才队伍，"加强农业科研人才队伍建设，提升农业科技创新能力；培育农业社会化服务组织带头人队伍，充分发挥联农带农益农作用；建设高质量农业企业家队伍，促进农业产业转型升级；壮大农村创业带头人队伍，为产业发展注入新活力"。第三，要优化管理服务人才队伍，"加强农业综合执法人才队伍建设，强化农业现代化法治保障；加强农村改革服务人才队伍建设，保障农村改革举措落实落地；加强农村公共服务人才队伍建设，强化农业高质量发展支撑保障"。第四，要健全人才兴农强农的政策体系，"健全人才培育政策体系；健全人才引进政策体系；健全人才使用政策体系；健全人才激励政策体系"。

（三）服务企业专项行动

2020年4月7日，中华人民共和国科学技术部办公厅印发《关于开展科技人员服务企业专项行动的通知》，文件指出，要"充分发挥科技创新支撑引领和人才第一资源作用，引导组织科技人员服务企业，为企业抗击疫情、复工复产、持续发展提供科技和智力支撑""引导科研院所、高校组织科技人员服务企业，采取多种方式，支持科技人员通过兼职创新、长期派驻、短期合作等服务企业。通过与企业共建新型研发机构、设立联合实验室、合作开发项目等方式，加强产学研合作培养人才""创新服务方式，挖掘企业需求，做好供需对接，为科技人员服务企业创造良好环境"。2021年9月15日，中华人民共和国人力资源和社会保障部、中华人民共和国财政部、中华人民共和国工业和信息化部、中华人民共和国科学技术部、中华人民共和国教育部、中国科学院联合发布《专业技术人才知识更新工程实施方案》，旨在"深入实施人才强国战略，促进专业技术人才能力素质提升""以培养高层次、急需紧缺和骨干专业技术人才为重点，加大人力资本投入，创新完善人才培养机制，推进分类分层的专业技术人才继续教育体系建设，开展大规模知识更新继续教育，培养造就一批创新型、应用型、技术型人才，壮大高水平工程师队伍"，同时要求开展"高级研修项目、专业技术人员能力提升项目、数字技术工程师培育项目、国家级专业技术人员继续教育基地建设项目"，并对强化经费保障、严格监督管理等内容做了具体说明，确保稳步推进实施。

(四) 服务艰苦边远地区和基层一线

2016年7月1日，中华人民共和国人力资源和社会保障部发布《关于加强基层专业技术人才队伍建设的意见》，文件指出："基层专业技术人才是我国人才队伍的重要组成部分，是推动基层经济社会发展的重要力量""改革基层专业技术人才评价机制、完善基层事业单位公开招聘和岗位管理制度、加大基层专业技术人才激励力度""积极引导各类人才向基层一线流动""完善和落实职称倾斜政策""创新基层柔性引才方式"，并对具体的组织领导、服务保障、宣传与监督工作提出了具体的指导意见，为推动基层经济社会发展、提供坚强有力人才支撑，提供了切实的政策保障。2019年1月23日，中央全面深化改革委员会第六次会议，审议通过了《关于鼓励引导人才向艰苦边远地区和基层一线流动的意见》(以下简称《意见》)，6月19日，中共中央办公厅印发了《意见》，并发出通知，要求各地区各部门结合实际认真贯彻落实。《意见》指出："支持艰苦边远地区和基层加快发展，人才是关键"，各级主管部门要"积极促进各类人才到艰苦边远地区和基层一线干事创业""进一步完善人才培养吸引流动和激励保障机制，鼓励引导更多优秀人才到艰苦边远地区和基层一线贡献才智、建功立业""要发挥产业和科技项目集聚效应，搭建人才到艰苦边远地区和基层一线干事创业平台""坚持从艰苦边远地区和基层一线实际出发，因地制宜、分类施策，完善编制管理、职称评审、人才招录和柔性流动政策，为人才引得进、留得住、用得好提供制度保障。要发挥人才项目示范引领作用，加强艰苦边远地区和基层一线人才帮扶协作。"2020年7月8日，中华人民共和国科学技术部、中华人民共和国农业农村部、中华人民共和国教育部、中华人民共和国财政部、中华人民共和国人力资源和社会保障部、中国银行保险监督管理委员会、中华全国供销合作总社等多部门联合印发《关于加强农业科技社会化服务体系建设的若干意见》，强调："农业科技社会化服务体系是为农业发展提供科技服务的各类主体构成的网络与组织系统，是农业科技创新体系和农业社会化服务体系的重要内容"，要求"强化农技推广机构公益性服务主责，推动高校和科研院所进一步加强成果转化和科技服务，充分发挥企业等市场化社会化服务力量的创新服务主体作用"，并具体要求"坚持人才下沉、科技下乡、服务'三农'""引导各类科技服务主体深入基层，把先进适用技术送到生产一线，加速科技成果在农村基层的转移转化，着力解决农村生产经营中的现实科技难题，进一步提升广大农民获得感、幸福感"。要求"推进农技推广机构服务创新""强化高校与科研院所服务功能""充分释放高校和科研院所农业科技服务动能。完善高校和科研院所农业科技服务考核机制，将服务'三农'和科技成果转移转化的成效作为学科评估、人才评价等各类评估评价和项目资助的重要依据""鼓励高校和科研院所创新农业科技服务方式。优化新农村发展研究院布局，搭建跨高校、科研院所和地区的资源整合与共享平台。鼓励高校和科研院所开展乡村振兴智力服务，推广科技小院、专家大院、院(校)地共建等创新服务模式。支持高校和科研院所在农业科技园区建设科技成果转化和服务基地。"

自十九届三中全会至2022年6月，我国科技人才政策数量整体增长较快，充分体现了党中央、国务院及各部委对科技人才工作的关注与重视。按照科技人才管理与服务、评价、激励、有序流动、国际化、创新文化建设和服务的思路，党中央、国务院及主要部委共出台百余项政策。从类别来看，科技人才的激励政策最多，其次是科技人才管理与服务方面，充分体现了国家对科技人才的"放权、松绑、激励与服务"的工作重点，出台的政策改革力度大、含金量高，为充分激发科技人才活力及增强其获得感把稳了方向，政策效果显著。

第三章 区域科技人才活力模型的构建

党的十九大以来,各级组织与部门在科技人才的流动、激励、保障等方面开展了诸多的探索与尝试,在科技人才的管理与政策层面积极实践。其中很多实践与政策需要与科技人才活力的相关学理匹配,因此,本章从促进科技人才创新活力的中观和宏观机理入手,分析科技人才活力指标体系,希望为进一步总结与指导科技人才活力实践提供必要的理论支撑。

第一节 区域科技人才活力评价指标

科技人才活力的系统观认知,不仅包括人才的心理与能力特征,还包括所在组织、区域、政策层面的外部环境要素特征。本书的主要研究目的是讨论区域科技人才活力的状况、对区域人才活力的评价,为确保科学地反映区域人才活力水平,在指标时选取上着眼于中观和宏观,注重指标的科学性、规范性、层次性和可操作性。通过国内外已有研究成果的综述保证指标体系的尽量完备与科学性;采用政府部门官方网站及专业统计机构发布的规范化的统计资料保证指标的规范性,并努力做到在不同规模、不同水平的区域和城市间进行比较和评价,实现活力指标体系的可操作性。

评价体系中评价指标的确定遵从公开性、标准化和全面性的原则,指标均采用政府统计部门公开发布的统计指标,便于社会各界进行核查和索引;以国家标准和部门标准计算,保证指标口径的一致性;最大限度地吸收政府统计指标体系改革增设的与科技创新有关的新指标,力求准确、全面地反映现实状况。本书在大量的文献研究成果基础上,结合数据的规范与可获得性,综合使用形成性指标(即表现形式)与因果性指标(即变量的前后逻辑及形成原因),将区域科技人才活力指标分解为科技人才活力投入指标、科技人才活力绩效指标、以科学技术成果转化与产业化为表征的科技人才活力贡献指标、科技人才活力可持续性指标4大类,如图3-1所示。

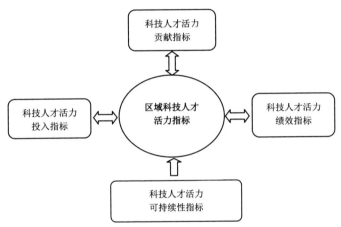

图 3-1　区域科技人才活力指标模型

(1) 科技人才活力投入指标是指在科技人力投入保持着稳步增长的同时,企业及政府科技活动经费及相关支出,它是科技人才创新活力链条的源头,保证了科技创新实践的必要的物质技术条件,包括有可能、有条件从事研发的人力资源,以及必要的科研物质条件是科技创新活动的原动力,是政府、企业和社会公众对科技创新实践的认可和支持。

(2) 科技人才活力绩效指标是指科技人才崇尚科学知识的价值观和积极从事科学技术活动的创新实践产出,是科技创新水平最为直接的产出,包括科技论文、课题研究、专利和万人吸纳技术成交额等,是区域整体科技活力的实力表现。

(3) 科技人才活力贡献指标是指科技创新实践通过科技成果的转化而形成生产力,最为突出的表现即高新技术产业化的各项指标。科技实力强不等于技术创新能力强,因此必须考虑知识流动和技术转移的能力。科学技术成果的转化与产业化是高人力资本群体的活力反映,是促进经济社会发展的直接手段，是具有社会进步意义的价值体现。

(4) 科技人才活力可持续性指标是指在外部系统的协同作用下形成的人才持续供给潜力，涉及人才基数、人才流动、教育及医卫环境和宜居性等因素。科技人才的创造性结果受到组织为其提供的创新条件保障的影响，如人力资本投入和积累，包括教育政策支持、投入，以及医疗方面的支出(人力资本计算的常用指标)，是影响科技人才活力的输入因素。科技人才的有序流动力是指一个区域的人才愿意流动和容易流动的程度，体现了该区域人才配置的政策、制度对人才活力的支持程度。在完全竞争市场的价格机制和竞争机制作用下，个体为实现其最高边际报酬而产生流动，短期内，人力资源的流动对于流出地来说是损失，对流入地来说有可能是劳动力或人力资源的增加，局部体现了人力资源流动的"马太效应"，但从长期看是人力资本得到最佳配置的有效方式。因此，人力资本要素的自由流动是资本边际效益的增长使然，又是实现各地区经济平衡增长的需要；相关宜居性指标使用区域人才可感知的空气质量和绿地化指标，区域科技人才活力指标体系模型如图 3-2 所示。

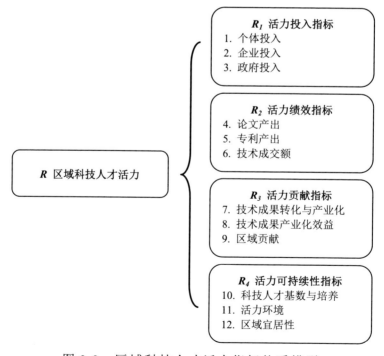

图 3-2 区域科技人才活力指标体系模型

第二节 区域科技人才活力评价模型

为了形成对区域科技人才活力的综合整体认知,本书采用加权综合评价法,对基础指标无量纲化后,采用专家打分法得到权重,采用监测目标达成程度"比率"进行比较分析,分层逐级综合,最后得出区域科技人才活力的综合指数。人才活力指标体系分为3级指标,每一层是分别通过专家打分法赋予权重,由区域人才研究专家以及统计专家分别对各级指标进行问卷分析,采用层次分析法计算和检验专家意见的一致性,确定各级指标的初步权重系数;再根据具体指标的数值的合理度进行二次专家讨论微调而确定,最终获得以下指标体系及权重。区域科技人才活力综合指标采用指数法计算,因为指数法可以进行某一监测年度各地区指标的位次和监测值比较,还可以进行同一地区不同监测年度的位次和监测值比较。各级评价值均可称为"指数"。

本书中的层次汇总和综合评价采用加权平均算法进行计算,首先将区域科技人才活力评价总指标分解为:活力投入指标、活力绩效指标、活力贡献指标和活力可持续性指标4个维度,换言之,就是根据区域科技人才活力与二级指标和三级指标之间的隶属关系及联系构建出区域科技人才活力指数评价的多层次分析结构模型,运用模糊建模对各维度指标赋值后加权,进而对区域科技人才活力总指标进行综合评价。

(1) 创建目标矩阵。根据区域科技人才活力评价指标体系,通过主成分分析后,将原有的评价体系转换为三级层次结构。一级指标代表区域科技人才活力,用字母"R"表示,代表我国科技人才活力指数综合绩效水平;二级指标用字母"R_1, R_2, R_3, R_4"表示,从活力投入、活力绩效、活力贡献和活力可持续性4个维度反映我国区域科技人才活力指数绩效水平;三级指标则根据45个科技人才活力评价观测变量获得的12个主成分进行设置,分别反映4个二级指标的绩效水平,用R_{ij}表达,其中$i=1, 2, 3, 4$;$j=1, 2, 3, 4, \cdots\cdots 10, 11$。三级指标运用45个科技人才活力评价观测变量数据降维得知有12个维度:个体投入、企业投入、政府投入、论文产出、专利产出、技术成交额、技术成果转化与产业化、技术成果产业化效益、区域贡献、科技人才基数与培养、活力环境、区域宜居性等围绕活力投入、活力绩效、活力贡献和活力可持续性 4 个维度反映我国区域科技人才活力绩效水平所处阶段。用 R_{ij} 表达第 i 个三级指标第 j 个状态,其中 $i=1,2,3,4$;$j=1,2,3,4,……10,11$,进一步得到目标分解矩阵即指标权重矩阵。目标层、一级指标层具体如下:

$$R = \{R_1, R_2, R_3, R_4\}$$
$$R_1 = \{R_{11}, R_{12}, R_{13}\}$$
$$R_2 = \{R_{21}, R_{22}, R_{23}\}$$
$$R_3 = \{R_{31}, R_{32}, R_{33}\}$$
$$R_4 = \{R_{41}, R_{42}, R_{43}\}$$

(2) 创建成分分解矩阵。解构区域科技人才活力绩效二级指标,对 12 个主成分进行量化,遵循原评价设计原则,将科技人才活力激发进程划分为 5 个等级,即最低、较低、一般、较高、很高,用字母 V_i 表示,其中 $i=1,2,3,4,5$,代表着区域科技人才活力绩效水平所处阶段,进而构建权重矩阵。

(3) 建立指标权重集。具体如下:

$$Q = \{Q_1, Q_2, Q_3, Q_4\}$$
$$Q_1 = \{Q_{11}, Q_{12}, Q_{13}\}$$
$$Q_2 = \{Q_{21}, Q_{22}, Q_{23}\}$$
$$Q_3 = \{Q_{31}, Q_{32}, Q_{33}\}$$
$$Q_4 = \{Q_{41}, Q_{42}, Q_{43}\}$$

(4) 依据指标隶属度构建评判矩阵。科技人才活力指数绩效评价具有多目标决策的特点,往往没有固定的衡量标准,因此在本书中进行具体评价前先将观测指标按照主成分分析方法将具体观测指标降维,确定个具体指标所属维度,然后邀请专家按照预定维度规定 5 个等级评价指标划分标准,继而一次统计 5 个等级的备选频数 m,则用备选频数除以样本容量的比值 r_{ij} 就是评价指标 R_{ij} 隶属于 V_k 等级的隶属度。因为主成分指标经过二次整理后用定性指标按照最低、较低、高、较高、最高 5

个等级进行定性评价,所以构建频率法评判矩阵,得出各指标的评判等级频数,再将频数转换为频率,如表 3-1 所示。

表 3-1 观测指标评判矩阵

观测指标	最低 V_1	较低 V_2	高 V_3	较高 V_4	最高 V_5
R_{11}					
R_{12}					
R_{13}					
R_{14}					
R_{15}					
…					
R_{ij}					

(5) 二级指标层模糊评价。针对一级指标解构后的 4 个二级指标进行二级指标层综合模糊评价,R_i 层指标中各个成分的权重 $R = \{R_1, R_2, R_3, R_4\}$,其评价对象按照 Q_{ij} 评价,对等级评价描述中的第 K 个等级的隶属度为 r_{ijk} 其中($i=1, 2, 3, 4; j=1, 2, 3, ……11, 12; k=1, 2, 3, 4, 5$),$r_{ijk}$ 是 R_{ij} 对评价对象作为第 k 种评价的可能性,从而第 j 个指标隶属于第 k 种等级评价评定的模糊隶属度,进一步得出 R_i 的三级指标的单因素评判矩阵,矩阵如下:

$$R_i = \begin{vmatrix} R_1 \\ R_2 \\ R_3 \\ R_4 \end{vmatrix} = \begin{vmatrix} r_{i11} & r_{i12} & r_{i13} & r_{i14} & r_{i15} \\ r_{i21} & r_{i22} & r_{i23} & r_{i24} & r_{i25} \\ r_{i31} & r_{i32} & r_{i33} & r_{i34} & r_{i35} \\ r_{i41} & r_{i42} & r_{i43} & r_{i44} & r_{i45} \end{vmatrix}$$

A_i 的一级模糊评价矩阵为:

$$A_i = Q_i \times R_i = (Q_{i1}, Q_{i2}, Q_{i3}, Q_{i4}) \times \begin{vmatrix} r_{i11} & r_{i12} & r_{i13} & r_{i14} & r_{i15} \\ r_{i21} & r_{i22} & r_{i23} & r_{i24} & r_{i25} \\ r_{i31} & r_{i32} & r_{i33} & r_{i34} & r_{i35} \\ r_{i41} & r_{i42} & r_{i43} & r_{i44} & r_{i45} \end{vmatrix}$$

$$= (a_{i1}, a_{i2}, a_{i3}, a_{i4}, a_{i5})$$

其中,$a_j = \min\{1, \sum a_i r_{ij}\}$ ($i=1, 2, 3, 4; j=1, 2, 3, 4$)

(6) 三级指标层模糊评价。三级指标层评价是按照第一层所有因素

集 $A_i = \{A_1, A_2, A_3, A_4\}$ 进行模糊判定,所以三级模糊评价的单因素评判集应为一级模糊评价综合矩阵,具体如下:

$$R = \begin{vmatrix} A_1 \\ A_2 \\ A_3 \\ A_4 \end{vmatrix} = \begin{vmatrix} \alpha_{11} & \alpha_{12} & \alpha_{13} & \alpha_{14} & \alpha_{15} \\ \alpha_{21} & \alpha_{22} & \alpha_{23} & \alpha_{24} & \alpha_{25} \\ \alpha_{31} & \alpha_{32} & \alpha_{33} & \alpha_{34} & \alpha_{35} \\ \alpha_{41} & \alpha_{42} & \alpha_{43} & \alpha_{44} & \alpha_{45} \end{vmatrix}$$

于是,可得:

$$A = W \times R = (W_1, W_2, W_3) \times \begin{vmatrix} \alpha_{11} & \alpha_{12} & \alpha_{13} & \alpha_{14} & \alpha_{15} \\ \alpha_{21} & \alpha_{22} & \alpha_{23} & \alpha_{24} & \alpha_{25} \\ \alpha_{31} & \alpha_{32} & \alpha_{33} & \alpha_{34} & \alpha_{35} \\ \alpha_{41} & \alpha_{42} & \alpha_{43} & \alpha_{44} & \alpha_{45} \end{vmatrix} = (b_1, b_2, b_3, b_4, b_5)$$

(7) 结果处理:为了让最终评价结果更加直观地表达数据评价水平,本书将五点记分法进行量化后采用百分制等级确定向量为 $V = (V_1, V_2, V_3, V_4, V_5) = (20, 40, 60, 80, 100)$。观测指标得分权重进行归一化处理后,使得总值为 1。令 $b = \sum_{k=1}^{5} b_k$,则

$$B = \left(\frac{b_1}{b}, \frac{b_2}{b}, \frac{b_3}{b}, \frac{b_4}{b}, \frac{b_5}{b} \right) = (B_1, B_2, B_3, B_4, B_5)$$

加权计算后得到评价结果,最后,对应表 3-2 可得出评价等级。

$$V = \sum_{i=1}^{5} B_i \times V_i$$

表 3-2 评价等级与模糊评价值对照表

评价等级	较差 V_1	一般 V_2	中等 V_3	良好 V_4	优秀 V_5
对应得分	最低 V_1	较低 V_2	高 V_3	较高 V_4	最高 V_5
评价分值	60 分以下	60~70 分	71~80 分	81~90 分	91~100 分

关于指标权重的计算,首先,依据模糊综合评价法一般流程和模糊综合评价权重计算方法,结合区域科技人才活力指数二级指标,从活力投入、活力绩效、活力贡献和活力可持续性 4 个维度和设定的 5 个评价等级,采用熵值法模型计算方法计算出指标熵值及各影响因子的权重系数,计算结果如表 3-3 所示。

表 3-3　二级指标熵值(e_j)及权重(Q_j)

	最低 V_1	较低 V_2	高 V_3	较高 V_4	最高 V_5	熵值(e_j)	权重(W_j)
活力投入 R_1	0.3463	0.0069	0.3470	0.3463	0.0069	0.5095	0.2437
活力绩效 R_2	0.0069	0.0069	0.3463	0.0069	0.3602	0.0142	0.4898
活力贡献 R_3	0.0069	0.0069	0.3470	0.3678	0.3347	0.7557	0.1216
活力可持续性 R_4	0.3163	0.0010	0.0069	0.2610	0.3663	0.7083	0.1449

由此得出二级指标因素集的权重集为：$Q = (Q_1, Q_2, Q_3, Q_4) = (0.2437, 0.4898, 0.1216, 0.1449)$。

然后，依据因素集分解矩阵和模糊综合评价法权重计算公式，可得出三级具体观测指标的熵值和权重系数，结果如表 3-4～表 3-7 所示。

表 3-4　活力投入三级指标熵值(e_j)及权重(Q_j)

	最低 V_1	较低 V_2	高 V_3	较高 V_4	最高 V_5	熵值(e_j)	权重(W_j)
个体投入 R_{11}	0.0000	0.2500	0.1667	0.1667	0.4167	0.9019	0.6886
企业投入 R_{12}	0.0000	0.2500	0.0833	0.3333	0.3333	0.9806	0.1361
政府投入 R_{13}	0.0000	0.2500	0.4167	0.2500	0.0833	0.9750	0.1753

表 3-5　活力绩效三级指标熵值(e_j)及权重(Q_j)

	最低 V_1	较低 V_2	高 V_3	较高 V_4	最高 V_5	熵值(e_j)	权重(W_j)
论文产出 R_{21}	0.0000	0.3333	0.2500	0.2500	0.0833	0.7550	0.4230
专利产出 R_{22}	0.0833	0.2500	0.0833	0.4167	0.1667	0.8080	0.2060
技术成交额 R_{23}	0.0000	0.1667	0.2500	0.0833	0.4167	0.7860	0.3710

表 3-6　活力贡献三级指标熵值(e_j)及权重(Q_j)

	最低 V_1	较低 V_2	高 V_3	较高 V_4	最高 V_5	熵值(e_j)	权重(W_j)
技术成果转化与产业化 R_{31}	0.0833	0.1667	0.4167	0.0833	0.2500	0.8640	0.3800
技术成果产业化效益 R_{32}	0.0833	0.0833	0.1667	0.2500	0.3333	0.8840	0.3240
区域贡献 R_{33}	0.0083	0.1667	0.2500	0.1667	0.4167	0.8940	0.2960

表 3-7　活力可持续性三级指标熵值(e_j)及权重(Q_j)

	最低 V_1	较低 V_2	高 V_3	较高 V_4	最高 V_5	熵值(e_j)	权重(W_j)
科技人才基数与培养 R_{41}	0.0000	0.2500	0.5833	0.0833	0.0833	0.7760	0.3510
活力环境 R_{42}	0.0000	0.2500	0.4167	0.3333	0.0000	0.7630	0.3730
区域宜居性 R_{43}	0.0000	0.2500	0.5000	0.1667	0.0833	0.8240	0.2770

对应各指标标准差,并按照标准参考值规范数据后,按照数据贡献比例计算各区域指标值,并根据上述指标权重,逐级完成相应的评价标准加权,得到指标评价指数 R_i;总评区域科技人才活力指数(talent's vitality index)评价值 R 由二级指标评价值加权综合而成,整体的各级指标综合评价值及目标层总体评价值如表 3-8 所示。具体计算公式如下:

$$R_i = \sum \beta_k \frac{X_k}{\overline{X_k}}$$

其中:R_i 为各级指标指数,X_k 为第 i 个指标的第 k 个下级指标的观测值,$\overline{X_k}$ 为第 i 个等级指标的第 k 个指标对应的标准值,β_k 为第 k 个等级指标权重;

$$R = \sum_{i=1}^{4} R_i \times \alpha_i$$

其中:R 为区域科技人才活力指数,R_i 为第 i 个二级指标值,α_i 为第 i 个二级指标权重。

表 3-8　各级指标综合评价值及目标层总体评价值

一级指标	二级指标及权重	三级指标及权重	四级指标及权重	
R: 区域科技人才活力	R_1: 活力投入 24.37%	R_{11}: 个体投入 68.86%	R_{111}	42.20%
			R_{112}	32.28%
			R_{113}	25.52%
		R_{12}: 企业投入 13.61%	R_{121}	22.76%
			R_{122}	21.03%
			R_{123}	24.24%
			R_{124}	31.97%

续表

一级指标	二级指标及权重	三级指标及权重	四级指标及权重	
R: 区域科技人才活力	R_1: 活力投入 24.37%	R_{13}: 政府投入 17.51%	R_{131}	20.42%
			R_{132}	18.87%
			R_{133}	21.75%
			R_{134}	28.69%
			R_{135}	10.26%
	R_2: 活力绩效 48.98%	R_{21}: 论文产出 42.3%	R_{211}	100%
		R_{22}: 专利产出 20.6%	R_{221}	32.06%
			R_{222}	30.93%
			R_{223}	11.11%
			R_{224}	25.89%
		R_{23}: 技术成交额 37.1%	R_{231}	100%
	R_3: 活力贡献 12.16%	R_{31}: 技术成果转化 与产业化 38%	R_{311}	16.13%
			R_{312}	14.90%
			R_{313}	17.18%
			R_{314}	22.66%
			R_{315}	8.11%
			R_{316}	13.06%
			R_{317}	7.97%
		R_{32}: 技术成果产业化 效益 32.4%	R_{321}	17.77%
			R_{322}	19.93%
			R_{323}	62.29%
		R_{33}: 区域贡献 29.6%	R_{331}	31.10%
			R_{332}	22.07%
			R_{333}	46.83%
	R_4: 活力可持续性 14.49%	R_{41}: 科技人才基数与 培养 35.1%	R_{411}	31.34%
			R_{412}	31.23%
			R_{413}	22.07%
			R_{414}	15.36%

一级指标	二级指标及权重	三级指标及权重	四级指标及权重	
R：区域科技人才活力	R_4：活力可持续性 14.49%	R_{42}：活力环境 37.3%	R_{421}	15.21%
			R_{422}	14.06%
			R_{423}	16.20%
			R_{424}	21.37%
			R_{425}	7.65%
			R_{426}	12.32%
			R_{427}	7.52%
			R_{428}	5.67%
		R_{43}：区域宜居性 27.7%	R_{431}	51.97%
			R_{432}	48.03%

在技术指标选取上，按照我国全面建成小康社会的目标，根据国内科技创新的总体水平和先进地区的发展水平，参照中华人民共和国科学技术部的"科技创新评价标准"，并对比"综合科学进步水平指数"和经济合作与发展组织(Organization for Economic Co-operation and Development，OECD)官方网站所提供的中等发达程度国家水平的相应指标完成。通过全国及区域科技创新水平与"评价标准"的比较，可以反映出全国和各地区人才活力水平，人才活力指数越高，则该地区的人才就越活跃，该地区人才的成长、流动、进取意愿、创新意愿及人才综合使用效率就越好，人才发展状况对该区域的整体协同促进作用就越大。

第四章 区域科技人才活力的评价分析

"科学技术是第一生产力",科学技术的进步正在经济发展中发挥着越来越重要的作用。2022年3月8日,中华人民共和国科学技术部部长王志刚在第十三届全国人民代表大会第五次会议后举行的"部长通道"活动中,回答记者提问时指出,科技工作推动国家改革开放和现代化建设事业高质量发展发挥了重要作用,我国科技实力和创新能力大幅提升,全社会研发投入从2016年的1.57万亿元增长到2021年的2.79万亿元左右,同比增长14.2%,研发投入强度达到2.44%。"在产出方面,推动一批高新技术成果的同时,技术合同成交额超过3.7万亿元,大大超过全社会研发投入2.79万亿元。我国国家创新指数全球排名从2012年的第34位达到了2021年的第12位,提高了22个位次"。我国科技人才创新活力得到全面提升,创新型国家建设取得了决定性成就。

由中华人民共和国科学技术部编写的《中国区域创新能力监测报告2021》、由中国科学技术发展战略研究院所著的《中国区域科技创新评价报告2021》和由中国科技发展战略研究小组、中国科学院大学中国创新创业管理研究中心所著的《中国区域创新能力评价报告2021》基本涵盖的区域科技人才创新活动评价的主要指标,是目前国内学术界学者构建区域创新能力评价指标体系的重要依据。本书通过国内外已有研究成果的综述保证指标体系的尽量完备与科学;基于中华人民共和国科学技术部及权威统计机构发布的统计资料,结合数据的规范与可获得性,综合使用形成性指标(即表现形式)与因果性指标(即变量的前后逻辑及形成原因),将区域科技人才活力指标分解为科技人才活力投入指标、科技人才活力绩效指标、以科学技术成果转化与产业化为表征的科技人才活力贡献指标、科技人才活力可持续性指标4类。

第一节 区域科技人才活力投入指标分析

中国发展正处在"创新引领"的新时代,人才作为第一资源,尤其是科技人才,是城市经济发展最重要的战略资源之一。而科技人才创新是科技人才活力的重要表现,是推动城市与区域发展的关键因素和驱动力。科技人才活力的投入指标是指在科技人力投入保持着稳步增长的同时,企业及政府科技活动经费及相关支出,保证了科技创新实践的必要的物质技术条件,包括有可能、有条件从事研发的人力资源,必要的科研物质条件,是科技创新活动的原动力,是政府、企业和社会公众对科技创新实践的认可和支持。按照投入主体的不同,可以分为个体投入指标、企业投入指标和政府投入指标。

一、个体投入指标分析

研究与试验发展(R&D)人员是科技创新最为重要的人力资源之一,可用每万人拥有的R&D人数来衡量区域科技人才群体数量特征。根据《中国统计年鉴》的概念说明,研究与试验发展(R&D)是指为增加知识存量(也包括有关人类、文化和社会的知识),以及设计已有知识的新应用而进行的创造性、系统性工作,包括基础研究、应用研究和试验发展3种类型。国际上通常采用R&D活动的规模和强度指标反映一国的科技实力和核心竞争力。R&D人员指报告期R&D活动单位中从事基础研究、应用研究和试验发展活动的人员,包括直接参加上述3类R&D活动的人员,以及与上述3类R&D活动相关的管理人员和直接服务人员,即直接为R&D活动提供资料文献、材料供应、设备维护等服务的人员。R&D研究人员是指R&D人员中具备中级以上职称或博士学历(学位)的人员,是反映科技创新人力投入的重要指标。

在现代经济中,R&D是技术进步的手段和基础环节,也是提升生产效率创造更多物质财富的重要手段,以R&D活动为核心的科技活动是经济增长的直接源泉。因此，以每万人拥有的R&D人数来衡量区域科技人才群体数量特征，反映了区域或省市的科技实力和核心竞争力，具体如表4-1所示。2010年以来，我国万人R&D人员数大致保持在20人年，东部沿海地区和中西部地区差距较大，综合各地区水平，将万人R&D人员数的评价标准确定为40人年。

为更准确地反映科技人员的投入状况，补充采用全时当量概念指标，具体如表4-2、4-3所示。万人R&D人员全时当量，是反映科技人力资源和研发活动人力投入强度的重要指标。万人R&D研究人员全时当量是指R&D研究人员中全时人员工作量与非全时人员按实际工作时间折算的工作量之和。综合各地区水平，参照上述指标，万人研究与试验发展(R&D)人员全时当量参考值为40人年，研究人员全时当量参照指标评价标准确定为7人年。

表4-1 全国及各地万人研究与试验发展(R&D)人员数

单位：人年

	2016年	2017年	2018年	2019年	2020年
全国	41.88	44.38	46.76	50.56	53.49
北京	170.12	181.08	181.13	211.95	216.22
天津	122.78	117.47	116.18	103.89	98.30
河北	23.81	25.06	22.75	24.59	26.28
山西	19.54	22.26	21.66	22.53	25.51
内蒙古	22.43	20.04	17.00	16.54	19.54
辽宁	32.35	33.95	35.73	37.24	40.27
吉林	31.17	33.06	25.84	30.94	31.93
黑龙江	23.29	20.98	18.26	21.36	20.97
上海	103.26	106.37	109.59	118.24	128.80
江苏	90.81	89.54	94.02	106.00	107.88
浙江	85.09	90.53	100.00	111.95	119.94
安徽	34.98	37.68	38.30	43.09	45.67
福建	50.07	51.07	59.31	63.24	64.99
江西	21.16	22.09	27.19	35.50	40.02
山东	47.77	49.87	50.55	43.76	51.05

续表

	2016 年	2017 年	2018 年	2019 年	2020 年
河南	25.55	27.11	25.97	29.93	30.64
湖北	37.10	39.85	43.51	48.17	51.27
湖南	28.85	30.92	35.29	37.52	40.62
广东	61.74	72.47	82.86	87.40	93.11
广西	14.23	14.66	15.16	16.55	16.42
海南	14.09	13.87	13.73	14.63	14.10
重庆	35.99	41.98	47.78	50.40	51.80
四川	26.03	29.14	30.56	32.35	34.97
贵州	12.03	13.87	16.66	17.49	18.56
云南	15.94	16.53	17.48	19.73	20.13
西藏	6.90	7.19	7.40	8.02	7.47
陕西	36.97	38.63	35.94	42.50	42.47
甘肃	15.79	16.25	15.40	18.35	17.23
青海	12.68	16.51	13.31	16.37	13.11
宁夏	23.79	24.44	27.92	29.18	29.35
新疆	13.04	11.63	10.98	10.01	10.61

数据说明：由研究与试验发展(R&D)人员与各省人数之比计算得出，全国及各地研究与试验发展(R&D)人员数据来自《中国科技统计年鉴》，各省市当年人口数来自《中国统计年鉴》。

表 4-2　全国及各地万人研究与试验发展(R&D)人员全时当量

单位：人年

	2016 年	2017 年	2018 年	2019 年	2020 年
全国	27.85	28.81	31.18	34.05	37.07
北京	115.42	122.99	121.96	143.37	153.62
天津	82.73	73.11	71.94	66.79	65.35
河北	15.10	15.28	13.91	15.01	16.75
山西	12.56	13.59	12.73	13.40	15.01
内蒙古	16.21	13.58	10.28	10.31	11.62
辽宁	20.30	20.61	22.21	23.35	26.31
吉林	18.80	18.02	14.64	17.29	18.54

续表

	2016年	2017年	2018年	2019年	2020年
黑龙江	15.87	13.95	11.17	13.64	13.94
上海	74.56	74.40	76.02	80.07	91.89
江苏	64.84	66.48	66.33	75.01	78.93
浙江	62.01	64.52	73.02	83.88	90.13
安徽	22.51	23.19	24.22	28.78	31.89
福建	32.91	34.52	39.21	41.44	44.61
江西	11.26	13.72	18.89	23.38	27.51
山东	30.23	30.38	30.60	27.59	33.56
河南	17.01	16.53	16.91	19.35	20.43
湖北	23.21	23.71	26.29	30.09	33.45
湖南	18.01	19.72	22.15	23.69	26.72
广东	43.30	46.56	61.77	64.31	69.09
广西	8.22	7.51	8.08	9.52	9.13
海南	8.19	7.94	8.31	8.95	8.85
重庆	21.88	25.17	29.08	30.62	32.94
四川	15.10	17.47	19.09	20.45	22.68
贵州	6.42	7.44	8.73	9.81	10.76
云南	8.79	9.92	10.56	12.12	12.78
西藏	3.31	3.58	4.43	4.85	4.31
陕西	24.46	25.15	24.60	29.24	30.04
甘肃	10.22	9.41	8.83	10.35	10.72
青海	7.16	9.65	7.33	9.28	7.46
宁夏	12.96	13.98	15.60	16.76	16.88
新疆	6.98	6.13	5.96	5.40	5.45

数据说明：由研究与试验发展(R&D)人员全时当量与各省人数之比计算得出，全国及各地研究与试验发展(R&D)人员全时当量数据来自《中国科技统计年鉴》，全国及各地当年人口数来自《中国统计年鉴》。

表 4-3　全国及各地万人研究与试验发展(R&D)研究人员全时当量

单位：人年

	2016 年	2017 年	2018 年	2019 年	2020 年
全国	12.15	12.43	13.28	14.96	16.15
北京	68.60	74.54	76.32	94.97	103.25
天津	35.61	34.34	34.48	34.86	34.87
河北	6.83	7.15	6.47	6.78	7.41
山西	6.20	6.35	6.67	6.83	6.84
内蒙古	7.38	6.22	5.14	5.33	5.74
辽宁	11.37	11.45	12.12	13.23	14.44
吉林	11.09	10.96	8.91	11.66	12.80
黑龙江	9.60	8.73	7.67	9.85	10.04
上海	37.64	37.47	39.86	44.58	51.59
江苏	24.03	24.41	24.36	28.98	30.96
浙江	19.81	20.16	21.37	24.02	26.61
安徽	9.40	9.60	10.09	12.53	13.89
福建	12.32	12.84	14.60	16.45	17.43
江西	4.97	5.90	8.12	8.67	9.60
山东	13.05	13.00	12.74	12.15	13.95
河南	6.51	6.54	6.43	7.69	8.13
湖北	10.67	10.87	11.40	13.89	15.67
湖南	8.31	8.87	10.05	11.16	12.08
广东	15.89	16.02	21.98	22.42	23.44
广西	4.31	4.17	4.48	5.23	5.18
海南	3.81	3.76	4.31	4.96	4.87
重庆	9.95	11.22	12.22	13.84	14.78
四川	8.58	9.32	9.74	11.01	11.85
贵州	3.16	3.50	3.75	4.45	4.98
云南	4.48	4.90	5.15	5.83	6.18

续表

	2016 年	2017 年	2018 年	2019 年	2020 年
西藏	2.12	2.61	2.96	3.39	3.21
陕西	13.81	13.90	14.50	18.52	18.83
甘肃	5.98	5.74	5.61	7.01	7.41
青海	3.99	4.81	3.92	4.87	4.05
宁夏	6.34	6.49	6.93	7.12	7.60
新疆	4.17	3.92	3.86	3.52	3.65

数据说明：由研究与试验发展(R&D)研究人员与各省人数之比计算得出，全国及各地 R&D 研究人员全时当量来自《中国科技统计年鉴》，全国及各地当年人口数来自《中国统计年鉴》。

《中国统计年鉴》数据显示，我国R&D人员总量继续增长，2020年达到755.30万人年，R&D研究人员总量达到228.11万人年，R&D人力规模仍居全球首位，R&D人力投入强度仍低于发达国家，但差距有所减小。表4-1中的数据显示，全国平均指标达到并高于参考值水平，各地万人研究与试验发展(R&D)人员数远超过评价标准的省市有北京、上海、浙江、江苏、天津、广东；福建、重庆、湖北、山东超过平均水平，安徽、陕西、湖南、辽宁、江西等省市基本达到标准水平，其余省市低于标准参考值，尤其是边远地区数值差距较大。"十三五"期间，科技研发人员总量增加了100万人年，R&D人员数量由2016年的45万人提高到2020年的51.9万人；R&D人员全时当量从2016年的39万人年增长到2020年的45.4万人年。表4-2根据《中国科技统计年鉴》的R&D人员当量数与同年度区域人口数相比得到万人全时当量，与全国研究与试验发展人员数的统计结果相比较，反映投入强度的万人研究与试验发展人员全时当量数据结论一致，但是，全国平均指标为37.07，并未达到参考值水平，说明各地指标差距较大；北京继续以153.62的数据领跑，其他省市中万人研究与试验发展(R&D)人员全时当量远超过评价标准的省市有上海、浙江、江苏、广东、天津；此外，只有福建达到标准水平，山东、湖北、重庆、安徽、陕西接近标准水平，其余省市均远低于标准参考值，尤其是边远地区数值差距更大。

表 4-3 全国及各地万人研究与试验发展(R&D)研究人员全时当量的结果优于前面两个指标,按照 7 人年的参考标准,边远地区的研究人员全时当量低于该数值。表明"十三五"期间,我国科技人员中,尤其是 R&D 人员中,具备中级以上职称或博士学历(学位)的人员无论从整体数量还是投入强度均有较为明显的提升,但因地区差异性较大,整体水平尚有较大的提升空间。

二、企业投入指标分析

根据《中国统计年鉴》的概念说明,R&D 经费支出是指报告期的被调查单位内部为实施 R&D 活动而实际发生的全部经费,按支出性质分为日常性支出和资产性支出,不包括因调查单位委托其他单位或与其他单位合作开展 R&D 活动而转拨给其他单位的全部经费。其中,R&D 经费支出中企业资金是指 R&D 经费支出中来自于企业的各类资金。对企业而言,企业资金是指企业自有资金、接受其他企业委托开展 R&D 活动而获得的资金,以及从金融机构贷款获得的开展 R&D 活动的资金;对科研院所、高校等事业单位而言,企业资金是指因接受从企业委托开展 R&D 活动而获得的各类资金。

1. R&D 经费中企业资金经费支出

R&D 经费中企业资金经费支出是指 R&D 经费内部支出中来自本企业的自有资金和接受其他企业委托而获得的经费,以及科研院所、高等学校等事业单位从企业获得的资金的实际支出,具体如表 4-4 所示。

2. R&D 经费中企业资金经费支出占比重

R&D 经费中企业资金经费支出占比重是衡量 R&D 经费内部支出中企业投入所占份额的指标,结合我国目前的发展阶段和各省市的实际情况,该指标以 77.5%为标准参照值,具体如表 4-5 所示。

表 4-4 中的数据显示,2019 年至 2020 年期间,面对新冠感染疫情冲击和复杂严峻的国内外环境,我国及大部分省市的 R&D 经费保持了较快增长,为抗击新冠感染疫情和全面建成小康社会提供了有力保障。

企业发挥着主体作用,以 2020 年数据为例,平均投入水平在 600 亿元,广东以 2 988.29 亿元领跑,江苏、浙江、山东、北京、上海均超过 1 000 亿元,河南、湖南、湖北、福建、安徽在 700 亿元以上,其余省市低于全国平均水平。表 4-5 中的数据显示,2019 年企业 R&D 经费企业投入占比为 76.26%,2020 年持续增长,占比为 77.46%(国家统计局数据显示,2020 年企业 R&D 经费投入比和企业 R&D 经费投入对全国增长贡献率两项指标分别比 2019 年提高了 0.2 和 9.4 个百分点),拉动作用进一步增强;以 77.5%为标准,共有 14 个省市达到标准参考值,分别是浙江、山东、江苏、福建、河南、湖南、河北、广东、安徽、江西、内蒙古、山西、重庆和天津。未来,在继续扩大经费投入规模的同时,应进一步鼓励企业加大对原始创新和自主攻关的投入,通过组建创新联合体等方式强化产学研合作,提升"主力军"战力。

表 4-4　全国及各地 R&D 经费中企业资金经费支出

单位:亿元

	2016 年	2017 年	2018 年	2019 年	2020 年
全国	11 923.54	13 464.94	15 079.30	16 887.15	18 895.03
北京	563.67	619.64	830.44	986.76	1 074.22
天津	413.06	320.80	370.34	362.27	383.09
河北	318.95	374.68	420.25	487.41	553.49
山西	103.92	122.45	142.99	154.93	179.94
内蒙古	123.27	108.17	103.22	121.24	132.78
辽宁	256.63	309.85	340.26	363.49	399.52
吉林	92.98	77.36	60.74	57.20	91.10
黑龙江	90.59	87.69	77.47	83.77	96.45
上海	630.82	719.80	839.53	910.50	1 026.75
江苏	1 746.41	1 971.58	2 182.15	2 449.22	2 668.67
浙江	1 033.25	1 151.55	1 302.68	1 506.98	1 676.28
安徽	375.02	445.85	524.72	626.18	720.22
福建	390.85	467.95	556.70	654.75	750.85
江西	178.98	220.88	267.67	318.99	368.71
山东	1 425.25	1 596.17	1 460.33	1 325.23	1 518.88

续表

	2016 年	2017 年	2018 年	2019 年	2020 年
河南	429.21	508.88	576.37	686.76	787.73
湖北	467.78	546.20	634.87	741.50	769.29
湖南	404.08	488.21	561.41	681.28	769.50
广东	1 795.78	2 047.59	2 369.05	2 649.95	2 988.29
广西	85.14	97.19	95.08	116.15	129.28
海南	8.26	9.42	12.24	14.43	14.25
重庆	244.18	297.32	324.05	373.36	427.82
四川	293.02	360.26	423.46	510.45	570.72
贵州	53.79	65.74	90.93	105.02	115.00
云南	87.70	108.22	130.62	153.89	177.70
西藏	0.40	0.40	0.99	0.80	1.02
陕西	185.69	210.88	239.97	293.46	336.95
甘肃	53.25	50.71	51.76	51.90	64.55
青海	8.59	11.50	10.28	12.70	13.68
宁夏	23.20	27.58	35.01	40.14	45.77
新疆	39.80	40.44	43.73	46.44	42.54

数据说明：数据来自《中国科技统计年鉴》。

表 4-5　全国及各地 R&D 经费中企业资金经费支出占比重

%

	2016 年	2017 年	2018 年	2019 年	2020 年
全国	76.06	76.48	76.63	76.26	77.46
北京	37.97	39.23	44.39	44.18	46.17
天津	76.87	69.93	75.21	78.25	78.99
河北	83.18	82.89	84.09	86.00	87.25
山西	78.36	82.61	81.34	81.02	85.26
内蒙古	83.57	81.74	79.88	82.03	82.43
辽宁	68.85	72.08	73.96	71.49	72.77
吉林	66.58	60.44	52.80	38.55	57.11
黑龙江	59.40	59.82	57.39	57.16	55.70
上海	60.12	59.72	61.77	59.72	63.55

续表

	2016 年	2017 年	2018 年	2019 年	2020 年
江苏	86.16	87.24	87.13	88.12	88.78
浙江	91.39	90.94	90.11	90.25	90.13
安徽	78.93	78.92	80.86	83.04	81.55
福建	86.04	86.16	86.61	86.87	89.13
江西	86.34	86.35	86.15	83.00	85.60
山东	91.01	91.05	88.86	88.66	90.31
河南	86.85	87.43	85.83	86.60	87.40
湖北	77.96	77.96	77.23	77.41	76.53
湖南	86.19	85.87	85.29	86.55	85.62
广东	88.24	87.37	87.59	85.52	85.87
广西	72.30	68.36	65.64	69.50	74.63
海南	38.07	40.78	45.57	48.25	38.92
重庆	80.80	81.54	79.00	79.51	81.21
四川	52.19	56.48	57.45	58.61	54.08
贵州	73.28	68.56	74.77	72.58	71.11
云南	66.06	68.60	69.74	69.94	72.24
西藏	17.81	13.83	26.58	18.53	23.30
陕西	44.26	45.75	45.07	50.20	53.29
甘肃	61.22	57.36	53.33	47.08	58.88
青海	61.39	64.20	59.46	61.73	64.19
宁夏	77.53	70.83	76.80	73.64	76.74
新疆	70.29	71.01	68.00	72.45	69.10

数据说明：由企业资金经费支出与 R&D 经费之比计算得出，数据来自《中国科技统计年鉴》。

3. 企业 R&D 经费支出占营业收入比重

企业 R&D 经费支出占营业收入比重是衡量企业创新经费投入强度的重要指标，具体如表 4-6 所示。发达国家的经验表明，若这一比例低于 2%，企业创新将难以维持，一些发达国家的高技术产业占比高于 6%。

表 4-6　全国及各地企业 R&D 经费支出占营业收入比重

%

	2016 年	2018 年	2019 年	2020 年
全国	7.12	8.25	8.80	8.75
北京	5.91	5.16	4.87	4.52
天津	9.30	9.48	7.85	7.79
河北	16.81	23.93	27.83	28.36
山西	9.79	10.11	10.84	11.24
内蒙古	31.45	25.65	32.52	30.80
辽宁	16.59	16.47	16.08	17.50
吉林	4.39	8.81	11.09	13.01
黑龙江	18.13	14.49	17.02	27.28
上海	6.99	7.33	7.94	8.02
江苏	5.40	7.74	9.21	8.76
浙江	15.90	15.31	15.20	13.77
安徽	10.34	12.45	14.29	12.90
福建	8.69	9.07	9.12	10.68
江西	4.59	5.63	6.12	5.58
山东	11.54	20.30	20.49	20.26
河南	5.53	8.72	9.95	10.59
湖北	10.59	12.11	13.23	13.49
湖南	10.73	14.67	14.77	15.84
广东	4.44	4.51	4.95	4.98
广西	3.98	6.19	6.80	7.88
海南	4.90	4.59	4.19	4.82
重庆	4.85	5.64	5.81	5.76
四川	4.29	4.93	5.00	4.53
贵州	5.52	6.36	7.91	10.81
云南	16.06	15.07	15.20	12.17
西藏	4.00	7.84	3.48	5.26
陕西	7.70	7.61	7.46	7.83
甘肃	25.98	20.09	18.19	18.16
青海	6.04	6.45	7.15	8.17

续表

	2016 年	2018 年	2019 年	2020 年
宁夏	13.62	19.89	22.84	20.16
新疆	43.44	25.21	40.49	22.53

数据说明：由企业 R&D 经费支出与营业收入之比计算得出，数据来自《中国科技统计年鉴》。

4. 规模以上工业企业研发活动经费内部支出总额占销售收入的比例

规模以上工业企业研发活动经费内部支出总额占销售收入的比例，即企业研发经费投入与销售收入之比，具体如表4-7所示。

表 4-7　全国及各地规模以上工业企业研发活动经费内部支出总额占销售收入的比例

%

	2018 年	2019 年		2018 年	2019 年
全国	0.95	1.01	河南	1.11	1.12
北京	1.25	1.22	湖北	1.21	1.29
天津	1.40	1.13	湖南	1.46	1.56
河北	0.97	1.07	广东	1.53	1.58
山西	0.66	0.65	广西	0.47	0.60
内蒙古	0.72	0.70	海南	0.51	0.47
辽宁	1.08	0.98	重庆	1.49	1.57
吉林	0.40	0.49	四川	0.83	0.88
黑龙江	0.65	0.71	贵州	0.80	0.93
上海	1.39	1.48	云南	0.78	0.88
江苏	1.53	1.86	西藏	0.33	0.19
浙江	1.61	1.68	陕西	0.92	0.93
安徽	1.24	1.54	甘肃	0.53	0.67
福建	1.01	1.04	青海	0.30	0.39
江西	0.83	0.91	宁夏	0.83	0.84
山东	1.47	1.46	新疆	0.42	0.38

数据说明：数据来自《中国科技统计年鉴》，2019年各地规模以上工业企业研发活动经费内部支出总额占销售收入的比例数据来自中国科技发展战略研究小组、中国科学院大学中国创新创业管理研究中心《中国区域创新能力评价报告 2021》。

前文提到，企业R&D经费支出占营业收入比重是衡量企业创新经费投入强度的重要指标，一些国家的高技术产业占比高于6%。表4-6中的数据显示，我国大部分地区均高于6%的水平，内蒙古高达30.8%，河北、黑龙江、新疆、山东、宁夏、甘肃等地区紧随其后，反而较发达的江苏(8.76%)、上海(8.02%)、天津(7.79%)和广东(4.98%)落后，北京则以4.52%的数值排在最后。说明该数据虽然衡量了区域内企业的投入强度，但是忽略了区域企业发展水平与区域经济发展水平等因素。因此，需要继续挖掘数据，将企业数据更换为规模以上工业企业数据。一些发达国家的企业创新经费投入强度高于6%，规模以上工业企业的标准参考值一般在4%～5%，参照国内水平，此数值标准值界定为1%。该数据较好地反映了区域企业整体投入强度。表4-7中的数据显示，与上年度相比，2019年企业研发投入强度增加的地区有22个，下降的地区9个。其中，上升幅度最大的是江苏，下降幅度最大的是天津。江苏省以1.86%位居首位，另外，浙江、广东、重庆、湖南、安徽、上海、山东、湖北、北京、天津、河南、河北、福建等共有14个省市超过参考值。

三、政府投入指标分析

政府投入是对区域人才活动最有力、最直接的激发方式之一。政府资金是指R&D经费支出中来自于各级政府财政的各类资金，包括财政科学技术支出，以及财政其他功能支出的资金中用于R&D活动的实际支出。

1. R&D经费中政府资金经费支出

R&D经费中政府资金经费支出是指R&D经费内部支出中来自各级政府部门的各类资金，包括财政科学技术拨款、科学基金、教育等部门事业费及政府部门预算外资金的实际支出，具体如表4-8所示。

2. R&D经费中政府资金经费支出占比重

R&D经费中政府资金经费支出占比重，是衡量R&D经费内部支出中政府投入所占份额的指标。通过分析和借鉴国外的经验，同时重点分析我国相关政策并进行估算,确定该比重应在 24%～30% 之间,本次估算参考值界定为 26%,具体如表 4-9 所示。

表 4-8　全国及各地 R&D 经费中政府资金经费支出

单位:亿元

	2016 年	2017 年	2018 年	2019 年	2020 年
全国	3 140.81	3 487.45	3 978.64	4 537.31	4 825.56
北京	802.61	822.41	920.57	1 069.22	1 084.33
天津	94.02	104.36	102.23	76.55	80.43
河北	55.77	67.99	68.16	67.97	71.57
山西	25.14	21.84	28.49	31.41	27.04
内蒙古	19.43	17.96	20.25	19.83	23.28
辽宁	108.63	112.68	110.98	134.57	144.07
吉林	44.02	48.06	51.86	85.71	65.88
黑龙江	55.35	54.24	53.46	52.38	72.49
上海	374.76	429.45	471.25	549.02	526.54
江苏	153.11	192.16	253.93	275.01	280.87
浙江	78.72	91.58	113.89	136.33	164.95
安徽	85.12	93.34	104.91	102.99	134.83
福建	49.82	61.22	68.52	83.78	81.49
江西	23.31	29.74	38.64	59.20	59.19
山东	107.59	121.95	136.56	146.53	145.30
河南	49.39	52.77	60.40	78.01	79.48
湖北	114.05	137.61	170.18	179.32	213.65
湖南	56.32	70.49	83.60	88.59	118.58
广东	186.60	240.40	287.68	397.26	440.57
广西	27.26	38.45	42.60	45.05	38.79
海南	10.47	13.15	13.32	12.99	21.22
重庆	44.02	50.75	69.73	77.81	77.24
四川	240.42	245.56	290.95	318.11	420.20
贵州	15.29	26.07	26.46	35.72	43.46
云南	37.68	42.26	44.03	55.53	56.75

续表

	2016 年	2017 年	2018 年	2019 年	2020 年
西藏	1.78	2.24	2.65	3.32	3.23
陕西	223.15	232.60	266.86	264.16	271.72
甘肃	30.02	33.51	41.20	53.35	39.82
青海	5.21	6.19	6.68	7.39	7.49
宁夏	6.30	11.05	9.86	13.27	13.17
新疆	15.44	15.36	18.73	16.94	17.95

数据说明：数据来自《中国科技统计年鉴》。

表 4-9　全国及各地 R&D 经费中政府资金经费支出占比重

%

	2016 年	2017 年	2018 年	2019 年	2020 年
全国	20.03	19.81	20.22	20.49	19.78
北京	54.06	52.06	49.21	47.87	46.61
天津	17.50	22.75	20.76	16.53	16.58
河北	14.55	15.04	13.64	11.99	11.28
山西	18.95	14.73	16.21	16.43	12.81
内蒙古	13.18	13.58	15.67	13.42	14.45
辽宁	29.15	26.21	24.12	26.47	26.24
吉林	31.52	37.54	45.09	57.76	41.30
黑龙江	36.29	37.00	39.60	35.74	41.86
上海	35.71	35.63	34.67	36.01	32.59
江苏	7.55	8.50	10.14	9.89	9.34
浙江	6.96	7.23	7.88	8.16	8.87
安徽	17.91	16.52	16.17	13.66	15.27
福建	10.97	11.27	10.66	11.11	9.67
江西	11.24	11.63	12.44	15.40	13.74
山东	6.87	6.96	8.31	9.80	8.64
河南	9.99	9.07	8.99	9.84	8.82
湖北	19.01	19.64	20.70	18.72	21.25
湖南	12.01	12.40	12.70	11.25	13.19

续表

	2016 年	2017 年	2018 年	2019 年	2020 年
广东	9.17	10.26	10.64	12.82	12.66
广西	23.15	27.04	29.41	26.96	22.39
海南	48.24	56.90	49.55	43.44	57.94
重庆	14.57	13.92	17.00	16.57	14.66
四川	42.82	38.50	39.47	36.52	39.82
贵州	20.82	27.19	21.76	24.68	26.87
云南	28.38	26.78	23.51	25.24	23.07
西藏	80.19	78.04	71.53	76.62	73.94
陕西	53.19	50.46	50.12	45.19	42.97
甘肃	34.51	37.90	42.46	48.39	36.32
青海	37.20	34.55	38.65	35.95	35.15
宁夏	21.05	28.38	21.63	24.35	22.08
新疆	27.26	26.98	29.12	26.42	29.16

数据说明： 由政府资金经费支出与 R&D 经费之比计算得出，数据来自《中国科技统计年鉴》。

表 4-9 中的数据显示，仅根据政府资金经费支出占 R&D 经费比重的指标分析，仍能发现一些值得注意的事实。2019 年，在 31 个省份中超过标准参考值 26% 的有 13 个省份，西藏达到 76.62%、吉林为 57.76%；在直辖市中，北京为 47.87%、上海为 36.01%、重庆为 16.57%、天津为 16.53%。考虑到经费总量，2020 年 8 月，国家统计局发布的《2019 年全国科技经费投入统计公报》显示，研究与试验发展(R&D)经费投入超过千亿元的省份有 6 个，分别为广东(3 098.5 亿元，该指标占比为 12.82%)、江苏(2 779.5 亿元，该指标占比为 9.89%)、北京(2 233.6 亿元，该指标占比为 47.87%)、浙江(1 669.8 亿元，该指标占比为 8.16%)、上海(1 524.6 亿元，该指标占比为 36.01%)和山东(1 494.7 亿元，该指标占比为 9.8%)。

2020 年，在 31 个省市中超过标准参考值 26% 的有 13 个省份，分别为西藏、海南、北京、陕西、黑龙江、吉林、四川、甘肃、青海、上海、新疆、贵州、辽宁。2021 年 9 月，国家统计局发布的《2020 年全国科技经费投入统计公报》显示，研究与试验发展(R&D)经费投入超过千亿元的省份有 8 个,分别为广东(3 479.9 亿元)、江苏(3 005.9 亿元)、北京(2 326.6 亿元)、浙江(1 859.9 亿元)、山东(1 681.9 亿元)、上海(1 615.7 亿元)、四川(1 055.3 亿元)和湖北(1 005.3 亿元),比 2019 年增加了 2 个省份。所以,R&D 经费中政府资金经费支出、R&D 经费中政府资金经费支出占比重的指标需要将比重与总量一同考虑。

3. R&D 经费支出与地方生产总值之比

R&D 经费支出与地方生产总值之比是衡量创新资本要素投入强度最为重要、最为综合的指标之一,是国际上通用的衡量国家或地区科技投入强度的重要指标,也是评价其科技实力和核心竞争力的重要标准之一。根据 R&D 经费投入强度,将国家(地区)的技术创新过程划分为使用技术、改进技术和创造技术 3 个阶段。科学技术创新从使用技术向改进技术阶段转变的标志性投入强度为 1%,技术创新从改进技术向创造技术阶段转变时,R&D 经费投入强度约在 2%。2002 年以前,我国 R&D 经费投入强度在 1%以下,处在使用技术阶段,这期间主要是购买和引进国外先进技术或仪器设备进行生产加工;2002 年我国 R&D 经费投入强度首次突破 1%,标志着中国科学技术创新进入改进技术阶段;2010 年我国 R&D 经费占国内生产总值比重为 1.75%,比上一个十年提高了 1.1 个百分点,但还是低于"十一五"期间 2%的规划目标;2013 年,我国 R&D 经费投入强度突破 2%,进入创造技术阶段,不断增强的自主研发创新能力,逐步缩小了与发达国家之间的经济和社会发展差距。结合 2020 年世界创新型国家的平均水平来看,此目标值参考值定为 2.5%,具体如表 4-10 所示。

表 4-10 全国及各地 R&D 经费支出与地方生产总值之比

%

	2016 年	2017 年	2018 年	2019 年	2020 年
全国	2.10	2.12	2.14	2.23	2.40
北京	5.78	5.64	6.17	6.31	6.44
天津	3.00	2.47	2.62	3.28	3.44
河北	1.20	1.33	1.39	1.61	1.75
山西	1.02	0.95	1.05	1.12	1.20

续表

	2016年	2017年	2018年	2019年	2020年
内蒙古	0.81	0.82	0.75	0.86	0.93
辽宁	1.68	1.84	1.82	2.04	2.19
吉林	0.95	0.86	0.76	1.27	1.30
黑龙江	0.99	0.92	0.83	1.08	1.26
上海	3.72	3.93	4.16	4.00	4.17
江苏	2.62	2.63	2.70	2.79	2.93
浙江	2.39	2.45	2.57	2.68	2.88
安徽	1.95	2.09	2.16	2.03	2.28
福建	1.58	1.69	1.80	1.78	1.92
江西	1.12	1.28	1.41	1.55	1.68
山东	2.30	2.41	2.15	2.10	2.30
河南	1.22	1.31	1.40	1.46	1.64
湖北	1.84	1.97	2.09	2.09	2.31
湖南	1.49	1.68	1.81	1.98	2.15
广东	2.52	2.61	2.78	2.88	3.14
广西	0.64	0.77	0.71	0.79	0.78
海南	0.54	0.52	0.56	0.56	0.66
重庆	1.70	1.88	2.01	1.99	2.11
四川	1.70	1.72	1.81	1.87	2.17
贵州	0.62	0.71	0.82	0.86	0.91
云南	0.90	0.96	1.05	0.95	1.00
西藏	0.19	0.22	0.25	0.26	0.23
陕西	2.16	2.10	2.18	2.27	2.42
甘肃	1.21	1.19	1.18	1.26	1.22
青海	0.54	0.68	0.60	0.69	0.71
宁夏	0.94	1.13	1.23	1.45	1.52
新疆	0.59	0.52	0.53	0.47	0.45

数据说明：由R&D经费支出与地方生产总值之比计算得出，全国及各地R&D经费支出数据来自《中国科技统计年鉴》，全国及各省当年生产总值数据来自《中国统计年鉴》。

根据表 4-10 中的数据，我国 R&D 经费投入逐年加大，2010 年我国 R&D 经费占国内生产总值比重为 1.75%，2015 年达到世界平均水平，达到 2.2%；2020 年，我国共投入研究与试验发展(R&D)经费 24 393.1 亿元，比上年增加 2 249.5 亿元，增长 10.2%，R&D 经费总量约为美国的 54%，是日本的 2.1 倍，稳居世界第二。2021 年 9 月 22 日，国家统计局发布的《2020 年全国科技经费投入统计公报》显示，研究与试验发展(R&D)经费投入强度(与国内生产总值之比)为 2.40%，但是，对比世界创新型国家的 2.5% 的平均水平，略低于参考值。参照 2.5%的标准参考值，研究与试验发展(R&D)经费投入强度(与地区生产总值之比)超过全国平均水平的省市仅有 6 个，分别为北京(6.44%)、上海(4.17%)、天津(3.44%)、广东(3.14%)、江苏(2.93%)和浙江(2.88%)。

4. 地方财政科技支出与地区生产总值比值

地方财政科技支出是指政府及其相关部门为支持科技活动而进行的经费支出，一般来说是指国家财政预算内安排的科研支出。地方财政科技投入是区域科技进步和高质量发展的基础保障和条件支撑，对于提升我国科技实力、实现高水平科技自立自强具有重要意义。地方财政科技支出与地区生产总值比值是衡量地方政府科技投入力度的重要指标。地方财政科技支出与地区生产总值的数据均来源于《中国统计年鉴》。

地方财政科技支出与地区生产总值比值是衡量地方政府科技投入力度的重要指标。根据政府研发投入占地区生产总值的比例数据(政府研发投入强度，如表 4-11 所示)，结合规模以上工业企业研发活动经费内部支出总额占销售收入的比例数据(企业研发投入强度，如表 4-7 所示)，根据我国现阶段科技经费增长态势，以及中央、地方企业之间投入比例关系，将评价标准确定为 70 万元/亿元。数据显示，绝大多数地区的研发投入强度均有所提高，总体变化幅度不大。与 2018 年相比，2019 年政府研发投入强度上升的地区共有 19 个，海南增长迅速，增幅达 84.36%，浙江、河南、山东、湖南增长超过 20%；青海、陕西下降幅度超过 20%。从整体存量来看，北京、广东、安徽、上海、宁夏、浙江、天津、江西、湖北 9 个省份的数据超过标准参考值。

表 4-11 全国及各地地方财政科技支出与地区生产总值比值

单位：万元/亿元

	2018 年	2019 年		2018 年	2019 年
全国	56.64	60.36	河南	31.17	39.29
北京	128.64	122.28	湖北	63.89	70.28
天津	79.83	78.21	湖南	35.77	43.09
河北	23.71	25.93	广东	103.53	108.23
山西	37.02	34.03	广西	32.83	34.06
内蒙古	16.14	16.55	海南	30.63	56.47
辽宁	31.92	29.78	重庆	31.77	33.57
吉林	36.52	33.41	四川	34.48	39.89
黑龙江	30.77	31.13	贵州	67.01	68.06
上海	118.40	102.54	云南	26.31	25.41
江苏	54.43	57.98	西藏	52.42	42.89
浙江	65.45	82.62	陕西	36.43	27.68
安徽	86.68	102.58	甘肃	31.76	33.71
福建	29.79	31.52	青海	46.57	35.25
江西	64.75	74.15	宁夏	96.92	83.39
山东	34.92	43.34	新疆	32.98	30.02

数据说明：数据来自中华人民共和国科学技术部《中国区域创新能力监测报告2021》。

5. 地方财政科技支出占地方财政支出比重

地方财政科技支出占地方财政支出比重是衡量地方政府创新资本要素投入力度的重要指标。我国地方财政科技拨款占地方财政支出比重始终处于3%左右，低于中央财政科技拨款占中央财政支出比重(约10%)。根据我国现阶段科技经费增长态势及中央、地方、企业之间投入比例关系，将评价标准确定为5%，具体如表4-12所示。

表4-12中的数据显示，"十三五"以来，各地方的财政科技支出占地方财政支出比重普遍呈现出不断增加的态势，东南沿海地区继续领跑，广东、北京、浙江、安徽均超过标准参考值；西藏、青海、内蒙古、海南、甘肃、新疆等地依旧占比较少。当然，无论是表4-11还是表4-12，

都需要与总量指标协同分析。

表 4-12　全国及各地地方财政科技支出占地方财政支出比重

%

	2018 年	2019 年		2018 年	2019 年
全国	2.77	2.92	河南	1.69	2.08
北京	5.70	5.85	湖北	3.70	4.01
天津	3.44	3.09	湖南	1.74	2.14
河北	1.00	1.09	广东	6.58	6.76
山西	1.38	1.23	广西	1.21	1.24
内蒙古	0.54	0.56	海南	0.89	0.62
辽宁	1.41	1.29	重庆	1.51	1.63
吉林	1.08	1.00	四川	1.52	1.79
黑龙江	0.85	0.84	贵州	2.05	1.92
上海	5.11	4.76	云南	0.90	0.87
江苏	4.35	4.55	西藏	0.41	0.33
浙江	4.40	5.13	陕西	1.64	1.25
安徽	4.49	5.11	甘肃	0.68	0.74
福建	2.38	2.63	青海	0.78	0.56
江西	2.90	2.86	宁夏	2.40	2.17
山东	2.30	2.85	新疆	0.84	0.77

数据说明：数据来自中华人民共和国科学技术部《中国区域创新能力监测报告 2021》。

四、综合分析

对区域科技人才活力投入指标的测算过程具体如下：将个体投入、企业投入和政府投入的 12 个四级指标进行标准化处理后，根据各城市的区域贡献值获得区域四级指标，然后根据表 3-8 权重获得相应区域三级指标 R_{1i}，重复该过程计算得到区域二级指标 R_1，具体公式如下，结果如表 4-13、图 4-1 所示：

$$R_{1i} = \sum_{k=1}^{12} \beta_k \frac{X_k}{\overline{X_k}}$$

其中：R_{1i} 为三级活力投入指标，X_k 为第 k 个四级指标的观测值，$\overline{X_k}$ 为第 k 个四级指标相应的标准值，β_k 为第 k 个四级指标权重，k 取值为 1～12。

表 4-13　各地区科技人才活力投入指数(2019 年数据)

	活力投入	个体投入	企业投入	政府投入
京津冀	4.43	5.39	1.7	2.75
长三角	2.49	2.88	1.91	1.43
长江中游	1.07	1.07	1.40	0.80
珠三角	2.08	2.26	1.94	1.47
成渝	1.08	1.13	1.01	0.94

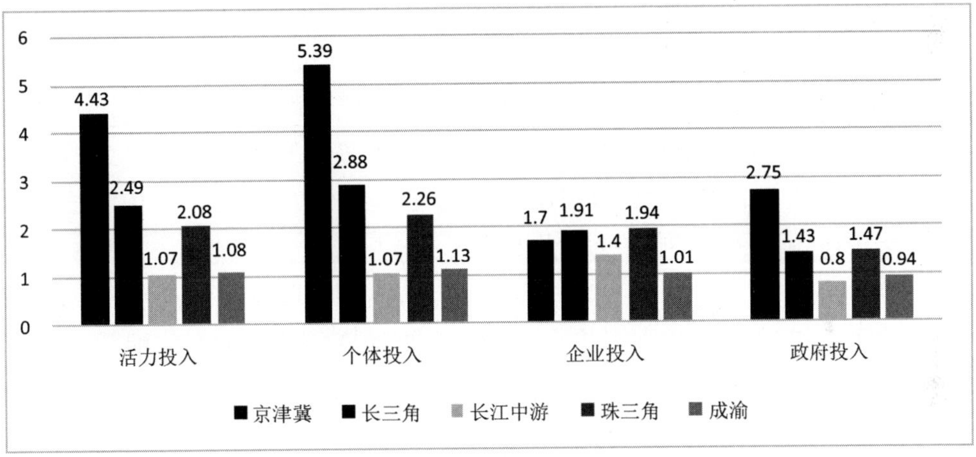

图 4-1　各地区科技人才活力投入指数对比(2019 年数据)

第二节　区域科技人才活力绩效指标分析

科技人才活力的绩效指标是指科技人才崇尚科学知识的价值观和积极从事科学技术活动的创新实践产出，是科技创新水平最为直接的产出，包括科技论文、课题研究、专利和万人吸纳技术成交额等。

2022年6月16日，新华社信息显示，由国际知名科技出版机构施普林格·自然出版集团下属机构编制并定期发布的"2022自然指数年度榜单"中，中国机构科研产出大幅增加，有4家中国机构上榜全球10强。根据自然指数的关键指标"贡献份额"，中国科学院在自然指数机构排行中继续位居榜首，其份额是排名第二的美国哈佛大学的两倍多。中国科学院大学从第13位跃升至第8位，首次跻身机构榜单全球10强，中国科学技术大学跃升两位至第9位，北京大学跃升两位至第10位。此外，自然指数年度榜单还列出了2020至2021年上升最快的50家机构。中国机构在该榜单也居于前列。上升最快的前31家机构均来自中国，50家机构中只有10家来自中国以外。这与2021年的榜单相比有显著变化，在当时上升最快的前10家机构中，中国仅占两席。

自然指数创始人戴维·斯温班克斯在一份声明中说："自然指数年度榜单表明，中国通过其大型、现已发展成熟的机构的科研投入，正在自然科学领域产生持续不断的研究成果。2021年，中国研发投入已占GDP的2.4%，显示了中国对该领域的承诺。2022年，中国资金投入对于科研增长产生的影响更为突出，尤其是与我们在德国、英国、法国和日本等其他国家所看到的变化相比。"

2022年8月20日，新华社信息显示，根据世界知识产权组织发布的全球创新指数排名，我国排名从2012年的34位、2015年的第29位、2020年的第14位，跃升至2021年的第12位，开启了推进高水平科技自立自强、建设科技强国的新阶段。

一、论文、专利与吸纳引进绩效分析

1. 万人科技论文数

"十三五"期间，通过深入实施国家重大科技人才计划，我国强化了在重大科技任务攻关中培养造就高层次创新人才团队的能力，科技产出提升显著。2022年11月15日，由全球科学和知识产权最大的供应商之一科睿唯安发布的"2022年度全球高被引科学家"名单显示，共有来自全球69个国家和地区的6 938名科学家入选。中国内地入选世界高被引科学家名单的共有 1 169 人次，从 2018 年的 7.9%到 2022 年的 16.2%，中国内地科学家在高被引科学家名单中所占比例翻了一倍以上，科学研究成果在国际社会影响力显著提升，位列世界第二。中国科学技术协会主编的《中国科技期刊发展蓝皮书(2021)》显示，2020 年全球有 17 个国家发表论文超过 4 万篇。在发表论文数量排名前 5 位的国家中，中国发表论文数量排在第一位，引文影响力和学科规范化的引文影响力分别位列第一和第三；美国发表论文数量排在第二位，引文影响力和学科规范化的引文影响力均位列第四。2020 年中国作者共发表 SCI 论文 54.9 万余篇，其中高被引论文数为 7 920 篇，占同期全球高被引论文数的 37.25%，这意味着中国论文的数量和质量都在迅速提升。

科技论文数是对国外主要检索工具 SCI 收录的我国科技论文数和中国科学技术信息研究所从国家期刊管理部门批准正式出版、公开发行的刊物中选作统计源的期刊刊载的学术论文进行统计而得出的加权平均数。近年来我国科技论文规模有较大幅度的增长，经测算将评价标准确定为 10 篇，具体如表 4-14 所示。

表 4-14　全国及各地万人科技论文数

单位：篇

	2018 年	2019 年		2018 年	2019 年
全国	3.40	3.59	河南	1.62	1.67
北京	35.09	35.85	湖北	4.27	4.46
天津	10.14	10.60	湖南	2.07	2.24
河北	1.53	1.61	广东	2.65	2.90
山西	1.88	2.10	广西	1.32	1.45
内蒙古	1.41	1.39	海南	2.77	3.11
辽宁	3.85	3.99	重庆	3.73	3.92
吉林	3.46	3.61	四川	2.59	2.75
黑龙江	2.75	2.89	贵州	1.34	1.48
上海	13.93	14.60	云南	1.39	1.49
江苏	5.47	5.69	西藏	0.85	0.92
浙江	3.58	3.86	陕西	6.89	7.22
安徽	1.95	2.10	甘肃	2.68	2.88

续表

	2018 年	2019 年		2018 年	2019 年
福建	2.35	2.51	青海	2.43	2.71
江西	1.33	1.47	宁夏	2.15	2.33
山东	2.23	2.43	新疆	2.40	2.30

数据说明：数据来自中国科学技术发展战略研究院《中国区域科技创新评价报告2021》。

2. 企业专利数

专利是专利权的简称，是指对发明人的发明创造经审查合格后，由国家知识产权局依据专利法授予发明人和设计人对该项发明创造享有的专有权，包括发明专利、实用新型专利和外观设计专利。发明专利是指对产品、方法或者其改进所提出的新的技术方案，是国际通行的反映拥有自主知识产权技术的核心指标；实用新型专利是指对产品的形状、构造或者其结合所提出的适于实用的新的技术方案，反映具有一定技术含量的技术成果情况；外观设计专利是指对产品的形状、图案、色彩或者其结合所做出的富有美感并适于工业上应用的新设计，反映拥有自主知识产权的外观设计成果情况。专利的数量是反映一国或区域科技活动质量的重要指标，测度专利水平的指标可分为专利授权数和专利拥有量，前者反映的是一定时期(通常为一年)发明专利产生的数量，后者反映的是在某一时间点上发明专利的存量。

注重发明创造、具有较强的专利意识是反映国民科技意识的重要方面。创新型国家目标为万人有效发明专利数3.3件。据测算，我国有效发明专利数约为 3 种专利(包括发明专利数、实用新型专利数与外观设计专利数)申请数的1/5，而我国就业人员数约为人口数的1/2[①]。因此，将万名就业人员专利申请数100件作为评价标准。万名企业就业人员发明专利拥有量是发明专利拥有量和企业就业人员数之比，可以反映相对于企业就业人员规模的就业创新产出水平，具体如表4-15、4-16所示。

---

① 《中国统计年鉴2021》的"就业和工资"部分数据显示，2020年就业人员为75 064万人，占全国人口的53.16%；其中，城镇就业人员为46 271万人，乡村就业人员为28 793万人。

表 4-15 全国及各地万名企业就业人员发明专利申请数

单位：件/万人

	2019 年	2020 年		2019 年	2020 年
全国	133.66	160.38	河南	62.14	82.11
北京	259.79	302.50	湖北	104.65	160.41
天津	158.88	176.85	湖南	100.19	115.67
河北	77.97	91.17	广东	196.75	233.60
山西	33.15	43.97	广西	50.98	59.97
内蒙古	56.89	65.61	海南	69.18	83.50
辽宁	71.35	91.09	重庆	107.56	122.01
吉林	70.28	84.94	四川	99.30	114.30
黑龙江	52.04	71.30	贵州	86.20	93.81
上海	183.33	221.16	云南	89.76	117.55
江苏	207.78	229.82	西藏	22.97	39.83
浙江	168.39	202.69	陕西	75.88	93.17
安徽	207.64	235.77	甘肃	69.44	82.20
福建	84.56	110.48	青海	67.70	97.47
江西	118.39	129.39	宁夏	97.24	126.86
山东	103.57	143.30	新疆	51.38	61.32

数据说明：由企业专利申请数与企业平均用工人员数之比计算得出，企业专利申请数来自《中国科技统计年鉴 2021》，企业平均用工人员数来自《中国工业统计年鉴》。

表 4-16 全国及各地万名企业就业人员发明专利拥有量

单位：件/万人

	2019 年	2020 年		2019 年	2020 年
全国	153.62	186.69	河南	61.83	78.44
北京	560.49	664.75	湖北	113.14	179.22
天津	211.95	231.79	湖南	128.54	127.15
河北	77.67	103.37	广东	271.02	332.83
山西	46.08	53.20	广西	65.40	68.88
内蒙古	61.69	66.11	海南	141.47	169.07
辽宁	118.28	147.40	重庆	118.09	127.66

续表

	2019 年	2020 年		2019 年	2020 年
吉林	54.52	87.83	四川	132.70	139.38
黑龙江	72.90	98.77	贵州	96.42	110.16
上海	277.95	338.29	云南	119.48	118.35
江苏	213.68	262.18	西藏	70.27	80.09
浙江	111.60	136.25	陕西	111.33	134.55
安徽	204.94	249.17	甘肃	69.85	86.24
福建	78.82	107.89	青海	47.29	72.67
江西	56.73	78.52	宁夏	93.60	105.08
山东	122.64	143.29	新疆	47.40	63.43

数据说明：2019年全国及各地万名企业就业人员发明专利拥有量数据来自中华人民共和国科学技术部《中国区域创新能力监测报告2021》。2020年数据由企业有效发明专利数与企业平均用工人员数比值得出，企业专利拥有量数据来自《中国科技统计年鉴》，企业平均用工人员数来自《中国工业统计年鉴》。

万名企业就业人员发明专利申请数是企业就业人员的创新意识的表现；授权数是创新意识的效率指标；而万名企业就业人员发明专利拥有量是发明专利拥有量和企业就业人员数之比，是反映相对于企业就业人员规模的企业创新产出水平的重要衡量指标，3个数据的侧重点不同。整体的专利水平要达到授权标准，创新技能尚需要持续性培养与提升。首先，需要对科技人才创新意识进行积极的鼓励与激发，这是提升全民创新水平的基础；同时，专利拥有量是相对就业人数的创新水平的表现，因此，结合我国现阶段亟须解决的问题，本书引入申请数与拥有量作为考量指标，考虑到授权比例，两者的标准参考值均设为100件/万人。从表4-15中2019年的数据来看，北京因特殊的区位优势，万名企业就业人员专利申请数以259.79件/万人领先，其次是江苏、安徽和广东等省市。表4-16中2019年的企业万名就业人员专利拥有量数据显示，北京以560.49件/万人领先，上海(277.95件/万人)、广东(271.02件/万人)、江苏(213.68件/万人)、天津(211.95件/万人)紧随其后；数据说明，作为创新水平的专利拥有量指标与区域的开放及发达程度高度相关。超过标准参考值100件/万人的省份还有安徽、海南、四川、湖南、山东、云南、辽宁、重庆、湖北、浙江、陕西。

表4-15中的数据显示，2020年万名企业就业人员专利申请数超过标准参考值的省份有16个，北京以302.5件/万人依旧领先，其次是安徽(235.77件/万人)、广东(233.60件/万人)、江苏(229.82件/万人)、上海(221.16件/万人)、浙江(202.69件/万人)等省份。表4-16中的数据显示，2020年北京的企业万名就业人员专利拥有量为664.75件/万人，随后是上海(338.29件/万人)、广东(332.83件/万人)、江苏(262.18件/万人)、安徽(249.17件/万人)、天津(231.79件/万人)，超过标准参考值的省份还有湖北、海南、辽宁、山东、四川、浙江、陕西、重庆、湖南、云南、贵州、福建、宁夏、河北，比2019年增加了4个省份。

3. 区域专利数

万人发明专利申请数是反映相对于人口规模的发明专利申请一般水平的指标，万人发明专利授权数可以反映地区发明专利的产出效率，万人发明专利拥有量是区域发明专利的产出效率、区域整体创新水平指标，是反映区域创新活动质量的重要指标。2017年1月13日，国务院印发《"十三五"国家知识产权保护和运用规划》(以下简称《规划》)，明确了"十三五"知识产权工作的发展目标和主要任务，对全国知识产权工作进行了全面部署。《规划》指出："到2020年，知识产权重要领域和关键环节的改革取得决定性成果，建成一批知识产权强省、强市，知识产权保护环境显著优化，知识产权运用效益充分显现，知识产权综合能力大幅提升。每万人口发明专利拥有量从2015年的6.3件增加到12件，国际专利申请量从2015年的3万件增加到6万件，知识产权使用费出口额从2015年的44.4亿美元提高到100亿美元。"基于《规划》目标值，考虑该指标的成长性与动态可比性，区域万人发明专利申请数评价标准应该略高，但结合全国区域发展水平及发展均速，确定为12件，专利拥有量指标的标准参考值按照《规划》要求确定为12件。全国及各地万人发明专利申请数、授权数和拥有量如表4-17、4-18、4-19所示。

区域万人专利申请数按照国家"十三五"规划纲要中该指标的规划目标标准为12件/万人，表4-17中2019年的数据显示，北京以59.33

件/万人领跑，达到标准的省市分别是上海(28.78 件/万人)、江苏(20.36 件/万人)、天津(17.74 件/万人)、浙江(17.72 件/万人)和广东(16.28 件/万人)，其余省市低于 12 件/万人的标准。表 4-18 的专利授权数的整体比例基本是申请数的四分之一。表 4-19 区域万人专利拥有量是一个积累性数据，标志区域创新发展水平，与申请数结果类似，2019 年的排序为北京(129.81 件/万人)、上海(52.30 件/万人)、江苏(28.67 件/万人)、浙江(25.19 件/万人)、天津(25.07 件/万人)、广东(23.69 件/万人)和安徽(12.28 件/万人)。

表 4-17 中的数据显示，2020 年万人专利申请数达到标准参考值的省市有 6 个，分别为：北京(66.26 件/万人)、上海(32.57 件/万人)、江苏(21.00 件/万人)、浙江(20.05 件/万人)、广东(17.10 件/万人)和天津(15.90 件/万人)，与 2019 年达到标准参考值的省份保持一致。表 4-19 中的数据显示，2020 年万人专利拥有量达到标准参考值的省份有 11 个，排序为：北京(153.30 件/万人)、上海(58.52 件/万人)、江苏(34.40 件/万人)、浙江(30.86 件/万人)、广东(27.76 件/万人)、天津(27.51 件/万人)、安徽(16.08 件/万人)、陕西(13.82 件/万人)、湖北(12.80 件/万人)、山东(12.25 件/万人)和福建(12.20 件/万人)，各区域创新发展水平均有所提升。

表 4-17 全国及各地万人发明专利申请数

单位：件/万人

	2016 年	2017 年	2018 年	2019 年	2020 年
全国	8.65	8.90	9.92	8.82	9.52
北京	47.67	45.20	53.68	59.33	66.26
天津	26.44	18.19	19.28	17.74	15.90
河北	1.92	1.89	2.55	2.76	2.97
山西	2.34	2.10	2.68	2.41	2.71
内蒙古	1.18	1.17	1.55	2.02	2.24
辽宁	5.91	4.75	5.94	5.28	5.13
吉林	2.94	3.08	4.24	4.60	4.63
黑龙江	3.81	3.12	3.61	4.03	4.15
上海	22.03	22.15	25.36	28.78	32.57
江苏	22.03	22.20	23.54	20.36	21.00
浙江	15.36	16.04	22.81	17.72	20.05

续表

	2016年	2017年	2018年	2019年	2020年
安徽	15.91	15.44	17.90	10.30	11.41
福建	6.73	6.51	9.08	7.26	7.91
江西	1.82	2.55	3.22	3.12	4.49
山东	8.86	6.75	7.22	6.86	7.32
河南	2.92	3.62	4.75	3.06	3.28
湖北	7.44	8.73	8.56	8.01	8.31
湖南	3.85	4.73	5.34	5.89	7.30
广东	13.07	15.04	17.53	16.28	17.10
广西	8.87	7.74	4.10	2.49	2.56
海南	1.34	1.67	2.17	2.19	2.59
重庆	6.42	6.14	7.17	6.31	6.94
四川	6.58	7.80	6.47	4.73	4.95
贵州	2.91	3.65	3.92	2.80	2.77
云南	1.69	1.66	2.04	1.91	2.07
西藏	0.52	0.78	1.28	1.26	1.30
陕西	5.82	11.94	7.86	8.83	9.67
甘肃	2.43	2.29	2.40	2.41	2.27
青海	2.37	1.62	2.19	2.09	2.39
宁夏	3.61	3.63	4.22	3.52	3.57
新疆	1.48	1.29	1.45	1.38	1.46

数据说明：由发明专利申请数与人口数之比计算得出，发明专利申请数来自《中国科技统计年鉴》，全国及各省当年人口数来自《中国统计年鉴》"人口"部分。

表4-18 全国及各地万人发明专利授权数

单位：件/万人

	2016年	2017年	2018年	2019年	2020年
全国	2.17	2.34	2.46	2.56	3.12
北京	18.50	21.01	21.43	24.26	28.90
天津	3.59	4.14	4.07	3.63	3.79
河北	0.58	0.67	0.69	0.69	0.85
山西	0.69	0.68	0.65	0.66	0.86

续表

	2016 年	2017 年	2018 年	2019 年	2020 年
内蒙古	0.36	0.35	0.36	0.38	0.48
辽宁	1.56	1.79	1.67	1.75	1.87
吉林	0.95	1.21	1.15	1.23	1.65
黑龙江	1.25	1.46	1.30	1.27	1.45
上海	8.14	8.39	8.62	9.16	9.73
江苏	4.89	4.93	4.98	4.69	5.42
浙江	4.38	4.66	5.19	5.33	7.71
安徽	2.53	2.05	2.44	2.46	3.51
福建	1.79	2.14	2.40	2.17	2.46
江西	0.43	0.50	0.56	0.61	0.98
山东	1.95	1.90	2.02	2.04	2.63
河南	0.70	0.81	0.85	0.71	0.92
湖北	1.45	1.84	1.93	2.39	3.06
湖南	1.05	1.19	1.25	1.28	1.74
广东	3.24	3.77	4.31	4.78	5.60
广西	1.06	0.93	0.88	0.69	0.70
海南	0.40	0.38	0.50	0.53	0.71
重庆	1.62	1.95	2.08	2.19	2.38
四川	1.25	1.37	1.41	1.44	1.69
贵州	0.54	0.49	0.54	0.49	0.59
云南	0.45	0.48	0.49	0.46	0.52
西藏	0.10	0.12	0.21	0.22	0.26
陕西	1.94	2.25	2.26	2.50	3.06
甘肃	0.52	0.53	0.51	0.46	0.58
青海	0.47	0.41	0.51	0.49	0.56
宁夏	0.81	0.93	1.05	0.83	0.98
新疆	0.37	0.38	0.37	0.33	0.33

数据说明：由发明专利授权数与人口数之比计算得出，发明专利授权数来自《中国科技统计年鉴》，全国及各省当年人口数来自《中国统计年鉴》"人口"部分。

表 4-19　全国及各地万人发明专利拥有量

单位：件/万人

	2016 年	2017 年	2018 年	2019 年	2020 年
全国	8.32	10.10	11.83	13.66	16.14
北京	75.96	93.58	110.07	129.81	153.30
天津	15.71	20.28	23.19	25.07	27.51
河北	2.14	2.90	3.36	3.88	4.57
山西	2.82	3.33	3.71	4.09	4.72
内蒙古	1.53	1.85	2.10	2.44	2.89
辽宁	6.45	7.72	8.74	9.89	11.23
吉林	3.61	4.59	5.26	6.00	7.19
黑龙江	4.66	5.89	6.69	7.53	8.62
上海	34.47	40.73	46.45	52.30	58.52
江苏	17.52	21.37	25.15	28.67	34.40
浙江	15.05	17.82	21.30	25.19	30.86
安徽	6.48	7.88	10.12	12.28	16.08
福建	5.92	7.63	9.39	10.59	12.20
江西	1.53	1.98	2.44	2.93	3.76
山东	6.22	7.43	8.67	9.98	12.25
河南	2.31	2.91	3.40	3.77	4.38
湖北	5.36	6.84	8.22	10.02	12.80
湖南	4.21	5.24	6.13	7.04	8.47
广东	14.15	17.17	20.13	23.69	27.76
广西	2.93	3.70	4.24	4.49	4.94
海南	2.50	2.41	2.70	3.17	4.22
重庆	5.38	7.09	8.83	10.18	11.02
四川	4.46	5.37	6.26	7.21	8.41
贵州	1.87	2.21	2.64	2.92	3.26
云南	1.93	2.25	2.59	2.91	3.30
西藏	1.16	1.54	1.69	1.91	2.09
陕西	7.12	8.65	10.00	11.71	13.82
甘肃	1.99	2.40	2.74	2.96	3.32

续表

	2016年	2017年	2018年	2019年	2020年
青海	1.55	2.02	2.39	2.77	3.12
宁夏	2.42	3.14	3.97	4.47	5.12
新疆	1.55	1.80	2.00	2.10	2.19

数据说明：由发明专利拥有数与人口数之比计算得出，发明专利拥有数来自《中国科技统计年鉴》，全国及各省当年人口数来自《中国统计年鉴》"人口"部分。

4. 规模以上工业企业引进技术经费

企业对引进技术进行消化吸收是充分掌握先进技术、培育自身创新能力、保持创新可持续性的重要保障和必然要求。引进与吸纳技术经费支出是各地区在技术市场上为购买技术成果所支出的费用，该指标反映企业或机构对技术成果的需求意识。根据我国沿海发达地区历史资料进行测算，这一指标的评价标准确定为2 000万元较为合适，各地万人吸纳技术成交额如表4-20所示。

表4-20　各地万人吸纳技术成交额

单位：万元

	2018年	2019年		2018年	2019年
北京	9 320.94	1 2161.48	湖北	1 226.42	1291.51
天津	2 755.84	5 114.01	湖南	269.19	468.68
河北	711.11	917.32	广东	1 552.20	2 520.22
山西	672.68	1 249.85	广西	388.60	650.48
内蒙古	1 172.59	980.10	海南	745.04	643.47
辽宁	711.89	994.14	重庆	1 637.61	731.57
吉林	1 661.69	2 373.34	四川	648.44	841.95
黑龙江	467.32	423.02	贵州	1 098.36	816.21
上海	3 297.49	3 183.61	云南	631.21	344.54
江苏	1 593.37	1 930.18	西藏	1 900.93	2 768.40
浙江	1 193.93	1 785.76	陕西	1 393.43	1 639.08
安徽	519.70	778.38	甘肃	700.41	918.83

续表

	2018 年	2019 年		2018 年	2019 年
福建	713.21	898.67	青海	1 322.15	1 865.50
江西	495.89	585.39	宁夏	1 386.59	768.61
山东	964.96	1 296.48	新疆	627.06	699.25
河南	378.13	399.70			

数据说明：数据来自中国科学技术发展战略研究院《中国区域科技创新评价报告 2021》。

引进与消化吸收是技术创新的重要保障和必然要求，从表 4-20 中的数据可见，2019 年引进资金较大的省份有北京(1 2161.48 万元)、天津(5 114.01 万元)、上海(3 183.61 万元)、西藏(2 768.40 万元)、广东(2 520.22 万元)、吉林(2 373.34 万元)。与 2018 年相比，增长幅度较大的省市是山西(85.80%)、天津(85.57%)、湖南(74.11%)、广西(67.39%)和广东(62.36%)。

二、综合分析

对区域科技人才活力绩效指标的测算过程为：将论文产出、专利产出和技术成交额的 6 个四级指标进行标准化处理后，根据各城市的区域贡献值计算区域四级指标，然后根据表 3-8 权重获得相应区域三级指标 R_{2i}，重复该过程计算得到区域二级指标 R_2，具体公式如下，结果如表 4-21、图 4-2 所示：

$$R_{2i} = \sum_{k=1}^{6} \beta_k \frac{X_k}{\overline{X_k}}$$

其中：R_{2i} 为三级活力绩效指标，X_k 为第 k 个四级指标的观测值，$\overline{X_k}$ 为第 k 个四级指标相应的标准值，β_k 为第 k 个四级指标权重，k 取值为 1～6。

表 4-21　各地区科技人才活力绩效指数(2019 年数据)

	活力绩效	论文产出	专利产出	技术成交额
京津冀	7.33	3.82	8.26	10.81
长三角	1.32	1.01	2.29	1.15
长江中游	0.50	0.33	0.91	0.48
珠三角	1.03	0.29	2.13	1.26
成渝	0.49	0.34	0.97	0.40

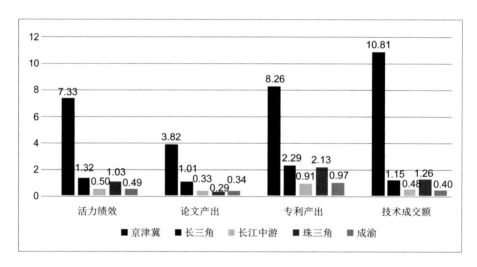

图 4-2　各地区科技人才活力绩效指数对比(2019 年数据)

第三节　区域科技人才活力贡献指标分析

科技人才活力的贡献指标是指科技创新实践通过科技成果的转化而形成生产力，最为突出的表现即高新技术产业化的各项指标。科学技术成果的转化与产业化是区域较高人力资本的活力体现，是促进经济社会发展的直接手段，是区域社会最具进步意义的价值体现之一。

一、技术成果转化与产业化指标分析

1. 万人输出技术成交额

技术市场的发展和技术成果交易的繁荣,对技术成果迅速转化为生产力具有十分重要的作用。万人输出技术成交额是技术成果转化为生产力的重要指标,反映了技术成果的市场化水平。全国及各地万人输出技术成交额如表 4-22 所示。我国作为创新发展型国家,万人输出技术成交额的标准参照技术引进与吸收指标,根据近年来沿海发达地区技术市场输出技术成交额的平均水平,将该指标评价标准确定为 2 000 万元。

表 4-22 全国及各地万人输出技术成交额

单位:万元

	2018 年	2019 年		2018 年	2019 年
全国	1 268.29	1 599.83	河南	155.42	240.55
北京	23 016.83	26 445.41	湖北	2 034.97	2 412.41
天津	4 394.79	5 821.73	湖南	408.19	709.26
河北	365.25	502.10	广东	1 203.44	1 929.59
山西	405.48	293.71	广西	124.66	156.37
内蒙古	78.29	88.52	海南	74.31	96.41
辽宁	1 088.53	1 281.32	重庆	607.20	181.33
吉林	1 264.59	1 762.10	四川	1 194.94	1 447.11
黑龙江	439.76	620.80	贵州	475.27	627.05
上海	5 054.40	5 857.79	云南	185.28	170.24
江苏	1 231.46	1 823.44	西藏	1.15	27.32
浙江	1 029.57	1 517.96	陕西	2 912.24	3 785.52
安徽	508.09	706.27	甘肃	685.92	741.92
福建	214.47	351.34	青海	1 316.01	149.66
江西	249.19	318.49	宁夏	175.96	214.54
山东	816.12	1 102.28	新疆	15.77	31.00

数据说明:数据来自中华人民共和国科学技术部《中国区域创新能力监测报告 2021》。

万人输出技术成交额是区域技术成果转化为生产力的重要指标，反映了技术成果的市场化水平。表 4-22 中的数据显示北京为 2.64 亿元，其他 30 个省市综合约为 3.5 亿元，表明我国整体技术市场化的发展极不均衡。超过标准参考值的有北京(26 445.41 万元)、上海(5 857.79 万元)、天津(5 821.73 万元)、陕西(3 785.52 万元)和湖北(2 412.41 万元)，广东(1 929.59 万元)和江苏(1 823.44 万元)较为接近标准水平。虽然表 4-20 的万人吸纳技术成交额与表 4-22 万人输出技术成交额是两类指标，但是若作为区域的阶段性引进吸收战略、吸收成长战略、技术市场化输出战略的重要指标考量时，综合考量各类指标的比例将具有较大的实践意义。

2. 万元生产总值技术国际收入

技术国际收入主要指的是通过向他国转让专利、非专利发明、商标等知识产权，提供 R&D 服务和其他技术服务而获得的收入，按近年来在这一指标上表现较好的北京、上海、广东三地的平均水平，将评价标准确定为 10 美元，具体如表 4-23 所示。

表 4-23　全国及各地万元生产总值技术国际收入

单位：美元

	2018 年	2019 年		2018 年	2019 年
全国	5.71	5.91	河南	0.19	0.21
北京	31.94	29.95	湖北	0.92	0.96
天津	6.10	7.16	湖南	0.29	0.30
河北	0.23	0.26	广东	10.60	11.93
山西	0.07	0.08	广西	0.19	0.14
内蒙古	0.21	0.14	海南	0.65	0.95
辽宁	3.50	5.31	重庆	1.56	1.99
吉林	0.53	0.74	四川	4.18	4.54
黑龙江	0.20	0.26	贵州	0.27	0.17
上海	56.03	50.18	云南	0.52	0.42
江苏	3.71	3.87	西藏	0.04	0.02
浙江	4.57	4.89	陕西	1.72	2.03
安徽	0.56	0.60	甘肃	0.15	0.27

续表

	2018年	2019年		2018年	2019年
福建	1.61	1.91	青海	0.03	0.08
江西	0.26	0.78	宁夏	0.06	0.13
山东	0.83	1.19	新疆	0.71	2.73

数据说明：数据来自中国科学技术发展战略研究院《中国区域科技创新评价报告2021》。

万元生产总值技术国际收入是科学技术国际化水平的指标，表4-23中的数据显示超过标准值的仅有上海(50.18美元)、北京(29.95美元)和广东(11.93美元)，天津等省份均未达标，18个省份不足1美元，综合国际化程度亟待提高。

3. 高技术产业营业收入占工业营业收入比重

工业营业收入是指企业确认的销售商品、提供劳务等营业的收入，高技术产业营业收入占工业营业收入的比重是反映产业结构优化程度的指标之一。各地区积极打造"政、产、学、研、金、服、用"深度融合的技术创新体系，在持续推动的高新技术应用与经济建设中，一批批拥有自主知识产权、打破国外垄断、填补国内空白的重大关键技术实现突破。综合考量全国各地区的发展水平及国家重大政策的指导性标准，该数值的标准参考值定为20%，具体如表4-24所示。

表4-24 全国及各地高技术产业营业收入占工业营业收入比重

%

	2018年	2019年	2020年		2018年	2019年	2020年
全国	14.96	14.88	16.11	河南	12.78	12.22	13.32
北京	24.20	24.98	27.56	湖北	10.03	9.75	11.06
天津	14.73	14.34	15.45	湖南	9.95	10.59	10.78
河北	4.03	3.84	3.96	广东	33.83	31.84	33.47
山西	6.56	5.97	6.31	广西	7.54	8.81	8.15
内蒙古	2.81	2.17	2.40	海南	11.12	11.16	11.22
辽宁	6.56	6.12	6.25	重庆	26.46	26.94	28.08

续表

	2018年	2019年	2020年		2018年	2019年	2020年
吉林	4.59	4.42	4.51	四川	16.83	17.59	20.26
黑龙江	4.48	4.18	2.87	贵州	12.56	11.79	10.44
上海	19.00	18.62	20.02	云南	5.20	5.82	7.98
江苏	19.79	20.23	21.69	西藏	4.09	5.40	5.13
浙江	10.49	11.03	12.89	陕西	12.13	12.40	14.04
安徽	9.99	10.80	12.86	甘肃	2.62	3.66	3.78
福建	11.16	11.40	11.29	青海	4.72	5.47	5.20
江西	14.71	14.95	17.03	宁夏	4.19	3.69	4.69
山东	7.24	7.11	7.73	新疆	1.66	0.95	1.49

数据说明：2018—2019年数据来自中国科学技术发展战略研究院《中国区域科技创新评价报告2021》，2020年高技术产业营业收入数据来自《中国科技统计年鉴2021》，工业营业收入比重数据来自《中国工业统计年鉴》。

表4-24中的数据显示，2019年广东(31.84%)、重庆(26.94%)、北京(24.98%)和江苏(20.23%)达到标准参考值，体现了科技进步、高新技术应用引领工业发展。其余区域整体的工业技术发展水平还有很大的上升空间。

2020年广东(33.47%)、重庆(28.08%)、北京(27.56%)、江苏(21.69%)四省市仍排在前列，且与2019年相比均有一定程度的增长，除此之外，四川(20.26%)、上海(20.02%)也已达到标准参考值。

4. 高技术企业新产品销售收入占营业收入比重

高技术企业新产品销售收入是反映企业创新成果，即将新产品成功推向市场的指标，该指标用于反映创新对产品结构调整的效果。高技术企业新产品销售收入占营业收入比重是衡量高技术企业创新产出的重要指标之一。综合考量各地区发展水平，该数据的标准参考值定为20%，具体如表4-25所示。

表 4-25 各地高技术企业新产品销售收入占营业收入比重

%

	2018 年	2019 年		2018 年	2019 年
北京	18.78	19.87	湖北	20.48	21.35
天津	21.29	20.28	湖南	21.5	21.38
河北	13.22	15.78	广东	28.53	29.29
山西	9.80	9.32	广西	9.62	10.54
内蒙古	7.17	6.71	海南	4.72	4.05
辽宁	16.38	13.60	重庆	21.03	20.36
吉林	9.49	18.82	四川	8.67	9.55
黑龙江	6.02	7.29	贵州	7.83	8.39
上海	24.61	25.39	云南	6.81	6.40
江苏	21.51	25.41	西藏	6.97	7.77
浙江	32.62	34.33	陕西	8.66	9.86
安徽	23.83	25.96	甘肃	3.05	7.28
福建	10.22	10.06	青海	5.52	5.15
江西	13.97	18.08	宁夏	10.86	9.07
山东	15.79	16.21	新疆	4.02	4.83
河南	16.20	13.56			

数据说明：数据来自中国科学技术发展战略研究院《中国区域科技创新评价报告 2021》。

表 4-25 中的数据显示浙江(34.33%)和广东(29.29%)数值领先度较高，安徽、江苏、上海、湖南、湖北、重庆、天津等地达到标准参考值。

5. 高技术产品出口额占商品出口额比重

高技术产品出口额是根据海关总署《高技术产品目录》从商品出口额中分离出的数据，按原产地进行统计。高技术产业与创新具有互动关系，高技术产品出口额占商品出口额比重指标通过高新技术产品出口的变化情况，反映创新对产业国际竞争力的影响效果，反映一个国家或地区高技术产品的国际竞争力。该指标评价标准参考了发达国家及我国东部沿海地区水平确定为 40%，具体如表 4-26 所示。

高技术产品出口额占商品出口额比重是区域科学与技术发展水平的又一国际化竞争力指标，表 4-26 中的数据显示该指标差异性很大，2019 年陕西省以 79.12%排名第一(该数据主要得益于陕西省与台湾地区和香港特别行政区的贸易基础，以及在国际上与韩国、美国、日本的长期合作；2019 年，陕西省新设外商投资企业 323 家，同比增长 14.1%；合同实际利用外资 77.29 亿美元，同比增长 12.9%)，与重庆(78.39%)、四川(73.76%)位列前三；其后依次为北京、河南、山西、上海；广西数据为 39.65%，接近标准参考值；其余省份均低于标准值，近 10 个省份低于 10%。

表 4-26　全国及各地高技术产品出口额占商品出口额比重

%

	2018 年	2019 年		2018 年	2019 年
全国	29.88	29.23	河南	58.77	56.65
北京	53.10	59.41	湖北	36.14	36.31
天津	34.33	32.26	湖南	17.40	22.93
河北	5.77	6.34	广东	32.87	30.46
山西	45.71	50.41	广西	38.21	39.65
内蒙古	12.03	8.77	海南	5.07	13.27
辽宁	12.30	15.78	重庆	75.58	78.39
吉林	6.16	7.96	四川	70.09	73.76
黑龙江	5.48	7.99	贵州	34.25	27.46
上海	47.76	48.10	云南	19.89	19.24
江苏	36.52	35.8	西藏	0.81	2.56
浙江	6.43	6.85	陕西	82.71	79.12
安徽	27.46	26.92	甘肃	14.09	15.84
福建	14.82	13.06	青海	1.70	1.90
江西	19.71	35.08	宁夏	5.31	5.91
山东	8.74	7.79	新疆	3.54	2.96

数据说明：2018—2019 年全国高技术产品出口额占商品出口额比重数据来自中华人民共和国科学技术部《中国区域创新能力监测报告 2021》，2018—2019 年各地高技术产品出口额占商品出口额比重数据来自中国科学技术发展战略研究院《中国区域科技创新评价报告 2021》。

6. 规模以上工业企业新产品销售收入占销售收入的比重

规模以上工业企业在统计学中一般以年主营业务收入作为企业规模的标准，达到一定规模要求的企业就被称为规模以上企业。规模以上企业也分为若干类，如特大型企业、大型企业、中型企业、小型企业等。1998年，国家统计局将工业统计范围划分为规模以上和规模以下两部分，对规模以上工业企业的界定随着国民经济发展水平逐年提升：1998—2006年，是指全部国有和年主营业务收入500万元及以上的非国有工业法人单位；2007—2010年，统计范围调整为年主营业务收入500万元及以上的工业法人单位；2011年开始至今，统计范围为年主营业务收入2 000万元及以上的工业法人单位。

规模以上工业企业新产品销售收入占销售收入的比重指新产品销售收入与销售收入总额之比。该指标评价标准参考了发达国家及我国东部沿海地区水平，根据数据计算确定为20%，具体如表4-27所示。

表4-27 各地规模以上工业企业新产品销售收入占销售收入的比重

%

	2019年		2019年		2019年
北京	22.29	安徽	25.96	重庆	20.36
天津	20.28	福建	10.06	四川	9.55
河北	15.78	江西	18.08	贵州	8.39
山西	9.32	山东	16.21	云南	6.40
内蒙古	6.71	河南	13.56	西藏	7.77
辽宁	13.60	湖北	21.35	陕西	9.86
吉林	18.82	湖南	21.38	甘肃	7.28
黑龙江	7.29	广东	29.29	青海	5.15
上海	25.39	广西	10.54	宁夏	9.07
江苏	25.41	海南	4.05	新疆	4.83
浙江	34.33				

数据说明：数据来自中国科技发展战略研究小组、中国科学院大学中国创新创业管理研究中心《中国区域创新能力评价报告2021》。

2020年10月29日，习近平同志在党的十九届五中全会第二次全体会议上的重要讲话《新发展阶段贯彻新发展理念必然要求构建新发展格局》中指出："制造业是我国经济命脉所系,是立国之本、强国之基""要坚定不移把制造业和实体经济做强做优做大""加快建设制造强国"。2012年至2021年,我国工业增加值从20.9万亿元增至37.3万亿元,年均增长6.3%,远高于同期全球工业增加值2%左右的年均增速;制造业增加值从16.98万亿元增加到31.4万亿元,占全球比重从20%左右提高到近30%;高技术制造业和装备制造业占规模以上工业增加值比重分别从2012年的9.4%和28.0%提高到2021年的15.1%和32.4%;新产品销售收入占业务收入比重从11.9%提高到22.4%。表4-27中的数据显示,浙江(34.33%)、广东(29.29%)以高标准领跑,安徽(25.96%)、江苏(25.41%)、上海(25.39%)、北京(22.29%)、湖南(21.38%)、湖北(21.35%)、重庆(20.36%)、天津(20.28%)达到标准参考值,其余省市在工业化创新指标均有较大提升空间。

7. 知识密集型服务业增加值占生产总值比重

1996年,经济合作与发展组织(OECD)提出,知识已成为推动生产率进步和经济增长的源泉,知识经济是发达经济体的重要特征。知识密集型服务业的划分来源于《OECD科学技术和工业记分牌》,在我国"十三五"规划中,将知识密集型服务业定义为我国国民经济行业分类(GB/T4754-2011)中的信息传输、软件和信息技术服务业,金融业租赁和商务服务业,科学研究和技术服务业。根据我国经济发展程度较高地区的水平,知识密集型服务业增加值占生产总值比重的评价标准确定为20%,具体如表4-28所示。

表4-28 全国及各地知识密集型服务业增加值占生产总值比重

%

	2018年	2019年		2018年	2019年
全国	16.97	16.39	河南	11.17	10.26
北京	46.78	47.32	湖北	15.92	14.40
天津	24.46	24.62	湖南	12.32	12.06
河北	11.63	12.33	广东	17.94	18.44
山西	16.23	13.19	广西	13.02	12.62

续表

	2018 年	2019 年		2018 年	2019 年
内蒙古	13.30	12.69	海南	12.44	12.65
辽宁	12.76	13.67	重庆	18.97	17.98
吉林	12.72	13.35	四川	18.00	14.32
黑龙江	12.34	12.35	贵州	12.45	11.57
上海	33.47	35.70	云南	14.55	12.22
江苏	18.31	15.37	西藏	14.57	12.78
浙江	18.00	17.24	陕西	12.91	13.12
安徽	13.61	14.95	甘肃	18.86	15.48
福建	15.59	14.03	青海	16.83	15.68
江西	11.29	14.16	宁夏	17.18	14.45
山东	11.95	12.68	新疆	8.69	10.82

数据说明： 数据来自中国科学技术发展战略研究院《中国区域科技创新评价报告 2021》。

知识密集型服务业是服务业中创新活动活跃、劳动生产率较高的部门，是现代化经济体系的重要组成部分，约占发达国家经济总量的三分之一、服务业的一半。1999—2014 年，中国知识密集型服务业增加值从 0.2 万亿美元增至 1.7 万亿美元，年均名义增速约为 15%，但慢于同期名义 GDP 增速，导致其占 GDP 比重从 18% 降至 16%。同期，美国知识密集型服务业增加值从 3.2 万亿美元增至 6.3 万亿美元，占 GDP 比重从 33% 提高到 36%，比中国高 20 个百分点。从全球来看，知识密集型服务业增加值占全球 GDP 比重稳定在 26% 左右，比中国高 10 个百分点。对标发达国家产业结构可以发现，中国知识密集型服务业与其仍然有很大差距。表 4-28 中的数据显示，2019 年我国 31 个省份科技密集度分布不均衡，仅有北京(47.32%)、上海(35.70%)、天津(24.62%)3 个直辖市达到标准参考值，广东(18.44%)接近平均水平，其余省份均有较大的提升空间。

二、技术成果产业化效益指标分析

1. 高技术产业劳动生产率

高技术产业劳动生产率为高技术产业营业收入与高技术产业就业人员之比,反映了高技术产业劳动投入与产出之间的关系。根据我国近年来高技术产业经济效益状况,以及国民经济总体的劳动投入与产出水平,评价标准确定为 120 万元/人,具体如表 4-29 所示。

国家统计局在 2013 年的《国民经济和社会发展统计公报》中首次发布了劳动生产率指标。全员劳动生产率是衡量劳动力要素投入产出效率的重要指标,是衡量一个国家或地区经济发展水平和生产力发展水平的核心指标。高技术产业劳动生产率指标显示,天津在"十四五"之前的定位是"北方经济中心",但在"十四五"之后天津市的定位改为:全国先进制造研发基地、北方国际航运核心区、金融创新运营示范区和改革开放先行区。工业化、高科技产业化极大地助力了城市的快速发展。表 4-29 中的数据显示,2019 年天津的高技术产业劳动生产率为 219.06 万元/人,随后是北京(168.22 万元/人)、辽宁(149.91 万元/人)、重庆(148.43 万元/人)、内蒙古(148.27 万元/人)、上海(134.46 万元/人)、吉林(124.75 万元/人)、山东(122.03 万元/人)和广西(121.19 万元/人)共 9 个省份超过标准参考值。

表 4-29 全国及各地高技术产业劳动生产率

单位:万元/人

	2018 年	2019 年		2018 年	2019 年
全国	93.86	93.67	河南	92.84	86.96
北京	165.54	168.22	湖北	102.77	98.76
天津	146.95	219.06	湖南	86.19	97.96
河北	83.54	96.38	广东	105.41	103.21
山西	81.06	89.78	广西	5.65	121.19
内蒙古	140.63	148.27	海南	103.01	105.53
辽宁	132.38	149.91	重庆	152.66	148.43

续表

	2018年	2019年		2018年	2019年
吉林	90.04	124.75	四川	119.18	119.45
黑龙江	86.46	110.46	贵州	70.17	69.26
上海	142.33	134.46	云南	103.22	103.02
江苏	102.72	101.24	西藏	61.13	65.32
浙江	87.70	90.85	陕西	97.29	105.59
安徽	107.36	94.03	甘肃	80.51	93.63
福建	116.65	114.55	青海	86.83	105.33
江西	94.92	93.29	宁夏	103.35	109.66
山东	112.09	122.03	新疆	97.70	71.89

数据说明：数据来自中国科学技术发展战略研究院《中国区域科技创新评价报告2021》。

2. 高技术产业利润率

利润率是所有企业追求的目标，高技术产业利润率是指高技术产业利润总额与高技术产业营业收入的比率，是反映高技术产业经济效益的重要指标。根据发达国家高技术产业利润率水平并结合我国实际情况，将评价标准确定为15%，具体如表4-30所示。

城市群以战略性新兴产业、高技术产业的产业集群为主导产业，以现代服务业集群为载体集聚了研发创新、总部管理等价值链高端环节，集中了产业安全的关键领域和重要环节，是产业安全风险的重要承载地。表4-30中的数据显示，2019年西藏、吉林、甘肃、云南、海南5个省份的高技术产业利润率达到15%，而2020年宁夏发展迅速，与西藏、吉林、云南、甘肃一同位列前五。该指标反映的是高技术产业经济效益，但要结合高技术企业的投资结构指标一并分析。例如，华为作为我国高技术企业代表，其利润率从12.3%调整到8%左右，其主要调整带来的是研发费用率的整体提升。本书在上文提到，整体企业R&D经费支出占营业收入比重的标准参考值为6%，而华为从2014年到2021年研究费用率始终在15%左右。自2012年以来，华为在研发上的投入累计超过7 000亿元人民币，华为的竞争力是数十年持续的大规模投入积累起来的。

表 4-30 全国及各地高技术产业利润率

%

	2018 年	2019 年	2020 年		2018 年	2019 年	2020 年
全国	6.56	6.61	7.10	河南	5.85	5.51	5.08
北京	7.55	8.92	8.44	湖北	7.00	6.36	5.61
天津	5.89	6.07	6.81	湖南	6.61	6.77	9.68
河北	7.83	11.99	12.62	广东	5.01	5.85	5.98
山西	4.70	4.40	4.03	广西	7.51	8.27	5.98
内蒙古	5.21	2.75	5.71	海南	14.52	15.50	14.40
辽宁	13.48	12.18	12.79	重庆	4.62	3.74	4.79
吉林	21.75	23.50	23.28	四川	5.44	4.73	5.05
黑龙江	10.53	8.81	10.92	贵州	6.18	5.04	6.36
上海	4.86	5.90	5.45	云南	15.21	16.04	19.53
江苏	6.82	5.86	6.77	西藏	36.36	43.75	47.06
浙江	10.06	9.84	10.80	陕西	9.87	8.12	9.77
安徽	6.38	5.38	4.58	甘肃	13.92	17.99	16.03
福建	7.77	7.63	9.48	青海	9.52	3.82	9.45
江西	7.09	6.92	6.64	宁夏	5.38	10.99	16.00
山东	8.58	8.10	10.10	新疆	15.73	6.42	12.07

数据说明： 2018—2019 年全国及各地高技术产业利润率数据来自中国科学技术发展战略研究院《中国区域科技创新评价报告 2021》，2020 年数据为高技术产业利润总额与高技术产业营业收入之比计算得出，数据来自《中国科技统计年鉴 2021》。

3. 知识密集型服务业劳动生产率

知识密集型服务业劳动生产率为知识密集型服务业增加值与知识密集型服务业就业人员之比，反映了知识密集型服务业劳动投入与产出之间的关系。结合我国国民经济总体的劳动投入与产出水平之间的数量关系，该指标评价标准确定为 60 万元/人，具体如表 4-31 所示。

知识密集型服务业是指企业在提供服务时融入大量科学、工程、技术等专业性知识的服务。以互联网为载体，依托大数据、云计算和人工智能的数字经济成为经济发展的重要动力,一定程度上引领服务经济的发展变革,在经济发展的新旧动能转换中起着重要作用。知识密集型服务业是服务业中创新活动活跃、劳动生产率较高的部门。表 4-31 中的数据显示,"十三五"期间我国服务业科技水平得到了迅猛发展,天津作为环渤海地区的经济中心、北方经济中心的生态城市,服务业的更新换代使得区域经济贡献迅速提升,以 94.79 万元/人排位第一,江苏、内蒙古、山东、江西紧随其后,有 14 个省市达到和超过标准参考值。

表 4-31　全国及各地知识密集型服务业劳动生产率

单位:万元/人

	2018 年	2019 年		2018 年	2019 年
全国	58.30	51.93	河南	64.57	55.88
北京	39.57	42.28	湖北	84.81	70.79
天津	99.80	94.79	湖南	73.58	60.42
河北	60.70	61.44	广东	64.13	53.85
山西	62.77	41.20	广西	62.68	55.43
内蒙古	104.64	90.83	海南	43.76	42.09
辽宁	57.86	59.11	重庆	84.83	75.13
吉林	61.02	55.63	四川	71.65	59.41
黑龙江	45.31	43.12	贵州	51.81	43.85
上海	65.22	62.20	云南	56.83	54.41
江苏	116.62	90.95	西藏	56.22	32.30
浙江	81.42	74.68	陕西	46.37	45.93
安徽	69.29	68.65	甘肃	73.87	55.82
福建	82.72	73.74	青海	77.69	64.43
江西	71.06	77.93	宁夏	73.36	56.63
山东	90.59	88.45	新疆	33.17	39.54

数据说明:数据来自中国科学技术发展战略研究院《中国区域科技创新评价报告 2021》。

三、区域贡献指标分析

1. 劳动生产率

区别于劳动和资本对经济社会发展的作用，科技创新的作用体现为对集约型经济发展方式的促进，而集约型经济增长方式具体体现为人、财、物的节约和使用效率的提高。劳动生产率也是反映经济增长方式转变的重要指标之一，反映的是劳动效率的提高，为生产总值与就业人员之比。根据我国各地区劳动生产率发展现状，评价标准参考值确定为12万元/人，具体如表4-32所示。

表4-32 全国及各地劳动生产率

单位：万元/人

	2018年	2019年		2018年	2019年
全国	9.32	9.89	河南	6.86	7.48
北京	19.93	20.56	湖北	9.32	10.11
天津	21.61	22.65	湖南	8.85	9.71
河北	8.86	9.49	广东	11.97	12.68
山西	8.43	8.99	广西	6.66	7.05
内蒙古	16.38	17.46	海南	6.57	7.13
辽宁	12.77	13.60	重庆	10.86	11.58
吉林	10.80	11.27	四川	7.39	7.93
黑龙江	9.18	10.70	贵州	5.41	5.82
上海	21.78	23.08	云南	5.29	5.73
江苏	16.99	18.04	西藏	4.48	4.62
浙江	13.27	14.03	陕西	10.39	11.01
安徽	5.98	6.43	甘肃	5.18	5.52
福建	11.15	12.04	青海	8.50	9.01
江西	7.60	8.22	宁夏	8.85	9.32
山东	12.19	13.28	新疆	8.53	8.88

数据说明：数据来自中华人民共和国科学技术部《中国区域创新能力监测报告2021》。

表 4-32 中的数据显示，上海(23.08 万元/人)、天津(22.65 万元/人)和北京(20.56 万元/人)的劳动生产率位列前三，江苏、内蒙古、浙江、辽宁、山东、广东、福建达到并超过标准参考值。

2. 资本生产率

资本生产率反映的是资本投入与经济产出之间的关系，即生产总值与资本投入之比。反映资本投入的指标为固定资本形成存量净额，由各地区基年(1952 年)的固定资本形成存量净额，每年的固定资本形成折旧额，用永续盘存法求得。通过对发达国家资本生产率的测算，虽然普遍存在资本投入效益递减的规律，但在人均生产总值为 1 000～4 000 美元的时期，资本投入的效益是在不断提高的，美国、英国等国家资本生产率普遍较高，在 20 世纪 70 年代至 90 年代末的 20 多年内，资本生产率基本保持在 0.7～1.0(即每 1 货币单位的固定资本存量可创造 0.7～1.0 货币单位的 GDP)，而日本和"亚洲四小龙"大约保持在 0.4～0.9。结合目前我国各省市发展现状，该指标标准参考值定为 0.3，具体如表 4-33 所示。

表 4-33 全国及各地资本生产率

	2018 年	2019 年		2018 年	2019 年
全国	0.30	0.30	河南	0.21	0.22
北京	0.34	0.35	湖北	0.28	0.28
天津	0.25	0.25	湖南	0.30	0.29
河北	0.27	0.27	广东	0.48	0.49
山西	0.23	0.25	广西	0.20	0.20
内蒙古	0.19	0.20	海南	0.24	0.24
辽宁	0.30	0.31	重庆	0.34	0.34
吉林	0.21	0.21	四川	0.43	0.43
黑龙江	0.25	0.25	贵州	0.22	0.23
上海	0.36	0.37	云南	0.18	0.18
江苏	0.34	0.36	西藏	0.18	0.18
浙江	0.38	0.40	陕西	0.21	0.21
安徽	0.30	0.31	甘肃	0.26	0.26
福建	0.30	0.30	青海	0.12	0.12

续表

	2018 年	2019 年		2018 年	2019 年
江西	0.33	0.33	宁夏	0.12	0.12
山东	0.30	0.31	新疆	0.16	0.16

数据说明：数据来自中国科学技术发展战略研究院《中国区域科技创新评价报告2021》。

资本生产率是衡量投资效率的指标，表4-33中的数据显示，各省份资本生产率尚处在发展阶段，广东(0.49)、四川(0.43)和浙江(0.40)的整体指标超过基本发达区域水平，上海、江苏、北京达到基本发达水平。资本生产率指标尚需与生产率增长率、经济增长质量或经济增长成本等指标综合考量，并与投资率与消费率协调才能更好地解释经济增长质量。

3. 综合能耗产出率

世界能源相对短缺，因此，提高能源使用效率具有十分重要的意义。科技创新是提高综合能耗产出率的重要手段。通过对发达国家在人均国内生产总值达到3 000～4 000美元时综合能耗产出率的测算，普遍达到6美元/千克标准煤的水平，换算为人民币约合42元/千克标准煤，结合目前我国能耗综合水平，以20元/千克标准煤作为当前阶段的评价标准，具体如表4-34所示。

表4-34中的数据显示，各省市综合能耗产出率整体偏低，均未达到发达国家和地区42元/千克标准煤的参照标准，整体排序是北京(32.20元/千克标准煤)、上海(25.14元/千克标准煤)、江苏(24.99元/千克标准煤)、广东(24.96元/千克标准煤)、浙江(23.35元/千克标准煤)、福建(22.09元/千克标准煤)、江西(22.03元/千克标准煤)和天津(20.96元/千克标准煤)，其余省市均低于20元/千克标准煤。

表4-34 全国及各地综合能耗产出率

单位：元/千克标准煤

	2018 年	2019 年		2018 年	2019 年
全国	17.00	17.45	河南	16.58	18.02

续表

	2018 年	2019 年		2018 年	2019 年
北京	30.74	32.20	湖北	15.86	16.42
天津	20.68	20.96	湖南	16.91	17.66
河北	11.22	11.84	广东	24.08	24.96
山西	7.51	7.71	广西	17.84	18.15
内蒙古	8.15	7.80	海南	17.45	17.69
辽宁	11.16	11.06	重庆	15.26	15.60
吉林	17.70	17.88	四川	14.24	14.65
黑龙江	12.71	13.04	贵州	8.93	9.30
上海	24.23	25.14	云南	12.20	12.57
江苏	24.23	24.99	西藏	0	0
浙江	22.59	23.35	陕西	15.52	15.74
安徽	18.93	19.50	甘肃	9.97	10.59
福建	21.46	22.09	青海	6.43	7.04
江西	21.24	22.03	宁夏	4.58	4.52
山东	16.60	17.16	新疆	6.61	6.71

数据说明：数据来自中国科学技术发展战略研究院《中国区域科技创新评价报告 2021》。

四、综合分析

对区域科技人才活力贡献指标的测算过程为：将技术成果转化与产业化、技术成果产业化效益和区域贡献三类共 13 个四级指标进行标准化处理后，根据各城市的区域贡献值获得区域四级指标，然后根据表 3-8 权重获得相应区域三级指标 R_{3i}，重复该过程计算得到区域二级指标 R_3，具体公式如下，结果如表 4-35、图 4-3 所示：

$$R_{3i} = \sum_{k=1}^{13} \beta_k \frac{X_k}{\overline{X_k}}$$

其中：R_{3i} 为三级活力贡献指标，X_k 为第 k 个四级指标的观测值，$\overline{X_k}$ 为第

k 个四级指标相应的标准值，β_k 为第 k 个四级指标权重，k 取值为 1～13。

表 4-35　各地区科技人才活力贡献指数(2019 年数据)

	活力贡献	技术成果转化与产业化	技术成果产业化效益	区域贡献
京津冀	2.51	4.62	1.15	1.30
长三角	1.32	1.79	1.04	1.02
长江中游	0.91	0.75	0.96	1.04
珠三角	1.03	1.27	0.79	0.99
成渝	0.96	0.88	0.97	1.04

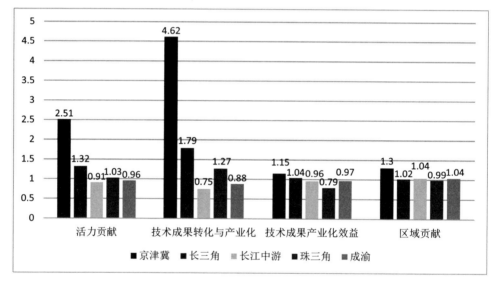

图 4-3　各地区科技人才活力贡献指数对比(2019 年数据)

第四节　区域科技人才活力可持续性指标分析

科技人才活力的可持续性指标是指在外部系统的协同作用下形成的人才持续供给潜力，包括人才基数、人才流动、教育及医卫环境和宜居性等因素。科技创造性结果受到人才所感知的组织提供的创新条件保障，如人力资本投入和积累，包括教育政策支持、投入，以及医疗方面的支出(人力资本计算的常用指标)，是影响科技人才活力的重要因素。科技人才的有序流动力是指一个区域的人才愿意流动和容易流动的程度，体现了该区域人才配置的政策、制度对人才活力的支持程度。

在完全竞争市场的价格机制和竞争机制作用下，个体为实现其最高边际报酬而产生流动，短期内，人力资源的流动对于流出地是损失，对流入地有可能是劳动力或人力资源的增加，局部体现了人力资源流动的"马太效应"，但从长期看是人力资本得到最佳配置的有效方式。因此，人力资本要素的自由流动是资本边际效益的增长使然，是推动各地区经济平衡增长的重要因素。宜居性指标使用区域人才可感知的空气质量和绿地化指标。

一、科技人才基数与培养指标分析

区域人力资本水平是解释国家间收入差距、地区经济发展差距和收入差距、解释吸引外资的结构质量等的重要概念指标。改善人力资本存量、配置可以进一步优化与促进区域技术吸收、技术外溢，改善地区发展差距和城市竞争力。体制与政策因素在发挥人力资本要素的功能、促进经济增长中的作用显著，是区域趋同与整体提升的最为根本的决定性因素。赖德胜研究发现地区的人均收入水平与人口教育程度系数、受正规高等教育状况、城镇居民家庭每人年均教育支出 3 项指标存在着明显的正相关关系。数据显示，文化素质上的差异决定了东部地区居民比中西部地区居民具有更高的生产率，更能充分利用政府的政策，具有更高的配置能力，因而具有更高的人均收入。而且，由于人力资本乘数的存在，这种差距还会越来越大。边雅静等通过实证分析人力资本和经济增长的关系发现，与东部地区相比，西部地区经济发展过程中的人力资本和物质资本投资与积累处于双弱的态势。陈飞翔、郭英总结了国内外有关人力资本与外国直接投资(foreign direct investment)外溢研究的文献，发现东道国的人力资本水平决定了当地企业是否能够吸收发达国家的技术外溢效应。马衍军指出，引资国的人力资本的水平和类型决定了外国直接投资流入的规模和类型、外国直接投资溢出效应的发生、吸收和利用效率。关于人力资本衡量，王德劲采用平均受教育年限，利用不同级别的教育折算系数区分教育质量的差异；常志有等将基础教育、医疗卫生和职业教育的因素考虑在人力资本总指数中；张爱芹等利用人力资本密度核算，即年末从业人员中拥有大专及以上学历人数的占比；吴小立等用 R&D 支出表示人力资本存量。高远东等将人力资本投资分为健康投资、教育投资、培训投资，以及对制度适应能力的投资。晏月平等、柳劲松等提出研究公共教育投入的产出效率，以此间接表示出人力资本积累的效率。本书综合上述研究，以区域高等学校在校生、毕业生及区域教育经费支出指标作为科技人才基数与培养指标。

1. 十万人高等学校在校学生数

科学技术与教育是密不可分的，教育是知识和专业技能的直接来源，一定规模的在校生对区域科技人才活力的支持和影响不容忽视。从近年来科技论文作者的构成看，高等学校在校学生已逐渐成为科学研究的主力，成为重要的科技活动人力资源。高等学校在校学生数是反映科技人力资源培养的重要指标。参照十万人大专以上学历人数标准，将十万人高等学校在校学生数的评价标准确定为 3 500 人，十万人高等学校在校学生数是高等学校在校学生数与人口数(以十万人为单位)的比值，全国和各地区高校平均在校生数情况如表 4-36 所示。

表 4-36　全国及各地区每十万人口高校平均在校生人数

单位：人/十万人

	2016 年	2017 年	2018 年	2019 年	2020 年
全国	2 530	2 576	2 658	2 857	3 126
北京	5 028	5 300	5 268	5 320	5 393
天津	4 058	4 072	4 150	4 214	4 430
河北	2 191	2 328	2 457	2 596	2 700
山西	2 439	2 401	2 383	2 515	2 688
内蒙古	1 937	1 969	1 984	2 053	2 127
辽宁	2 845	2 859	2 866	3 136	3 487
吉林	3 048	3 038	3 131	3 373	3 707

续表

	2016年	2017年	2018年	2019年	2020年
黑龙江	2 427	2 403	2 405	2 531	2 695
上海	3 327	3 498	3 517	3 582	3 722
江苏	2 937	3 045	3 143	3 311	3 653
浙江	2 355	2 345	2 370	2 509	2 704
安徽	2 259	2 250	2 245	2 447	2 702
福建	2 438	2 352	2 355	2 577	2 866
江西	2 698	2 676	2 771	3 010	3 424
山东	2 620	2 519	2 588	2 855	3 154
河南	2 352	2 455	2 653	2 913	3 223
湖北	2 950	3 000	3 088	3 248	3 598
湖南	2 251	2 419	2 610	2 873	3 149
广东	2 431	2 454	2 542	2 751	3 175
广西	2 279	2 383	2 602	2 887	3 107
海南	2 258	2 261	2 305	2 497	2 764
重庆	3 059	3 084	3 081	3 258	3 438
四川	2 314	2 339	2 409	2 546	2 754
贵州	2 005	2 129	2 254	2 453	2 654
云南	1 889	1 999	2 166	2 401	2 648
西藏	1 765	1 678	1 616	1 588	1 629
陕西	3 540	3 582	3 562	3 812	4 132
甘肃	2 189	2 217	2 258	2 396	2 627
青海	1 319	1 391	1 426	1 486	1 499
宁夏	2 225	2 278	2 379	2 581	2 691
新疆	1 780	1 863	1 954	2 106	2 331

数据说明：2016—2019年全国及2018—2019年各地区每十万人口高校平均在校生人数来自中华人民共和国科学技术部《中国区域创新能力监测报告2021》。2016年、2017年与2020年数据以高校平均在校生人数与人口数(以十万人为单位)之比计算得出，高校平均在校生人数来自《中国统计年鉴》"教育"部分，全国及各省当年人口数来自《中国统计年鉴》"人口"部分。

表 4-36 中的数据显示,"十三五"期间,全国高校在校生人数增长迅速,2019 年北京高等教育每十万人口平均在校学生数为 5 320 人,位列第一;天津高等教育每十万人口平均在校学生数 4 214 人,位列第二;陕西高等教育每十万人口平均在校学生数 3 812 人,位列第三;上海高等教育每十万人口平均在校学生数 3 582 人,位列第四;吉林高等教育每十万人口平均在校学生数 3 373 人,位列第五。2020 年仍然是北京、天津、陕西、上海、吉林的每十万人口平均在校学生数较多,位列前五。这些地区都是高等教育资源相对集中的地区,在校生绝对数量高于平均水平;但是从相对值来看,各地差距逐渐减少。通过《中国统计年鉴》《教育统计年鉴》数据计算得到的相对差距,从 1997 年全国每十万人口平均在校生数最多的地区是最少地区的 14.82 倍,到 2007 年最多的地区是最少地区的 3.58 倍,倍数之差已大幅降低,教育公平之路正在逐步实现。

2. 十万人本科及以上学历人数

科技人力资源与国民的受教育水平密切相关,高等院校的招生及毕业生能够反映区域人口的受教育状况,是区域吸引人才、保留人才的重要指标,更是区域在职教育的主要资源指标,因此,可列入可持续性指标。

十万人本科以上学历人数、十万人硕士毕业生是指高等学校(机构)、毕业生数与人口数(以十万人为单位)的比值,是反映科技人力资源水平的重要指标;博士是体现一个人具备较高学术研究能力的学位,博士学位意味着一个人有能力从学习阶段进入学术研究阶段,具备产出原创成果的能力或学力是博士学位的核心内涵,也是拥有博士学位的人最本质的特征。拥有博士毕业生的规模和水平是创新人才要素充裕与否的重要体现,也是反映一个国家、地区或城市是否具有较好的创新人才要素吸引力的重要指标。参照各区域实际水平及十万人 R&D 研究人员标准,确定将 400 人/十万人学士学位学生、50 人/十万人硕士学位研究生和 5 人/十万人博士学位研究生作为评价参考标准。全国及各地十万人学士、硕士和博士毕业生数如表 4-37、4-38、4-39 所示。

表 4-37　全国及各地十万人学士毕业生数

单位：人/十万人

	2016 年	2017 年	2018 年	2019 年	2020 年
全国	342.27	352.33	346.11	352.03	384.63
北京	776.32	742.06	720.19	717.29	719.28
天津	661.96	666.14	657.38	655.70	690.17
河北	308.63	319.00	359.81	361.65	405.46
山西	355.44	383.23	385.26	389.90	410.60
内蒙古	326.26	277.28	273.47	277.20	298.58
辽宁	455.12	474.41	479.47	457.42	473.74
吉林	594.68	597.45	582.27	600.81	638.52
黑龙江	465.25	460.75	450.27	453.88	497.41
上海	495.57	485.38	472.15	450.67	478.61
江苏	396.74	410.62	416.79	429.89	469.91
浙江	307.61	299.92	298.74	297.50	308.23
安徽	317.97	317.59	317.27	322.00	349.29
福建	326.14	352.52	343.04	330.79	329.80
江西	326.45	324.36	327.10	325.68	354.62
山东	320.22	408.13	335.43	333.77	405.69
河南	314.68	327.06	327.38	344.38	390.96
湖北	435.70	430.32	405.12	413.57	466.51
湖南	318.92	318.47	323.84	337.88	395.47
广东	247.97	251.76	247.89	265.97	277.41
广西	249.57	260.19	272.60	304.99	349.35
海南	307.58	284.68	279.05	286.75	296.49
重庆	389.36	368.91	361.20	370.34	382.76
四川	265.69	265.48	266.14	297.72	332.86
贵州	209.95	257.74	237.95	221.63	273.25
云南	240.29	265.65	264.49	271.66	306.84
西藏	241.59	256.16	260.03	252.38	255.52
陕西	536.25	515.57	512.26	492.05	503.59
甘肃	327.83	340.65	335.04	320.72	328.22

续表

	2016 年	2017 年	2018 年	2019 年	2020 年
青海	201.10	175.96	194.04	186.56	214.49
宁夏	294.68	294.48	311.15	321.10	351.68
新疆	176.09	202.21	183.40	192.18	203.84

数据说明：由高等学校(机构)学士毕业生数与地区人口数(以十万人为单位)之比计算得出，高等学校(机构)学士毕业生人数来自《中国统计年鉴》"教育"部分，全国及各地当年人口数来自《中国统计年鉴》"人口"部分。

表 4-38　全国及各地十万人硕士毕业生数

单位：人/十万人

	2016 年	2017 年	2018 年	2019 年	2020 年
全国	36.55	37.14	38.68	40.93	46.91
北京	326.47	330.67	338.75	361.84	397.53
天津	106.11	103.58	111.72	121.20	142.58
河北	16.52	16.67	17.81	18.01	20.63
山西	24.88	24.31	26.19	27.21	32.37
内蒙古	22.47	22.45	23.78	25.78	28.92
辽宁	59.89	64.89	67.62	72.18	81.15
吉林	61.48	66.98	66.06	70.72	85.85
黑龙江	51.57	51.62	53.19	57.84	66.90
上海	140.75	143.61	151.53	162.39	185.45
江苏	47.22	49.07	50.68	53.29	61.28
浙江	26.32	27.38	29.51	29.57	33.69
安徽	24.31	25.11	26.50	27.01	27.64
福建	27.32	27.54	27.60	29.69	34.56
江西	19.66	19.71	21.86	22.99	28.53
山东	22.61	23.15	24.53	25.66	30.57
河南	11.90	12.83	13.35	15.93	15.79
湖北	53.44	52.76	55.05	59.23	70.59
湖南	26.07	26.09	27.96	29.56	34.38
广东	20.33	19.84	20.86	21.69	25.84

续表

	2016年	2017年	2018年	2019年	2020年
广西	17.85	18.03	17.99	19.41	21.60
海南	12.84	13.23	15.15	16.05	20.39
重庆	46.47	46.03	48.74	48.83	56.61
四川	28.06	28.41	29.72	31.10	37.11
贵州	12.45	12.77	13.74	14.16	17.65
云南	20.42	21.07	21.36	22.04	26.37
西藏	13.88	13.27	13.90	15.60	18.36
陕西	66.69	68.75	71.08	74.61	87.09
甘肃	32.56	33.74	35.32	38.69	44.49
青海	16.89	17.73	19.69	21.58	27.66
宁夏	21.55	21.66	21.69	27.00	30.11
新疆	22.27	22.04	23.52	25.10	28.57

数据说明：由高等学校(机构)硕士毕业生人数与地区人口数(以十万人为单位)之比计算得出，高等学校(机构)硕士毕业生人数来自《中国统计年鉴》"教育"部分，全国及各地当年人口数来自《中国统计年鉴》"人口"部分。

表 4-39 全国及各地十万人博士毕业生数

单位：人/十万人

	2016年	2017年	2018年	2019年	2020年
全国	3.95	4.14	4.32	4.44	4.69
北京	77.30	81.74	83.73	85.17	91.66
天津	11.68	11.23	12.52	12.52	14.17
河北	0.57	0.57	0.59	0.62	0.69
山西	1.07	1.28	1.21	1.32	1.59
内蒙古	0.73	0.71	0.88	0.90	1.09
辽宁	4.26	4.14	4.71	5.24	5.63
吉林	6.61	7.12	7.46	7.92	8.55
黑龙江	4.76	5.24	5.31	5.91	5.94
上海	20.30	22.58	22.55	23.18	24.36
江苏	4.91	5.30	5.46	5.87	5.93
浙江	2.99	2.96	3.45	3.17	3.02

续表

	2016 年	2017 年	2018 年	2019 年	2020 年
安徽	2.20	2.26	2.64	2.64	2.41
福建	2.48	1.92	2.23	2.46	2.59
江西	0.38	0.53	0.50	0.53	0.81
山东	1.60	1.52	1.56	1.69	1.69
河南	0.33	0.32	0.39	0.34	0.50
湖北	6.25	6.60	7.27	6.69	7.63
湖南	2.32	2.74	2.39	2.70	2.97
广东	2.47	2.52	2.53	2.47	2.69
广西	0.35	0.40	0.50	0.40	0.59
海南	0.20	0.51	0.39	0.47	0.68
重庆	2.97	3.33	3.46	3.48	3.56
四川	2.49	2.69	2.70	3.03	2.99
贵州	0.13	0.19	0.29	0.29	0.34
云南	0.81	0.78	0.75	0.86	0.89
西藏	0.15	0.11	0.45	0.39	0.60
陕西	5.86	6.18	7.17	7.72	7.44
甘肃	2.38	2.55	2.55	2.75	2.93
青海	0.12	0.20	0.32	0.25	0.27
宁夏	0.49	0.61	0.70	0.85	0.65
新疆	0.69	0.68	0.89	0.86	0.93

数据说明：由高等学校(机构)博士毕业生人数与地区人口数(以十万人为单位)之比计算得出，高等学校(机构)博士毕业生人数来自《中国统计年鉴》"教育"部分，全国及各地当年人口数来自《中国统计年鉴》"人口"部分。

表 4-36 的每十万人口高校平均在校生人数与表 4-37 的十万人学士毕业生数相对应，表 4-37 中的数据显示，2019 年高校本科学士学位毕业生数量排序是：北京(717.29 人/十万人)、天津(655.70 人/十万人)、吉林(600.81 人/十万人)、陕西(492.05 人/十万人)、辽宁(457.42 人/十万人)、黑龙江(453.88 人/十万人)、上海(450.67 人/十万人)、江苏(429.89 人/十万人)、湖北(413.57 人/十万人)。按照全国毕业生的平均水平计算，9 个

省市达到了标准参考值,本科学位在我国当前高等教育处于"千里挑四"的平均水平;表4-38中2019年的数据显示,硕士学位获得人数排序为:北京(361.84人/十万人)、上海(162.39人/十万人)、天津(121.20人/十万人)、陕西(74.61人/十万人)、辽宁(72.18人/十万人)、吉林(70.72人/十万人)、湖北(59.23人/十万人)、黑龙江(57.84人/十万人)、江苏(53.29人/十万人),共9个省市达到了标准参考值,硕士学位处在"万里挑五"的平均水平;表4-39中2019年的数据显示,博士学位获得人数排序为:北京(85.17人/十万人)、上海(23.18人/十万人)、天津(12.52人/十万人)、吉林(7.92人/十万人)、陕西(7.72人/十万人)、湖北(6.69人/十万人)、黑龙江(5.91人/十万人)、江苏(5.87人/十万人)、辽宁(5.24人/十万人),其余省市未超过5人/十万人,博士学位处在"十万里挑五"的平均水平。

表4-37中的数据显示,2020年高校十万人学士毕业生数共有12个省市达到了标准参考值,分别是:北京、天津、吉林、陕西、黑龙江、上海、辽宁、江苏、湖北、山西、山东、河北,比2019年增加了山西、山东、河北3个省份;表4-38中2020年的数据显示,十万人硕士毕业生数共有10个省市达到了标准参考值,排序为:北京、上海、天津、陕西、吉林、辽宁、湖北、黑龙江、江苏、重庆,比2019年增加了重庆;表4-39中2020年的数据显示,十万人博士毕业生数共有9个省市达到了标准参考值,分别为:北京、上海、天津、吉林、湖北、陕西、黑龙江、江苏、辽宁,与2019年达到标准参考值的省份保持一致。

二、活力环境指标分析

由劳动经济学基础理论可知,人才资源供给的有效解决途径可以从两个方面考量:一是加强人才培养和开发,这是着眼长远的根本性方法;二是促进人才资源的合理配置和有效利用,流动性是尊重人才管理与市场规律的基本选择。人才资源的合理配置和有效利用是以人才的有序流动为前提的,因此对人才流动进行研究具有十分重要的意义。

在改革开放前,我国执行一整套由国家进行统一计划、培养、使用的人才制度,这种制度在社会主义建设初期发挥了重要作用。随着社会发展,1977年9月,邓小平同志在同教育部主要负责同志谈话中提出了人才流动的思想，指出："我们要很好地研究科研和教育如何协调、人员如何交流的问题。人员不流动，思想就会僵化。外国的科研机构很注意更新科研队伍，经常补充年轻的、思想灵活的人进来，我们也要逐步实行科研人员流动、更新的制度。"此后，我国人才流动的广度和深度逐步增强。2019年12月25日，中共中央办公厅、国务院办公厅印发了《关于促进劳动力和人才社会性流动体制机制改革的意见》(以下简称《意见》)，为人才的有序流动提供政策支持，《意见》指出："合理、公正、畅通、有序的社会性流动，是经济持续健康发展的有力支撑，是社会和谐进步的重要标志，是实现人的全面发展的必然要求"，要求各级政府和组织"畅通有序流动渠道，激发社会性流动活力"。

"人才流动"是一种普遍且复杂的社会现象，是指人才从一种工作状态到另一种工作状态的变化，工作状态可以根据工作的岗位、工作的地点、职业的性质、服务的对象及其性质等因素来确定。因此，根据工作状态确定因素的不同，人才流动就可以被划分为不同的类型，如职业间的流动、产业间的流动或地区间的流动等。广义的人才流动是指员工不同工作状态的改变，包括工作性质、工作地点、工作岗位等的改变，本质上是具备高人力资本的科技人才与不同生产或工作条件的动态配置过程，从而使得科技人才在实际工作生活中改变工作状态的过程。狭义的人才流动是指人才在企业组织间的流动，也就是通常所说的"跳槽"。随着知识经济和互联时代的到来，人才的柔性共享成为研究热点，即相比于传统的改变人才与组织关系隶属的刚性流动，柔性流动与共享更强调知识的共享与智力流动。

影响人才流动的区域政策与宏观因素包括：产业结构的调整、科学技术的发展、专业的更新、经济发展的要求、人才竞争的状况和人才结构调整等。郑文力分析指出，科技人才流动的宏观原因主要是经济水平的差异和产业结构的升级。王慧芳提出产业集群结构、企业人才环境和科技人才人力资本构成直接影响区域科技人才流动。王思思认为从宏观层面看，国家的政策法规、经济发展水平和文化环境会对科技人才的流动产生影响。何洁对19所985高校理工科的R&D科研人员进行调查分析后得出结论：科研团队因素、家庭生活因素是影响高校科技人才流动的显著性因素。徐倪妮、郭俊华提出经济发展水平、收入水平、产业结构、科研环境、教育环境、生活便利度等方面影响科技人才流动。李培园等以长江经济带面板数据为依据研究了 11 个省市的科技人才流动情况，总结出经济的高质量发展会明显带动科技人才的流动，但是无效的流动会对经济发展产生消极的影响。

从微观层面看，影响人才流动的因素主要包括个人因素和组织因素两个方面，个人因素如年龄、性别和家庭状况等会影响科技人才的流动，组织因素如工资收入、晋升机会和组织文化等对科技人才流动会有直接的影响。张再生以天津市的北方人才市场为代表对人才的流动态势及影响因素进行分析，指出流动人才以学历高、年龄在 35 岁以下的青年人为主，人才流动的意愿与收入及工作条件密切相关，争取专业对口、发挥个人潜力、改善工作环境和条件、改善人际关系是影响人才流动的重要因素。赵曙明指出，影响科技人才流失率的主要因素是企业的人力资源制度。牛献忠在对人才流动现象进行观察和研究后认为，人才的流动是人才自我实现的需要和对于比较利益差异的追求，在既有认识的基础上的变换活动。人才的流动由客观的、外部的社会生产方式所决定，因而是有规律的运动。刘冬梅等得出高新区科技人才流动排在前三位的影响因素是个人发展机会、单位发展前景与薪酬福利。韩平等认为科研人才职业发展、全方位培训与科研人才能力发挥、优化福利类型、增强科研人才的交流是较好的人才流动与保持的因素。张璐基于生态学的相关理论构建高校人才关系治理模型，提出高校人才个体寻找适宜生态位，促进高校人才种群与群落健康发展，实现高校人才与生态环境协同发展，促进人才有序流动。

经济合作与发展组织通过对高科技人才在国际流动的情况调查分析后认为，在科学研究国际化、国际贸易与外国直接投资快速增长的情形下，高端科技人才的国际流动越发重要，更成为经济全球化快速发展的促进因素。国际人才流动的总体趋势是从发展中国家流向发达国家，从较发达地区流向发达国家和地区；从社会和政治不稳定的国家流向社会相对稳定、政治气候宽松的国家。Grubel 和 Johnson 等认为人力资源的国际流动是其对不同的国家和地区边际生产力不同的反映，有助于人力资源的有效利用；Bhagwati 从人才流出国视角认为，人才国际流动的最主要原因是报酬的效仿作用，也就是说发展中国家的薪资报酬若不向发达国家看齐，人才流失将使发展中国家的福利受损，发展中国家人才的外流就是以人才援助发达国家和地区，这种现象将造成不合理的恶性循环，加剧国际人才的马太效应。Emontspool 等提出高新技术企业在进行国际创业活动时，会全面考虑自身现有的智力资本，而国际人才流动的本质在于创新资源的伴生及超越国界的互动。魏立才、张雨晴分析了世界科技人才流动规律与趋势，世界经济形势发生根本性变化，各国家相继调整科技人才流入政策，我国相应启动了人才计划，吸引高层次海外科技人才回国。伴随着全球知识经济时代的到来，尤其是信息互联技术的逐渐成熟，国际人才流动正从单向的"人才流失""人才引进"或者"人才回流"向"人才环流"转变。人才的跨国流动正从单向过程转变为可逆过程，由长期迁移向多样性的短期流动所代替。国际的"人才环流"与人才的"回归"相比，环流是一个临时流动和永久移民之间的连续状态，更好地体现了全球人才流动与集聚的新特征。"环流"人才往往会对一个国家的国际地位、政治体制、人文环境、经济发展等方面不太敏感，甚至不介意动荡、滞后等因素，而这些因素往往是人才"流失"与"回归"的重要因素。因此，全球性的开放思维更有效地推动"人才环流"，环流是基于整体思维的"不求所有，但求所用"人才共享模式。

总体来看，全球的人才流动与移民已由原来的单向流入发达国家，转变为向发达国家流动与移民，并同时向发展中国家"回流"的新趋势。根据联合国发布的《2019年国际移民报告》，移民在世界各个地区都呈现增长趋势。2019 年全球国际移民数量从 2010 年的 5 100 万人增加到 2.72 亿人，在全球人口中所占的比重从 2010 年的 2.8%上升到 3.5%。2022 年 11 月，全球化智库和联合国移民署联合发布的《世界移民报告 2022》(中文版)数据显示，2020 年，全球国际移民数量达到了 2.81 亿人，相较于 2019 年的 2.72 亿人增长了 3.5%。由于新冠感染疫情的影响，全球国际移民人口没有达到预期的 2.83 亿人，但整体依然保持着增长趋势。报告指出，新冠感染疫情对移民产生的极大的负面影响遍布了整个国际移民周期：从离开来源国开始，到进入过境国和目的国，在过境国和目的国停留，以及最终返回来源国。疫情迫使人们的流动停滞，强化了特定类型的流动,或将流动推向非正式渠道。

从宏观角度审视,"人才环流"方式减少了多种因素(如国籍、种族、文化习俗、语言等)的影响,基于全球化知识增强的交流空间进一步扩大。与此同时,人才向发展中国家回流的态势将在一定程度上改变全球人才分布格局,并对具有人才流动集聚功能的全球城市发展产生重要影响。根据联合国国际移民统计数据,我国有6 000多万华人华侨,是世界上最大的海外移民群体。《中国国际移民报告(2020)》数据显示,2019年中国移民人数达1 073万人,中国大陆成为排在印度、墨西哥之后的世界第三大移民输出国。我国华人华侨中有数百万为环流型人才,他们在国外长期居住,以每年短期回国就业、创业、合作等形式进行环流。这些人会成为我国城市群建设的重点关注群体,他们是中华文明"走出去"并推动文化传播的重要力量。

人才流动力是指人才流动的可能或人才流动的容易程度,以及区域对人才的吸引力程度。通过分析文献,结合指标的可操作性及量纲的区域可比较性,经过专家讨论,选取城镇化比率、第三产业从业人员比率、第三产业增加值占地区生产总值比重、外地人才比率作为评价科技人才在产业间和地区间的流动力的指标。

1. 城镇化比例

人口城镇化率是衡量科技人才活力的重要指标,同样数量的人口,分布在城镇、农村的比例不同,区域科技人才活力有很大的差距。由于农村人均可耕地面积及农业人均产出等因素的存在,农村人才一旦被释放出来,必然会流动到生产率更高、产出更大的第二、第三产业,为其提供劳动力支持,从而在数量不变的情况下,仅仅因为配置不同就可以大大提高人才的活力。

党的十八大报告提出,要"加快改革户籍制度,有序推进农业转移人口市民化",并对新型城镇化提出新要求。提高城镇化水平,不仅是经济结构战略性调整的重要任务,更是解决我国目前许多经济社会深层次矛盾的重要突破口。2021年4月8日,中华人民共和国国家发展和改革委员会印发《2021年新型城镇化和城乡融合发展重点任务》,文件强调:"深入实施以人为核心的新型城镇化战略,促进农业转移人口有序有效融入城市,增强城市群和都市圈承载能力,转变超大特大城市发展方式,提升城市建设与治理现代化水平,推进以县城为重要载体的城镇化建设,加快推进城乡融合发展"。加快城镇化进程是全面建设小康社会的一个战略性任务。推进城镇化不仅是解决农业农村农民问题的根本出路,而且是打破我国城市化程度较低这一经济社会发展的巨大"瓶颈"、提高国家竞争力的战略举措。

2022年7月12日,中华人民共和国国家发展和改革委员会发布《"十四五"新型城镇化实施方案》(以下简称《方案》),新型城镇化最重要的目标之一是提高人口的城镇化率,《方案》明确了主要目标:"到2025年,全国常住人口城镇化率稳步提高,户籍人口城镇化率明显提高,户籍人口城镇化率与常住人口城镇化率差距明显缩小。农业转移人口市民化质量显著提升,城镇基本公共服务覆盖全部未落户常住人口。'两横三纵'城镇化战略格局全面形成,城市群承载人口和经济的能力明显增强,重点都市圈建设取得明显进展,轨道上的京津冀、长三角、粤港澳大湾区基本建成。超大特大城市中心城区非核心功能有序疏解,大中城市功能品质进一步提升,小城市发展活力不断增强,以县城为重要载体的城镇化建设取得重要进展。城市可持续发展能力明显增强,城镇开发边界全面划定,新增建设用地规模控制在2 950万亩以内,城市内涝治理取得明显成效,城市燃气等管道老化更新改造深入推进,能源资源利用效率大幅提升,城市黑臭水体基本消除,地级及以上城市空气质量优良天数比率提高到87.5%,城市建成区绿化覆盖率超过43%。系统完备、科学规范、运行有效的城市治理体系基本建立,治理能力明显增强。"

陈新林从空间、经济、社会和环境4个方面对新型城镇化进行了解释。在空间方面,他认为农村富余劳动力向非农产业和城镇转移,是工业化和现代化的必然趋势,新型城镇化的推行,致力于消除城乡之间户籍和地域问题,注重城乡之间空间联系的协调性和紧密性,是有效解决乡村剩余劳动力就业难的问题的关键;在经济方面,张宁认为城镇化有利于第三产业发展和产业结构优化,为高附加值产业提供更多的市场需求,并通过示范效应和累积效应带动消费,促进地区经济发展;在社会方面,城镇化是解决"三农"问题的根本出路,有利于缩小城乡之间的差距，提高人民生活质量和人口素质，促进乡村城市化；在环境方面，城镇化是现代文明向农村传播的重要传导机制，新型城镇化将生态文明融入城市发展中，提升生活质量，共同推动城镇经济快速发展。

由于不同学科研究角度不同，对城镇化的关注点也不同。人口学所说的城镇化是指农业人口转化为城市人口的过程，即以农村人口不断向城市迁移和聚集为特征的过程；社会学上的城镇化主要是指城市文明覆盖农村，农村生活方式向城市生活方式转变的过程；从经济学角度来看，城镇化是指由农村传统的自然经济转化为城市社会化大生产的过程。可见，城镇化是人口从农村向城市迁移聚集的过程，同时又表现为地域景观、产业结构、生产与生活方式的变革，是人口、地域、社会经济组织形式和生产生活方式由传统乡村型社会向现代城市社会转化的多方面综合的过程，是一个国家或地区经济社会发展进步的重要标志。本书关注农村人口向城市的聚集程度，用城镇常住人口占全部人口的百分比来表示城镇化水平，综合各地区水平，将城镇化率的评价参考值确定为60%，具体如表4-40所示。

表4-40 全国及各地区城镇化率

%

	2016年	2017年	2018年	2019年	2020年	2021年
全国	58.84	60.24	61.50	62.71	63.89	64.70
北京	86.76	86.93	87.09	87.35	87.55	87.50
天津	83.27	83.57	83.95	84.31	84.70	84.88
河北	53.87	55.74	57.33	58.77	60.07	61.14
山西	57.27	58.59	59.85	61.29	62.53	63.42
内蒙古	63.40	64.60	65.51	66.46	67.48	68.21
辽宁	68.87	69.49	70.26	71.21	72.14	72.81
吉林	58.75	59.71	60.85	61.63	62.64	63.36
黑龙江	61.09	61.90	63.46	64.62	65.61	65.70
上海	89.00	89.10	89.13	89.22	89.30	89.30
江苏	68.93	70.18	71.19	72.47	73.44	73.94
浙江	67.72	68.91	70.02	71.58	72.17	72.70

续表

	2016年	2017年	2018年	2019年	2020年	2021年
安徽	52.62	54.29	55.65	57.02	58.33	59.39
福建	64.39	65.78	66.98	67.87	68.75	69.70
江西	53.99	55.70	57.34	59.07	60.44	61.46
山东	59.13	60.79	61.46	61.86	63.05	63.94
河南	48.78	50.56	52.24	54.01	55.43	56.45
湖北	58.57	59.88	61.00	61.83	62.89	64.09
湖南	52.70	54.62	56.09	57.45	58.76	59.71
广东	70.15	70.74	71.81	72.65	74.15	74.63
广西	49.24	50.59	51.82	52.98	54.2	55.08
海南	56.70	58.04	59.13	59.37	60.27	60.97
重庆	63.33	65.00	66.61	68.24	69.46	70.32
四川	50.00	51.78	53.50	55.36	56.73	57.80
贵州	45.56	47.76	49.54	51.48	53.15	54.33
云南	44.64	46.29	47.44	48.67	50.05	51.05
西藏	31.57	33.38	33.80	34.51	35.73	36.61
陕西	56.39	58.07	59.65	61.28	62.66	63.63
甘肃	46.07	48.12	49.69	50.70	52.23	53.33
青海	53.55	55.45	57.27	58.78	60.08	61.02
宁夏	58.74	60.95	62.15	63.63	64.96	66.04
新疆	50.42	51.90	54.01	55.51	56.53	57.26

数据说明：由城镇常住人口与人口数之比计算得出，2016—2020年全国及各地区城镇化率数据来自《中国统计年鉴》"人口"部分，2021年数据来自《第一财经》。

表4-40中的数据显示，2019年我国城镇化率为62.71%，2021年为64.70%；按省份来看，各地的城镇化水平差别较大，8个省份的城镇化率超过70%，其中北京、上海、天津超过了80%。

2. 第三产业人口比例

就业结构是指社会劳动力在国民经济各部门、各行业、各地区、各领域的分布、构成和联系。国际通行的产业分类方式为：产品直接取自自然界的部门称为第一产业，对初级产品进行再加工的部门称为第二产业，为生产和消费提供各种服务的部门称为第三产业。按照配第-克拉克定理，随着经济发展和人均国民收入水平的提高，其从业人口首先由第一产业向第二产业移动；当人均国民收入进一步提高时，劳动力便由第二产业向第三产业移动。工业化革命及后工业化社会进程也证实了该理论的准确性。

我国从 1985 年正式启用第三产业的概念，到 2000 年十五届六中全会通过的"十五"计划开始改称服务业，两个概念得到融合。1987 年国家统计局将第三产业的范围界定为除农业、工业和建筑业外的其他各业，具体分为流通和服务两大部门，分为为生产服务、为生活服务、为提高科学文化水平与居民素质服务和为社会公共需要服务 4 个层次。为了统计体系上的严谨、科学和方便，根据《国民经济行业分类》(GB/T 4754-2002)，2003 年 5 月，国家统计局印发《关于三次产业划分规定的通知》；2011 年，国家标准化管理委员会和中华人民共和国国家质量监督检验检疫总局批准发布了《国民经济行业分类》(GB/T4754-2011)新国家标准，共划分出 97 个行业，并将 97 个行业分为三大产业：第一产业包括农业、林业、畜牧业和渔业；第二产业是工业和建筑业；第三产业是服务业。除第一和第二产业以外的都算第三产业，如交通运输、仓储和邮政业，信息传输、计算机服务和软件业，批发和零售业，住宿和餐饮业，金融业，房地产业，租赁和商务服务业，科学研究、技术服务和地质勘查业，水利、环境和公共设施管理业，居民服务和其他服务业，教育，卫生、社会保障和社会福利业，文化、体育和娱乐业，公共管理和社会组织，国际组织等行业。2019 年 12 月，国家 15 部门联合发文《关于推进先进制造业和现代服务业深度融合发展的实施意见》，首次提出了先进制造业和现代服务业"两业融合"。"两业"深度融合中的服务业在人们生活水平提高，消费者追求个性化、差别化、定制化的产品正在成为一种趋势的背景下，对制造业企业提出了更高的要求。制造业要满足消费者的新需求，必然在其生产过程中融入更多的服务元素，从生产标准化的产品向提供个性化的产品转型，要成长为"服务型制造业"。同时，社会的分工不断细化，企业的转型升级本身也需要外部的各种支持，这种支持包括企业为其他企业提供各种产品和服务，被称为生产性服务业或者说生产者服务业。如为企业提供个性化定制设备、供应链物流服务、科技信息服务、产品全生命周期管理、工业设计、检验检测、品牌推销、金融服务等。

随着中国经济发展进入新常态，产业结构也随之加快优化调整升级，第三产业的比重不断攀升，推动了中国经济的高质量发展。

2022年11月，国家统计局根据《国民经济行业分类》(GB/T 4754-2011)再次对2003年《三次产业划分规定》进行了修订，调整后，第一产业为4个大类，指农、林、牧、渔业(不含农、林、牧、渔服务业)；第二产业为4个门类和43个大类，指采矿业(不含开采辅助活动)，制造业(不含金属制品、机械和设备修理业)，电力、热力、燃气及水生产和供应业，建筑业；明确第三产业即为服务业，分为18个门类和49个大类，是指除第一产业、第二产业以外的其他行业，具体包括：批发和零售业，交通运输、仓储和邮政业，住宿和餐饮业，信息传输、软件和信息技术服务业，金融业，房地产业，租赁和商务服务业，科学研究和技术服务业，水利、环境和公共设施管理业，居民服务、修理和其他服务业，教育，卫生和社会工作，文化、体育和娱乐业，公共管理、社会保障和社会组织，国际组织，以及农、林、牧、渔业中的农、林、牧、渔服务业，采矿业中的开采辅助活动，制造业中的金属制品、机械和设备修理业。

国家统计局数据显示，第三产业从业人口由2000年的27.5%上升至2020年的47.7%，成为经济增长的核心产业。2020年第三产业总产值占全国国内生产总值的比值高达54.5%，同比增长达到了11.4%。

第三产业人口集聚水平越高，表明从业人口在产业间的流动性活力越大。产业结构高度化、产业结构合理化对经济增长均具有积极影响。赵俊平、高峰通过对大庆市人力资源与区域经济发展关系进行回归分析后发现，第三产业从业人员数对城市生产总值的影响显著，第三产业从业人员数每增加1个百分点，生产总值增加7.49个百分点；而第一、第二产业从业人员数与国内生产总值呈负相关。李阳、李庆满通过分析辽宁省 2008—2018 年的时间序列数据，验证了产业结构优化对经济增长影响的带动作用。盛宝柱、李建平综述了产业结构演化趋势，探究产业结构变迁与经济增长的关系，提出加快产业布局调整，促进经济协调发展的建议。本书使用第三产业人口比例和第三产业增加值占地区生产总值比重，2000 年部分发达国家和地区第三产业人口比例就已达到并超过 70%，结合我国目前的发展阶段和各地区的水平，将第三产业人口比例的标准参考值确定为 70%，具体如表 4-41 所示。

表 4-41　全国及各地区第三产业人口比例

%

	2016 年	2017 年	2018 年	2019 年	2020 年
全国	43.3	44.7	46.1	47.1	47.7
北京	80.1	80.6	81.6	83.1	80.9
天津	58.8	60.5	61.5	63.1	60.3
河北	37.4	42.1	46.7	48.4	45.9
山西	45.9	47.1	48.9	49.7	50.4
内蒙古	34.3	37.3	40.4	43.8	47.3
辽宁	44.5	44.2	44.9	47.2	49.5
吉林	43.4	44.5	45.7	46.8	48.0
黑龙江	44.6	45.4	46.2	46.7	47.2
上海	63.8	65.5	66.3	72.6	65.4
江苏	41.4	42.9	44.1	45.6	46.5
浙江	44.8	46.1	47.8	49.2	50.7
安徽	39.7	40.1	40.3	40.5	43.4
福建	43.5	45.8	46.8	49.6	52.8
江西	41.3	42.4	43.7	44.9	46.0
山东	36.9	38.0	39.3	40.7	41.7
河南	39.5	42.7	43.8	44.9	45.4
湖北	40.1	41.4	42.6	43.5	46.2
湖南	36.2	37.5	38.5	39.5	47.6
广东	46.3	48.6	51.6	52.2	53.2
广西	32.8	35.1	36.7	38.4	40.5

续表

	2016 年	2017 年	2018 年	2019 年	2020 年
海南	51.2	53.3	55.2	55.7	56.9
重庆	46.0	47.9	49.9	51.1	52.3
四川	39.0	40.4	41.8	43.2	44.4
贵州	33.0	35.2	37.3	39.4	41.5
云南	33.8	35.8	37.8	38.5	38.6
西藏	45.9	45.0	43.8	42.6	48.7
陕西	31.5	33.7	38.0	45.8	48.9
甘肃	28.1	29.4	30.6	31.9	37.3
青海	41.6	42.5	45.5	47.7	52.3
宁夏	42.6	44.6	47.8	49.9	52.3
新疆	40.3	43.7	44.9	49.0	52.0

数据说明： 根据第七次人口普查数据对 2016—2019 年的数据进行了修订，其中一些省份出现了汇总数与三大产业人数之和不一致的现象，使用该数据时以第七次人口普查数据为准，2020 年数据来自《中国统计年鉴》"就业和工资"部分，部分数据来自《中国人口和就业统计年鉴—2021》。

3. 第三产业增加值占地区生产总值比重

随着生产力水平的提高，第一产业占国民经济的比重会逐步下降，第二产业和第三产业占国民经济的比重会逐步提升。第三产业增加值占地区生产总值(GDP)比重是反映社会生产力水平和产业结构优化程度的重要指标。各地第三产业增加值占地区生产总值比重的标准参考值设置为 60%，具体如表 4-42 所示。

表 4-42　各地第三产业增加值占地区生产总值比重

%

	2016 年	2017 年	2018 年	2019 年	2020 年
北京	80.23	80.56	80.98	83.52	83.87
天津	56.44	58.15	58.62	63.45	64.40
河北	41.54	44.21	46.19	51.24	51.73
山西	55.45	51.71	53.44	51.38	51.15
内蒙古	43.78	49.99	50.48	49.56	48.77

续表

	2016 年	2017 年	2018 年	2019 年	2020 年
辽宁	51.55	52.57	52.37	52.99	53.47
吉林	42.45	45.84	49.77	53.76	52.25
黑龙江	54.04	55.82	57.02	50.06	49.47
上海	69.78	69.18	69.90	72.74	73.15
江苏	50.00	50.27	50.98	51.25	52.53
浙江	50.99	53.32	54.67	54.03	55.76
安徽	41.05	42.92	45.08	50.82	51.25
福建	42.88	45.41	45.22	45.33	47.47
江西	41.97	42.70	44.84	47.50	48.13
山东	46.68	47.99	49.53	52.96	53.54
河南	41.78	43.34	45.22	47.95	48.67
湖北	43.94	46.53	47.58	50.01	51.30
湖南	46.37	49.43	51.86	53.23	51.71
广东	52.01	53.60	54.23	55.51	56.46
广西	39.56	44.24	45.50	50.72	51.87
海南	54.25	56.10	56.63	58.95	60.39
重庆	48.13	49.24	52.33	53.20	52.82
四川	47.23	49.73	51.45	52.44	52.41
贵州	44.67	44.90	46.54	50.27	50.91
云南	46.68	47.80	47.12	52.64	51.53
西藏	52.67	51.46	48.60	54.42	50.13
陕西	42.35	42.35	42.76	45.83	47.94
甘肃	51.41	54.13	54.94	55.10	55.08
青海	42.81	46.63	47.12	50.72	50.84
宁夏	45.40	46.82	47.91	50.26	50.34
新疆	45.12	45.94	45.77	51.63	51.25

数据说明：由第三产业增加值与地区生产总值之比计算得出，数据来自《中国统计年鉴》"国民经济核算"部分。

根据《中国统计年鉴》历年数据分析，随着我国经济的发展和产业结构的优化，全国及各地区第三产业从业人员比重逐年上升，均有较大幅度的增加，1997—2020年全国第三产业从业人员占比平均上升了21.3个百分点。但是，各地区之间的差距巨大，并且差距在逐年扩大，1997年，全国31个地区之间的极差为35.50%，2005年极差为48.04%，2019年极差为51.2%。表4-41中2019年的数据显示，北京第三产业人口达到83.1%，上海市为72.6%，其余省市均未达到标准参考值，25个省市低于50%。表4-42中2019年的数据显示，第三产业对区域GDP贡献排序是北京(83.52%)、上海(72.74%)、天津(63.45%)，其余地区均低于60%的标准参考值。

表4-41中的数据显示，2020年仅有北京的第三产业人口比例为80.9%，达到标准参考值，且与2019年相比，该比例下降，上海、天津两地该比例超过60%，其余省市均低于60%。表4-42中的数据显示，2020年第三产业对区域GDP贡献排序是北京(83.87%)、上海(73.15%)、天津(64.40%)、海南(60.39%)，与2019年相比该比重均有一定幅度的上升，其他地区均低于60%的标准参考值。

国家统计局2022年9月28日发布的党的十八大以来经济社会发展成就系列报告显示，2013年至2021年，我国产业结构不断优化，转型升级成效显著，第三产业增加值年均增速达到7.4%，比国内生产总值(GDP)年均增速高0.8个百分点，对经济增长的年均贡献率达到55.6%，稳居国民经济第一大产业。三大产业结构已调整为2021年的7.3∶39.4∶53.3。可见，将第三产业人口指标与第三产业占GDP比重综合衡量，可以进一步挖掘数据的深层次含义，能更加确切地反映出各区域第三产业的劳动力贡献是如何由数量贡献向质量、产业结构升级，以及可持续发展的贡献转变。

4. 外地人才比例

科技人才流动不仅提高了人才资源对企业的竞争力，更通过人才资源的高效配置对区域经济发展起到良好的促进作用。同时，企业竞争力和区域经济发展从单纯依靠物质资源、市场资源逐步向依靠人才资源、知识转移与增值过渡。科技人才的良性流动可以打破单位、部门和地区的限制，为科技人才资源的合理配置和高效利用提供了途径。外地人才比率主要是指人才的区域流入，一个地区能否吸引外地人才并使其留下，与其管理机制有密切联系。对于一个活力四射、不断创新的地区，其灵活的管理机制为人才提供了施展本领的平台和机遇，这样就有助于留住人才。因此，外地人才比率是反映区域人才活力的有效指标，综合各地区水平，将外地人才比例的评价标准确定为 17%，具体如表 4-43 所示。

表 4-43　全国及各地区外地人才比例

%

	2016 年	2017 年	2018 年	2019 年	2020 年
全国	18.4	19.8	20.9	22.3	35.2
北京	47.3	49.6	51.7	51.7	61.5
天津	31.8	32.9	32.9	33.2	46.9
河北	10.9	10.6	11.8	12.4	26.6
山西	16.5	19.6	21.6	19.0	37.1
内蒙古	30.0	30.3	30.0	33.4	47.9
辽宁	14.9	17.4	20.6	22.8	36.9
吉林	18.3	21.4	23.3	25.9	43.1
黑龙江	11.9	15.5	15.2	14.3	36.4
上海	55.2	53.1	52.4	54.2	61.0
江苏	19.4	21.8	23.0	24.1	35.5
浙江	31.3	32.1	35.6	36.5	46.9
安徽	10.9	14.1	16.3	17.5	30.0
福建	30.8	32.8	31.4	32.1	40.1
江西	10.2	7.8	8.9	15.3	30.2
山东	13.6	15.1	13.6	15.5	27.8
河南	10.4	7.6	7.6	9.9	26.0
湖北	18.6	21.3	21.1	23.0	32.2
湖南	12.1	15.2	16.7	16.2	26.7
广东	35.3	36.7	38.3	41.2	48.6
广西	11.0	11.3	13.0	15.2	26.8
海南	15.4	21.9	23.6	20.5	35.1
重庆	23.6	25.8	27.0	27.7	41.0

续表

	2016年	2017年	2018年	2019年	2020年
四川	14.3	17.3	20.2	22.0	33.4
贵州	12.4	14.9	15.1	15.0	30.6
云南	12.3	10.4	13.9	15.7	26.2
西藏	5.4	3.6	6.6	10.7	28.7
陕西	14.6	16.4	15.4	15.0	33.7
甘肃	8.1	10.0	12.6	13.2	29.5
青海	14.1	16.0	22.0	21.9	35.3
宁夏	21.7	24.3	23.7	24.9	46.8
新疆	16.9	18.0	19.4	17.0	34.5

数据来源：由外地人口数与总人口数之比计算得出，数据来自《国家统计年鉴》。

外地人口数据是较难获得的数据之一，为克服该数据稳定性较差的问题，本书基于普查数据计算外地人口数(包括居住在本乡镇街道半年以上，户口在外乡镇街道的人口，以及户口待定的人口)除以总人口数获得该数据。表4-43中的数据显示，在吸引外来人员方面，华北和华东地区的人才吸引力较强，西南和西北地区的人才吸引力较弱，将2019年的数据从高到低整体排序，位于前四位的省份是：上海、北京、广东、浙江，体现了这些区域拥有较高的经济发展水平。

2020年，位于前四位的省份变为：北京、上海、广东、内蒙古，可以看出，内蒙古加大了人才吸引力度，政策效果明显。

5. 教育经费支出比较分析

教育经费投入指教育经费投入与地区GDP之比，是反映国家和地区教育发展水平的一个重要标志，体现了其对教育、培训、知识和人才地位的认识和重视程度。区域教育环境是科技人才流动和人才活力的主要影响因素。区域教育环境是指区域教育资源的知名度及聚集度。区域的教育环境资源不仅影响科技人才的迁移与流动，也显著影响科技人才的价值实现。首先，出于对家庭教育环境的影响(如考虑到子女教育)，科技人才有序流动会考虑区域教育环境因素。Long和Zuckerman调查了1901—1972年间的92位诺贝尔奖获得者，发现师从名师、在名校获得博士学位、少年早慧和成名较早、在少数著名研究机构从事研究工作有利于成长。其次，出于人才自身培训与可持续发展考虑，科技人才有序流动会考虑区域教育环境因素。牛冲槐、高祖艳、王娟提出教育环境是指一个地区各种教育的普及程度及其质量水平，主要包括区域内各种教育机构的数量、质量、在职培训机会、子女接受高等教育的容易程度等方面。因此，科技人才为了其自身的可持续发展和知识更新，通常都会考虑教育培训环境，如专业匹配性、科研支持力度、本领域领军人物聚集度和获得容易度等因素。第三，区域教育环境直接影响科技人才的成果产出，这是人才活力的主要指标之一。创造力是新颖与有用的产出，一般体现为论文、专利或新产品等形式。不少研究发现流动有助于科技工作者的创造力。Merton 发现毕业于顶级学校、师从名师的博士生在顶级的学术刊物上发表的论文数量更多。对香港特别行政区和澳门特别行政区科研人员的产业内和跨国工作流动的研究发现，流动带来了益处，尤其对于年轻人和科技、工程与数学领域的科研人员，好处更为明显；Li 等人发现有国外经历的学者发表的论文影响因子更高；杨芳娟等对国内来自 12 个学科的 1 512 位高被引学者进行调查发现，在国外工作 1 年及以上的学者发表高影响因子论文的概率增加 167%，在国外访学 1 年及以上的学者发表高影响因子论文的概率提高 41.96%。

一般而言，经济发展水平越高，国民收入总量会越多，用于教育的费用也就越多。当代科学技术迅速发展，经济的增长越来越依赖于人才智力，因而需要提高专门人才和劳动者的素质，从而要求增加教育经费投入；而经济的增长又为教育经费的不断增加提供了可能。但在经济发展程度相差不大的情况下，不同的认识会导致教育经费投入有较大差异。因为各地的经济发展程度不同，人口数相差较大，GDP中教育经费的绝对额缺乏比较研究的基础，因此，本书采用教育经费支出占 GDP 比例、年人均教育经费两个指标来描述各地教育经费投入的情况。综合各地区水平，将教育经费支出与 GDP 比例的评价标准确定为6%，年人均教育经费评价标准确定为 4 000 元/人，具体如表 4-44、4-45所示。

教育投入程度是反映国家和地区教育发展水平的一个重要标志，将教育经费支出与 GDP 比例和年人均教育经费指标协同，结合表 4-44、4-45

中的数据可以发现，西藏、青海、海南、新疆等地区教育经费投入程度逐年提高，这是党和国家教育政策的优越性的直接体现。教育经费占区域GDP比例超过6%的省份排序为：西藏(16.97%)、青海(9.76%)、甘肃(9.17%)、贵州(8.12%)、海南(7.99%)、新疆(7.51%)、广西(6.77%)、宁夏(6.76%)和云南(6.39%)。年人均教育经费超过4 000元/人的参考值的省份有：西藏(7 981元/人)、北京(6 756元/人)、上海(5 693元/人)、青海(4 907元/人)、天津(4 528元/人)、浙江(4 289元/人)和海南(4 265元/人)。其余省市尚需根据实际情况，适当提高对教育的重视与投入程度。

表4-44 各地区教育经费支出占GDP比例

%

	2016年	2017年	2018年	2019年
北京	4.65	4.47	4.46	4.18
天津	3.00	3.15	3.38	4.45
河北	4.43	4.69	4.83	5.67
山西	6.09	5.50	5.43	5.79
内蒙古	4.21	4.72	4.49	4.71
辽宁	4.14	4.12	3.86	4.25
吉林	4.36	4.41	4.56	5.78
黑龙江	4.77	4.74	4.65	5.96
上海	3.98	3.95	4.10	3.70
江苏	3.10	3.02	3.05	3.12
浙江	4.00	4.12	4.27	4.39
安徽	5.06	5.09	5.00	4.41
福建	3.64	3.54	3.50	3.17
江西	5.66	5.86	5.98	5.87
山东	3.30	3.30	3.45	4.08
河南	4.67	4.84	5.06	4.92
湖北	3.98	3.90	3.70	3.51
湖南	4.37	4.47	4.48	4.47
广东	4.16	4.30	4.39	4.57
广西	5.96	6.42	6.31	6.77

续表

	2016 年	2017 年	2018 年	2019 年
海南	7.57	7.60	7.82	7.99
重庆	5.00	4.88	5.02	4.85
四川	5.35	5.21	5.11	4.84
贵州	8.78	9.22	8.60	8.12
云南	8.04	8.12	8.13	6.39
西藏	16.13	18.21	17.35	16.97
陕西	5.18	4.82	4.65	4.84
甘肃	9.31	9.50	8.98	9.17
青海	8.41	8.93	9.21	9.76
宁夏	6.54	6.65	6.33	6.76
新疆	8.11	7.78	7.81	7.51

数据说明：由教育经费与 GDP 之比计算得出，数据来自《中国统计年鉴》"教育"和"国民经济核算"部分。

表 4-45 全国及各地区年人均教育经费

单位：元/人

	2016 年	2017 年	2018 年	2019 年
全国	2 793	3 040	3 283	3 559
北京	5 437	5 703	6 170	6 756
天津	3 718	4 149	4 593	4 528
河北	1 926	2 151	2 342	2 675
山西	2 260	2 431	2 608	2 819
内蒙古	3 130	3 124	3 204	3 356
辽宁	2 128	2 238	2 274	2 477
吉林	2 509	2 608	2 764	2 769
黑龙江	2 119	2 220	2 288	2 493
上海	4 548	4 909	5 419	5 693
江苏	2 866	3 082	3 348	3 671
浙江	3 114	3 457	3 827	4 289
安徽	2 048	2 270	2 471	2 688
福建	2 608	2 802	3 057	3 246

续表

	2016 年	2017 年	2018 年	2019 年
江西	2 328	2 598	2 914	3 219
山东	2 248	2 387	2 615	2 870
河南	1 933	2 192	2 463	2 695
湖北	2 211	2 341	2 464	2 711
湖南	2 080	2 286	2 457	2 674
广东	2 828	3 180	3 457	3 938
广西	2 247	2 423	2 595	2 884
海南	3 207	3 488	3 847	4 265
重庆	2 850	3 016	3 230	3 589
四川	2 136	2 325	2 496	2 700
贵州	2 750	3 284	3 331	3 540
云南	2 541	2 832	3 092	3 147
西藏	5 464	6 841	7 240	7 981
陕西	2 594	2 701	2 894	3 167
甘肃	2 661	2 810	2 944	3 188
青海	3 716	3 999	4 498	4 907
宁夏	2 982	3 246	3 306	3 532
新疆	3 222	3 412	3 779	3 992

数据说明：由教育经费与当年人口数之比计算得出，数据来自《中国统计年鉴》"教育"和"人口"部分。

6. 每万人均拥有医卫资源

医疗保障情况反映了区域对科技人才活力的吸引、保持和保障程度。本书选择了每万人拥有的卫生技术人员数、每万人拥有的病床数两个指标来进行描述。全国及各地区每万人拥有卫生技术人员数、每万人拥有病床数如表4-46、4-47所示。2022年7月，中华人民共和国国家卫生健康委员会发布《2021年我国卫生健康事业发展统计公报》，数据显示，截至2021年末，每万人口医疗卫生机构床位数由2020年的64.4张增加到2021年的67张；《2019国际统计年鉴》数据显示，高收入国家每千人口病床数为 4.1 张。综合考虑我国老龄化的社会问题及各地区医卫现状的水平,将每万人口拥有的卫生技术人员数的评价参考值确定为 70 人/万人,每万人口拥有病床数的评价标准为 41 张/万人。

表 4-46、4-47 中的数据变化表明,"十三五"期间,全国及各地区在卫生保障方面的绝对数量与国际平均发展水平相当。但需要注意的是,医卫资源需要与国家和区域的食品安全、人民健康意识和人民健康体质水平进行综合评估,另外,城镇化也是一个重要考虑因素,即城镇与乡村的医卫资源分布的结构优化问题。总之,医疗卫生资源的结构与布局优化是关系到民生的重大问题,需要高度重视,并且全面、深刻地评估与考量。

表 4-46　全国及各地区每万人拥有卫生技术人员数

单位:人/万人

	2016 年	2017 年	2018 年	2019 年	2020 年
全国	60.72	64.20	67.80	72.01	75.62
北京	106.58	112.12	116.76	123.82	126.15
天津	65.80	71.61	75.62	79.31	82.22
河北	53.30	57.39	62.10	65.81	69.61
山西	64.28	66.46	70.35	73.74	76.89
内蒙古	69.95	74.14	77.69	81.33	84.19
辽宁	64.13	67.53	70.65	72.29	74.30
吉林	64.90	66.52	73.98	77.01	88.41
黑龙江	63.92	67.49	69.38	73.02	76.48
上海	72.23	75.80	79.05	82.42	86.16
江苏	61.69	65.02	69.86	74.78	78.51
浙江	71.25	74.50	77.51	81.60	84.73
安徽	48.69	51.75	54.90	59.30	67.50
福建	54.67	56.92	60.29	63.63	66.90
江西	49.15	52.26	54.79	59.31	63.31
山东	64.34	68.63	73.29	77.41	80.02
河南	55.94	59.11	63.01	66.04	71.10

续表

	2016 年	2017 年	2018 年	2019 年	2020 年
湖北	65.34	67.70	69.46	70.22	74.59
湖南	59.25	62.65	65.87	75.64	74.91
广东	55.87	58.27	61.16	63.46	65.70
广西	59.68	62.21	64.87	68.53	74.11
海南	60.11	62.14	64.84	68.04	73.48
重庆	57.67	60.93	66.16	70.47	74.07
四川	60.08	63.98	67.60	72.14	75.52
贵州	54.45	59.40	64.22	69.54	74.59
云南	53.38	60.49	64.17	72.06	77.62
西藏	43.61	47.35	53.89	58.01	62.10
陕西	74.50	79.46	83.43	89.72	91.90
甘肃	53.43	58.24	62.54	71.28	72.46
青海	63.59	71.21	75.96	80.27	82.51
宁夏	64.32	70.52	74.74	77.28	81.31
新疆	70.42	70.22	69.98	72.66	73.72

数据说明：由卫生技术人员数与人口数之比计算得出，数据来自《中国统计年鉴》"卫生和社会服务"和"人口"部分。

表 4-47 全国及各地区每万人拥有病床数

单位：张/万人

	2016 年	2017 年	2018 年	2019 年	2020 年
全国	53.2	56.7	59.8	62.5	64.4
北京	53.3	55.0	56.4	58.4	58.0
天津	45.6	48.5	49.3	49.3	49.2
河北	48.9	53.3	56.8	57.8	59.2
山西	54.0	56.3	59.5	62.5	64.1
内蒙古	57.1	61.8	65.6	66.7	67.5
辽宁	65.7	69.2	73.3	73.4	73.9

续表

	2016 年	2017 年	2018 年	2019 年	2020 年
吉林	58.9	60.8	67.2	69.6	72.2
黑龙江	63.6	71.1	75.2	80.7	79.9
上海	52.4	54.6	56.2	59.0	61.2
江苏	52.9	55.7	58.2	60.9	63.1
浙江	47.7	50.8	52.9	54.9	55.9
安徽	46.7	50.5	54.0	57.0	66.8
福建	43.5	44.9	46.9	48.9	52.1
江西	46.5	51.9	55.3	59.1	63.2
山东	54.2	58.3	60.4	62.3	63.6
河南	53.3	56.9	61.7	64.7	67.1
湖北	61.3	63.7	66.5	68.0	71.6
湖南	64.3	68.2	72.7	76.3	78.2
广东	39.1	40.5	41.9	43.7	44.7
广西	46.2	49.1	51.7	55.7	58.9
海南	42.1	43.2	45.6	50.1	57.8
重庆	61.4	65.6	69.6	72.7	73.4
四川	62.9	68.0	72.0	75.7	77.6
贵州	56.0	61.3	64.3	68.9	71.6
云南	54.2	58.6	61.9	66.2	68.9
西藏	42.6	46.1	47.5	47.4	50.8
陕西	58.2	61.8	64.5	67.4	68.9
甘肃	53.3	58.1	64.7	72.2	68.7
青海	59.6	65.4	66.6	70.2	69.6
宁夏	52.2	56.5	57.7	57.2	57.3
新疆	64.6	67.6	71.0	72.8	70.1

数据说明：由病床数量与人口数之比计算得出，数据来自《中国统计年鉴》"卫生和社会服务"和"人口"部分。

三、区域宜居性指标分析

人才环境是人才发展的基础,一个城市的经济发展水平、城市建设水平,以及人才的生活状况都将影响人才的存量、结构,影响人才的引进与提高。因此,在区域宜居性指标中我们选取了比较典型的科技人才较多关注的和主观感知性的指标(如空气污染性指标和绿化覆盖性指标)来衡量。

1. 空气达到二级以上天数比重

空气达到二级以上天数比重是反映城市空气质量的重要指标,具体如表 4-48 所示。

表 4-48 全国及各地空气达到二级以上天数比重

%

	2018 年	2019 年		2018 年	2019 年
全国	75.58	77.28	河南	53.29	53.81
北京	62.19	65.75	湖北	73.42	73.99
天津	56.71	60.00	湖南	85.19	83.90
河北	52.74	57.45	广东	88.39	90.80
山西	55.66	62.84	广西	91.28	91.78
内蒙古	87.67	89.92	海南	98.02	96.37
辽宁	80.98	80.25	重庆	80.82	84.66
吉林	88.15	86.82	四川	79.40	85.52
黑龙江	90.43	90.53	贵州	97.84	96.16
上海	80.82	84.66	云南	99.13	97.14
江苏	69.88	71.64	西藏	98.51	99.24
浙江	84.62	88.07	陕西	65.28	71.75
安徽	68.72	68.44	甘肃	84.93	92.47
福建	96.03	98.06	青海	78.31	95.11
江西	87.94	90.48	宁夏	76.55	88.61
山东	59.93	57.61	新疆	72.10	79.62

数据说明:数据来自中华人民共和国科学技术部《中国区域创新能力监测报告 2021》。

2. 建成区绿化覆盖率

建成区绿化覆盖率是指在城市建成区的绿化覆盖面积占建成区面积的百分比。其中，绿化覆盖面积是指城市中乔木、灌木、草坪等所有植被的垂直投影面积，具体如表 4-49 所示。

表 4-49 全国及各地建成区绿化覆盖率

%

	2016 年	2017 年	2018 年	2019 年	2020 年
全国	40.3	40.9	41.1	41.5	42.1
北京	48.4	48.4	48.4	48.5	49.0
天津	37.2	36.8	38.0	37.5	37.6
河北	40.8	41.8	41.6	42.3	42.9
山西	40.5	40.6	41.3	42.3	43.9
内蒙古	39.9	40.2	40.6	40.5	40.5
辽宁	36.4	40.7	39.9	40.8	41.7
吉林	35.0	35.8	37.6	39.2	40.4
黑龙江	35.4	35.5	36.0	36.4	36.9
上海	38.6	39.1	36.2	36.8	37.3
江苏	42.9	43.0	43.1	43.4	43.5
浙江	41.0	40.4	41.2	41.5	42.2
安徽	41.7	42.2	42.5	42.7	42.0
福建	43.3	43.7	44.3	44.5	44.6
江西	43.6	45.2	45.9	45.5	46.4
山东	42.3	42.1	41.8	41.8	41.6
河南	39.3	39.4	40.0	41.0	41.9
湖北	37.6	38.4	38.4	38.9	41.1
湖南	40.6	41.2	412	41.2	41.5
广东	42.4	43.5	44.0	43.3	43.5
广西	37.6	39.1	39.9	40.8	41.3
海南	40.3	40.1	40.6	41.7	40.6
重庆	40.8	40.3	40.4	41.8	43.1

续表

	2016 年	2017 年	2018 年	2019 年	2020 年
四川	39.9	40.0	40.5	41.8	42.5
贵州	36.8	37.0	38.6	39.4	40.9
云南	37.8	38.9	39.8	39.7	40.5
西藏	32.6	34.8	37.3	37.6	38.1
陕西	40.1	39.9	38.8	39.3	40.8
甘肃	31.5	33.3	33.5	36.0	36.3
青海	31.1	32.6	33.9	35.2	35.9
宁夏	40.4	40.4	40.5	41.3	42.0
新疆	38.5	40.0	39.6	39.9	40.9

数据说明：数据来自中华人民共和国科学技术部《中国区域创新能力监测报告2021》。其中 2016 年、2017 年、2020 年各地建成区绿化覆盖率数据来自《中国统计年鉴》"城市、农村和区域发展"部分。

表 4-48、4-49 中的数据是有关区域环境的指标，数据表明，全国及各地区在环境保护、环境美化方面做了大量扎实的工作。2019 年空气质量以西藏、福建、云南、海南、贵州、青海等自然环境较好的地区更优，空气达到二级以上天数比重在 95%以上；相对而言，河南、河北、山东的污染程度较高，空气达到二级以上天数比重仅为 53.81%、57.45%和 57.61%。2019 年，北京、江西、福建等 19 个省市的绿化覆盖率超过 40%，2020 年绿化覆盖率超过 40%的省份达到 25 个，说明各地在城市绿化工作方面采取了积极措施，并取得了满意效果。

四、综合分析

对区域科技人才活力可持续性指标的测算过程为：将科技人才基数与培养、活力环境和区域宜居性 3 类共 14 个四级指标进行标准化处理后，根据各城市的区域贡献值获得区域四级指标，然后根据表 3-8 权重获得相应区域三级指标 R_{4i}，重复该过程计算得到区域二级指标 R_4，具体公式如下，结果如表 4-50、图 4-4 所示。

$$R_{4i} = \sum_{k=1}^{14} \beta_k \frac{X_k}{\overline{X_k}}$$

其中：R_{4i} 为三级活力可持续性指标，X_k 为第 k 个四级指标的观测值，$\overline{X_k}$ 为第 k 个四级指标相应的标准值，β_k 为第 k 个四级指标权重，k 取值为 1～14。

表 4-50　各地区科技人才活力可持续性指数(2019 年数据)

	活力可持续性	科技人才基数与培养	活力环境	区域宜居性
京津冀	2.35	4.48	1.41	0.92
长三角	1.31	1.59	1.27	1.01
长江中游	0.98	0.91	0.98	1.05
珠三角	0.98	0.63	1.22	1.11
成渝	0.97	0.81	1.05	1.05

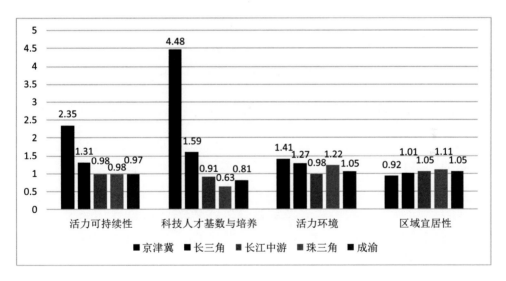

图 4-4　各地区科技人才活力可持续性指数对比(2019 年数据)

第五节　城市群科技人才活力综合评价

一、国内城市群建设概况

随着经济全球化与区域一体化的发展，国家和区域之间的竞争越来越集中地表现为城市之间的竞争，特别是具有一定国际影响力的大城市、特大城市之间的竞争。以城市群组织形式为代表的城镇密集区域，成为集聚国内乃至国际经济社会要素的巨大影响空间。

"十三五"期间，我国已经形成了长三角、粤港澳大湾区和京津冀三大主要经济圈，北京、上海、广东科创中心的引领地位凸显，辐射带动京津冀、长三角、粤港澳等区域科技创新能力进一步提升，成为区域科技人才引领经济发展的"领头雁"，尤其是全国共169个高新区的国内生产总值从8.1万亿元增长到12.2万亿元，五年增长超过50%。中国发展研究基金会在2019年发布的《中国城市群一体化报告》显示，三大经济圈的GDP占全国40%以上。京津冀开展以人才协同为中心的教育资源、医疗资源等公共服务共享，呈现中心化倾向，相比较长三角和粤港澳的"多核"城市发展模式，京津冀区域民营企业数量多，第三产业更加活跃。各城市群在产业结构、竞争力、动力机制、增长源泉和科技发展方面均有各自的特色，多层次、多特色的区域创新体系有力地支撑了我国创新型国家的建设，对比分析各区域的科技人才的活力效应与实践，对于总结我国科技人才的活力激发与协同治理有着显著的引领和示范意义。

城市群是城市发展到成熟阶段的最高空间组织形式。它是指在特定地域范围内，一般以特大城市为核心，由3个以上大城市为构成单元，依托发达的交通通信等基础设施网络所形成的空间组织紧凑、经济联系紧密、并最终实现高度同城化和高度一体化的城市群体。城市群是在地域上集中分布的若干特大城市和大城市集聚而成的庞大的、多核心、多层次城市集团，是大都市区的联合体。

城市群的形成一般具备以下条件：区位优势明显，是国家经济的核心区域；区域内城市密集，拥有一个或几个国际性城市；区域内多个都市区分工明确、彼此联系，共同组成一个有机的整体，具备整体优势；区域交通优势明显，国际航空港、高速公路、高速铁路等现代化交通设施发达、有便捷的信息港做支撑；具有较为明显的城镇化和人口规模，城镇人口至少达到 2 500 万人。

在全球范围内，被普遍认可的大型世界级城市群有 6 个，分别是：美国东北部大西洋沿岸城市群、北美五大湖城市群、日本太平洋沿岸城市群、英伦城市群、欧洲西北部城市群、长江三角洲城市群。2012 年 4 月 10 日，《2010 中国城市群发展报告》中显示长三角城市群已跻身于六大世界级城市群。2015 年，《世界银行报告》显示，珠江三角洲城市群成为世界人口和面积最大的城市群。

2018 年 11 月 18 日，中共中央、国务院发布《关于建立更加有效的区域协调发展新机制的意见》，指出："实施区域协调发展战略是新时代国家重大战略之一"，并明确"建立区域战略统筹机制""以'一带一路'建设、京津冀协同发展、长江经济带发展、粤港澳大湾区建设等重大战略为引领，以西部、东北、中部、东部四大板块为基础，促进区域间相互融通补充""建立以中心城市引领城市群发展、城市群带动区域发展新模式，推动区域板块之间融合互动发展。以北京、天津为中心引领京津冀城市群发展，带动环渤海地区协同发展。以上海为中心引领长三角城市群发展，带动长江经济带发展。以香港、澳门、广州、深圳为中心引领粤港澳大湾区建设，带动珠江—西江经济带创新绿色发展。以重庆、成都、武汉、郑州、西安等为中心，引领成渝、长江中游、中原、关中平原等城市群发展，带动相关板块融合发展。"

1. 京津冀城市群

包括北京、天津两个直辖市、国家级新区雄安新区和河北省的保定、唐山、廊坊、石家庄、秦皇岛、张家口、承德、沧州、衡水、邢台、邯郸和河南省的安阳等 12 个地级市组成的城市群，总面积达 21.8 万平方公里，人口达 1.1 亿人，2021 年该地区生产总值达 9.6 万亿元。其中北京、河北均突破4万亿元，分别为40269.6亿元和40391.3亿元，天津实现1万亿元。京津冀城市群的整体定位是：以首都为核心的世界级城市群、区域整体协同发展改革引领区、全国创新驱动经济增长新引擎、生态修复环境改善示范区。三地的功能定位分别是：北京为全国政治中心、文化中心、国际交往中心和科技创新中心；天津为全国先进制造研发基地、北方国际航运核心区、金融创新运营示范区和改革开放先行区；河北为全国现代商贸物流重要基地、产业转型升级试验区、新型城镇化与城乡统筹示范区、京津冀生态环境支撑区。京津冀三省市贯彻落实《京津冀协同发展规划纲要》的实施方案，京津冀协同发展的路径日渐清晰，即优化首都核心功能，强化京津双城联动，通过提升打造区域性中心城市、重要节点城市，打造现代化新型首都圈。

2. 长江三角洲城市群

长江三角洲城市群简称长三角城市群，其位于长江入海之前的冲积平原，2010年5月，国务院正式批准实施的《长江三角洲地区区域规划》将长三角的范围确定为江浙沪，明确了长江三角洲地区发展的战略定位，即亚太地区重要的国际门户、全球重要的现代服务业和先进制造业中心、具有较强国际竞争力的世界级城市群。2013年7月，习近平同志在考察武汉新港阳逻港区时指出："要大力发展现代物流业，长江流域要加强合作，充分发挥内河航运作用，发展江海联运，把全流域打造成黄金水道。"以长江水道为纽带，横贯东中西部的经济带的提出，使中国国家区域战略的出台和选择有了新思路，具有重要的时代意义。2016年5月11日，国务院常务会议通过《长江三角洲城市群发展规划》，明确长三角城市群的战略发展目标为"建设面向全球、辐射亚太、引领全国的世界级城市群"，到2030年，建设成为"全面建成全球一流品质的世界级城市群"。2019年12月1日，中共中央、国务院印发《长江三角洲区域一体化发展规划纲要》，明确要求到2025年，"长三角一体化发展取得实质性进展""全面建立一体化发展的体制机制"；到2035年，"长三角一体化发展达到较高水平""成为最具影响力和带动力的强劲活跃增长极"。2019年，《长江三角洲区域一体化发展规划纲要》正式印发，规划范围为苏浙皖沪四省市全部区域。

长三角城市群是"一带一路"与长江经济带的重要交汇地带，是中国经济最具活力、开放程度最高、创新能力最强、吸纳外来人口最多的区域之一，在中国国家现代化建设大局和开放格局中具有举足轻重的战略地位。长三角城市群包括江苏、上海、浙江、安徽（"三省一市"），总面积约35.8万平方公里，人口近2.27亿人。2021年长江三角洲城市群地区生产总值高达27.3万亿元，占全国经济的24%。现已发展成为以上海为核心，环绕着南京、杭州、合肥、苏锡常、宁波五大都市圈，带动沪宁合杭甬、沿江发展、沿海发展和沪杭金四条发展带的"一核""五圈""四带"的发展格局，是中国参与国际竞争的重要平台，是经济社会发展的重要引擎，是长江经济带的引领者。

3. 长江中游城市群

长江中游城市群是以南昌，武汉，长沙为中心的城市群，包括湖北省、江西省、湖南省的31个城市。其总面积高达31.7万平方公里，人口为1.7亿人。这里包括三大城市群：武汉城市圈、环长株潭城市群、环鄱阳湖城市群。2021年该地区生产总值高达12.71万亿元。2015年4月13日，国家发展和改革委员会印发《长江中游城市群发展规划》，长江中游城市群承东启西、连南接北，是长江经济带的重要组成部分，也是实施促进中部地区崛起战略、全方位深化改革开放和推进新型城镇化的重点区域，在我国区域发展格局中占有重要地位。

4. 粤港澳大湾区

包括香港特别行政区、澳门特别行政区和广东省广州市、深圳市、珠海市、佛山市、惠州市、东莞市、中山市、江门市、肇庆市，总面积5.6万平方公里，是中国开放程度最高、经济活力最强的区域之一，在国家发展大局中具有重要的战略地位。2016年3月17日，《中华人民共和国国民经济和社会发展第十三个五年规划纲要》正式发布，明确提出"支持港澳在泛珠三角区域合作中发挥重要作用，推动粤港澳大湾区和跨省区重大合作平台建设"，共同打造粤港澳大湾区，建设世界级城市群。2019年2月18日，中共中央、国务院印发《粤港澳大湾区发展规划纲要》，文件指出，粤港澳大湾区不仅要建成充满活力的世界级城市群、具有全球影响力的国际科技创新中心，还要打造成"一带一路"建设的重要支撑、内地与港澳深度合作示范区，以及宜居、宜业、宜游的优质生活圈，成为高质量发展的典范。2022年1月26日，国务院印发《关于支持贵州在新时代西部大开发上闯新路的意见》，支持贵州"在乡村振兴上开新局""支持贵州积极对接融入粤港澳大湾区建设"，新时期的粤港澳大湾区建设蓬勃展开。

2018年3月7日，习近平同志在参加十三届全国人大一次会议广东代表团审议时的讲话中指出："要抓住建设粤港澳大湾区重大机遇，携手港澳加快推进相关工作，打造国际一流湾区和世界级城市群"。深圳是大湾区建设的重要引擎。要抓住粤港澳大湾区建设重大历史机遇，推动三地经济运行的规则衔接、机制对接，加快粤港澳大湾区城际铁路建设，促进人员、货物等各类要素高效便捷流动，提升市场一体化水平。粤港澳大湾区是在国家战略推动下，携手香港特别行政区和澳门特别行政区建设而成，是与美国纽约湾区、旧金山湾区和日本东京湾区比肩的世界四大湾区之一。

因香港特别行政区和澳门特别行政区的数据特殊，本书以珠三角城市群作为该区域的代表展开分析。珠江三角洲包括广州、深圳、东莞、佛山、肇庆、惠州、中山、珠海、江门9个城市，经济发达、商贸繁荣、文教鼎盛，是广府文化的核心地带和兴盛之地。占地面积为5.53万平方公里，人口达7 800多万人。2021年珠江三角洲的地区生产总值高达10万亿元，占全国GDP的8.8%。

5. 成渝城市群

它是西部的主要城市群，是以重庆和成都为主的城市群，包括四川省的15个城市和重庆市，是西部的最大城市群，也是促进西部经济发展的主要阵地。2021年该地区生产总值约为7.4万亿元，是我国第五大城市群，面积为18.5万平方公里，人口高达9 600万人，占川渝两地的90%。

二、城市群科技人才活力的对比分析

如前文所述，区域科技人才活力的综合整体认知由科技人才活力投入指标、活力绩效指标、以科学技术成果转化与产业化为表征的活力贡献指标和科技人才活力可持续性指标四大类加权综合评价得到该年份的评价指数 R，具体公式如下，计算得出各区域的科技人才活力指标，如表 4-51、图 4-5 所示。

$$R = \sum_{i=1}^{4} R_i \times \alpha_i$$

其中：R 为区域科技人才活力指数，R_i 为第 i 个二级指标值，α_i 为第 i 个二级指标权重，i 取值为 1～4。

表 4-51　主要城市群科技人才活力指数(2019 年数据)

	区域科技人才活力	活力投入	活力绩效	活力贡献	活力可持续性
京津冀	5.32	4.43	7.33	2.51	2.35
长三角	1.61	2.49	1.32	1.32	1.31
长江中游	0.76	1.07	0.5	0.91	0.98
珠三角	1.28	2.08	1.03	1.03	0.98
成渝	0.76	1.08	0.49	0.96	0.97

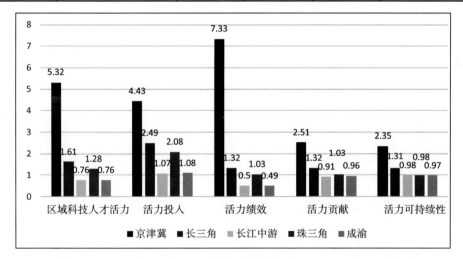

图 4-5　主要城市群科技人才活力指数对比(2019 年数据)

区域科技人才活力的投入指标是推动创新成果增长、保证科技创新实践的必要物质技术条件。数据显示各区域的投入程度存在较大差异：

京津冀区域个体投入较大,这与京津地区的人才集聚与高度竞争现状相关,且该区域政府协同与政策引领优势明显;长三角城市群作为"资深"城市群与以珠三角为基础的粤港澳大湾区的市场经济活跃程度较高、营商环境与资本要素流动较好,表现为"企业投入指标"高于其他区域,市场与企业主导效应明显;长江中游城市群受到长三角带动效应影响,发展平稳;成渝城市群个体、企业与政府投入相当,宜居性优于其他区域。

区域科技人才活力的绩效指标是科技创新水平最为直接的产出,包括科技论文、课题、专利和万人吸纳技术成交额等,是区域整体科技活力的实力表现。北京因作为首都具有的高等教育与科技优势使得该指标与其他区域差异较大,长三角和珠三角区域凭借市场经济活跃程度高的特征,在科技专利指标上呈"双塔"状,同时技术成交额也有较好体现,粤港澳大湾区的指标目前是以广东省的指标为主,若增加香港特别行政区、澳门特别行政区等地的指标,期待会有更好的表现。

区域科技人才活力的贡献指标是指区域科学技术的知识转化与转移能力,是高人力资本群体的活力反映,是促进区域经济社会发展的直接手段。京津冀区域在科技成果转化方面有其区位优势,但是在产业化及区域效率贡献度上与其他城市群持平。长三角城市群凭借上海的带动效应及沿海的区位优势,其企业技术创新、资源要素流动、国际化程度等要素均助推了该区域技术成果转化与产业化程度,珠三角亦有良好表现。以高技术产业与知识密集型服务业劳动生产率为表现的区域产业化效益指标,五大城市群均有相近的知识培育与外溢水平,差异性不大。在整体劳动生产率、资本生产率和综合能耗方面,结合第一项投入指标综合考虑,长江中游和成渝两个城市群表现更佳,其宜居性优势更加明显。

区域科技人才活力的可持续性指标是在外部系统的协同作用下形成的人才持续供给潜力指标。京津冀的人才基数较高,但是,高端人才集聚与人才保持后的产出效率,以及区域内的协同效应是其重点需要思考的问题。在活力环境与宜居性方面,五大城市群的差异性不大,说明各城市群各自的定位与优势独立性较好,相应指标体现的资源结构分布较好。

京津冀城市群的协同发展是打造首都经济圈、实现区域优势互补、促进环渤海经济区发展、带动北方腹地发展、推进区域发展体制机制创新的需要，是探索完善城市群布局和形态、为优化开发区域发展提供示范和样板的国家战略工程，要坚持优势互补、互利共赢、扎实推进。而重点问题在于"输出""协同"与区域高效"承载"。因此，要探索区域共享与协同机制，全面增强区域整体承载能力，形成有序的激发活力、多方投入、提高产出、加强成果转换的发展之路。

长三角与长江中游城市群是在长三角引领下的发展系统，形成了空间上的点轴发展模式，其天然的区位开放优势促进了各类要素和产业集聚。因此，更需要考虑的是如何"强化引领"与"优化衔接"的问题。上海自贸区建设对长江整体流域起到了良好的示范带动作用，推动了区域与城市间的产业和城市功能分工和市场的一体化。下一步，如何进一步带动长江中游、长江下游区域及城市，优化不同区域与城市间轻、重工业和第二、第三产业的协调发展格局，提高资源配置效率，是关系国家和区域政府，以及长江流域民生的大事。

深圳是中国大陆起步最早、发展最快的经济特区，引领了广东省及珠三角地区的迅速崛起，在粤港澳大湾区中，深圳、香港特别行政区与澳门特别行政区实现区域互动、优势互补，市场化程度高，国际潜力巨大。但由于区域环境复杂、各类政策与资源协同要求较高，因此，该区域发展的关键词被确定为"效能引领"下的"机制联动"与"制度协同"。深圳的高速发展得益于深圳是中国第一个"经济特区"，"制度红利"将持续成为粤港澳大湾区未来发展的最大动力。该区域的"国际一流高等教育"区域建设亦会成为其一大发展特色，也是大湾区集聚与培养全球创新人才，建设持续推动创新发展的优质人才库，负责打造粤港澳大湾区全球创新人才高地的长期性重点工作。同时，区域内的国际一流大学集群对接世界科技前沿，如何与区域市场、与中国市场衔接，如何与企业、政府、社会协同，培养具有国际水平的青年科技人才、战略科技人才、科技领军人才和高水平社会管理人才，这也将成为粤港澳大湾区的又一历史性使命。要努力实现科技引领的国际化人才高地建设，增强创新人才对粤港澳大湾区科技创新、产业升级、城市治理和社会服务的支撑作用，满足粤港澳大湾区对技术、人才和文化的巨大需求，助力粤港澳大湾区成为带动内陆区域、引领中国高质量发展新的区域增长极。

成渝城市群是西部经济基础最好、经济实力最强的区域之一，电子信息、装备制造和金融等产业实力较为雄厚，具有较强的国际和国内影响力。从数据上看，成渝城市群科技人才的个人、企业和政府投入基本均等，活力产出平稳、活力贡献基本与长江中游城市群持平，宜居性指标最优，是我国西部经济充满活力、生活品质优良、生态环境优美的国家级城市群。巴蜀大地，山水相连、人缘相亲、文化一脉，协同成效初显。从 2021 年 10 月 20 日中共中央、国务院发布的《成渝地区双城经济圈建设规划纲要》可以看出，未来成渝城市群的发展关键词是"外畅"，具体来说就是加快"四向八廊"战略性综合交通走廊和"空中丝绸之路建设"，全方位启动立体式的交通空间网建设。成渝城市群的建设目标是引领西部的现代产业基地，打造先进制造业和战略性新兴产业基地，建设世界级文化旅游目的地、长江上游地区金融中心等现代服务业高地。以"双核"带动"外畅、内联"，以交通推动"强核、提质"，期待在党中央战略引领、科技驱动的未来，成渝城市群再创"治蜀兴川"的伟大壮举。

第五章　区域科技人才活力激发的建议

党的二十大报告中指出，要"加快建设世界重要人才中心和创新高地，促进人才区域合理布局和协调发展，着力形成人才国际竞争的比较优势。"党的十八大以来，以习近平同志为核心的党中央先后提出了一系列重大战略举措，推动着人才强国建设不断向纵深发展，我国的人才事业取得了历史性成就，人才领域发生了历史性变化，形成了一系列引领未来的人才工作新理念新战略新举措。党全面加强对人才工作的领导，人才队伍快速壮大，人才效能持续增强，人才比较优势逐步增强。我国已经拥有一支规模宏大、素质优良、结构不断优化、作用日益突出的人才队伍，我国的人才工作站在了一个新的历史起点上。

2021年9月27日，习近平同志在中央人才工作会议上，把十八大以来我国人才建设取得的宝贵经验高度概括成"八个坚持"，即"一是坚持党对人才工作的全面领导，二是坚持人才引领发展的战略地位，三是坚持面向世界科技前沿、面向经济主战场、面向国家重大需求、面向人民生命健康，四是坚持全方位培养用好人才，五是坚持深化人才发展体制机制改革，六是坚持聚天下英才而用之，七是坚持营造识才爱才敬才用才的环境，八是坚持弘扬科学家精神。"这"八个坚持"说明了人才活力的充分展示和有效发挥是推进社会主义伟大事业的本质力量。2021年5月28日，在中国科学院第二十次院士大会、中国工程院第十五次院士大会和中国科协第十次全国代表大会上，习近平同志强调："激发各类人才创新活力，建设全球人才高地"。人才发展治理工作成为体制机制改革的重大议题。党的十九大报告明确指出："党政军民学，东西南北中，党是领导一切的。""党管人才"是党中央科技人才观的核心本质，因此要同心协力建立一个核心、多元主体、共同参与的科技人才创新活力的多元治理体系。

第一节 区域科技人才活力激发的协同治理

一、区域科技人才的协同治理发展趋势

回顾我国现代化建设和改革开放的伟大历史实践，我国人才工作的发展历程，可以看出其中涉及传统政府工作语境下人才领导体制、管理机制、职能分工、运行体系、人才制度等系列构念的综合性议题。我国人才发展治理框架的演化变迁，大体可以划分为3个主要阶段，各阶段表现出不同的治理特征和治理模式。人才治理的第一阶段是从建国到2002年，其中经历了标志性的改革开放。改革开放前我国人才管理主要是集中管控模式，改革开放至2002年，人才管理虽有提升，但基本保持"单一计划式"模式。党中央提出的"尊重知识、尊重人才"的理念，推动人才流动、分类人事管理和专家制度，使得知识分子获得重大解放，激励了计划式的人才管控模式。第二阶段是2002年至2012年的"分工赋权式"模式，提出"四个尊重"理念。2003年5月，中央人才工作协调小组成立，主要负责全国人才工作和人才队伍建设的战略规划、政策研究、宏观指导和工作协调。明确"党管人才"原则和人才强国战略国家级战略，出台人才规划，形成基于战略规划的人才工作分工体系。初步形成了政府主导的战略导向、任务导向的部门分工、参与式的人才管理模式。第三阶段是2012年至今，人才治理呈现综合的"牵头—配合"的治理模式。2013年12月30日，中共中央政治局召开会议，成立习近平同志担任组长的中央全面深化改革领导小组，负责改革总体设计、统筹协调、整体推进、督促落实，人才治理工作得到进一步加强。2021年5月28日，习近平同志在中国科学院第二十次院士大会、中国工程院第十五次院士大会、中国科协第十次全国代表大会上的讲话中提出"聚天下英才而用之"的理念。人才治理更加强调放权松绑，

发挥市场的决定作用，倡导实施党管人才框架下的"牵头—配合"的治理模式。

传统的管理是自上而下的管理顺序，在初期发挥了统一指挥、步调一致的积极职能，但是，当前我国部分区域人才工作还处于"管理"阶段，协同体制尚未形成。孙锐和吴江对全国各地人才领导(协调)小组成员单位人才工作进行了问卷调研，回收用人单位有效样本2 100份，回收人才有效样本9 180份，分析结果显示：政府在人才发展领域管得过多；人才政策碎片化、政策的统筹协调尚有提升空间；市场配置人才的决定性作用发挥不足，专业组织在引导人才发展中的作用发挥不足；人才需求回应性不足，与实践发展脱节；职能部门边界不清晰；人才法治建设滞后；政府、社会、市场尚需形成推动人才发展的合力；人才领导小组成员单位间(政策)协调配合度不高；政府、市场和社会的角色、边界不清等问题。

以京津冀为例，刘亚娜等从政策工具视角对2013—2018年京津冀三地政府出台的区域和地方性人才政策文本进行内容分析，指出三地需要不断打破区域及行政壁垒，打破属地化管理的桎梏和体制机制障碍，增强政策间的协同性及政策效力，构建起人才发展的治理体系。河北省教育厅重大课题"京津冀人才柔性共享"研究报告及河北省人力资源和社会保障厅2019—2020年的调查数据显示，目前京津冀区域人才的供需协同、两个环境和后续动力激励等机制还存在着一些发展中的问题与壁垒。京津冀由于历史、地位、地域因素影响，三省市之间的经济社会发展差距较大，对科技人才的吸引力相差悬殊。《京津冀统计年鉴》《国民经济和社会发展统计公报》资料显示，北京、天津在人均GDP、城市人均可支配收入、高等学校数量、R&D人员及全时当量、科研经费支出、专利申请受理量授权量等方面明显优于河北，虹吸效应使大量科技人才聚集到京津两地，河北在吸引科技人才方面优势远远落后于京津两地。基于以上情况，京津冀在科技人才共享方面的体制机制各有侧重，财力、精力投入不同，区域科技人才共享协同的提升空间较大。程婷和许振晓文章分析了2015—2019年上海、杭州、南京、合肥发布的人才政策，并从引进人才定级与需求领域、人才专业配套支持、人才专项培养体系、人才后勤保障4个方面构建人才政策评价体系，对4个城市进行比较，研究发现：长三角地区人才管理的部分政策各自为政，创新合作的人才交流协调机制尚未建立；上海表现出较强的虹吸效应，人才分布出现极化的现象、区域人才评定标准不一致，职业资格、人才等级互认制度出现"一地一策"的现象；尚未建立共享的人才资源信息平台，以及地方政府人才争夺造成了国家财政资源的浪费等问题。同时提出长三角地区可以通过强化人才政策统筹规划、建立人才协同共享机制、开发智能化人才服务平台和推进公共服务一体化等有效措施，解决区域人才协同化问题。需要进一步深入了解人才主观期望环境与当下人才所处的客观环境，开展区域人才的供需协同、环境协同、人才政策协同。摆脱单纯依赖政府的意识和作风，要努力寻找国家、市场、第三部门协同过程中的序参量，创新科技人才价值市场的市场机制，关注主体要素、服务与支撑要素、环境要素，研究科技人才价值实现的系统性机理。

新时代人才治理体系是实施创新驱动战略的人才协同治理体系，2019年10月31日，党的十九届四中全会审议通过《中共中央关于坚持和完善中国特色社会主义制度、推进国家治理体系和治理能力现代化若干重大问题的决定》，全会强调"坚持党的集中统一领导"、坚定"党管人才"，中国共产党作为执政党，是推动中国治理前进的核心力量，是国家治理和公共治理的主体。公共治理是在中国共产党领导下，通过搭建开放共享平台吸纳多元主体参与的体系，单纯依赖政府是无法满足公共服务的需求的，由国家、市场、第三部门共同提供公共服务成为趋势，各要素在按照某种方式相互作用的过程中，产生相关的序参量，以此促使系统向有序、稳定的方向发展，从而尽可能地发挥系统的整体功能，实现系统协同。

科技人才的"协同治理"强调行为主体的多元、多层次参与体系设计，基于利益相关理论和委托代理理论，分析政策制定过程中的利益相关方及其当前的互动方式，包括中央与地方互动模式(如"中央主导下的寻优模式""央地协商下的妥协模式""地方实践注入中央政策的学习模式"等)，以及政府、市场、社团、民间资本等主体的知识和利益诉求差异，以决策协商、信息共享、有效沟通、结果反馈、责任监管等制度，形成多方协同的工作机制，构建"协同生态"，实现激活效应。持续培育与激发科技人才活力，需要利用先进的技术手段，通过客观、及时的反馈机制，形成敏捷治理，实现政府与各级组织的闭环学习，改进政府与市场主体和学术界的互动模式，促进各类主体的及时应对、协同与调整。闭环学习与反馈的科技人才活力的协同治理，就是要着力于应对社会多样化的需求和复杂多变的矛盾，努力构建"韧性治理""动态治理""柔性治理""协同治理"的治理体系，基于政府的宏观主导能力、顶层设计能力，积极发挥市场的主导机制，科技社团的激励与监督机制，民间资本的持续动力，打造科技人才发展生态，形成"人人渴望成才、人人努力成才、人人皆可成才、人人尽展其才"的良好局面。由传统的"人才管理"向"人才系统治理"转变，政府、市场组织和社会将会成为人才协同治理的三大主体，在人才管理领域分别发挥各自的作用，市场和社会的力量将会不断强大，政府则为其提供基础保障，三者之间形成互动关系，这是市场引导和政府转型的必然选择。

二、区域科技人才的协同治理有利于建立长效动力机制

区域科技人才价值实现的驱动机制需要从多领域、全方位、深层次推进，才能发挥科技人才的更大价值，让科技人才真正破除各种阻碍成为市场产品。合作范围应该包括人才市场、人才载体、服务平台等多方面市场服务机构的建设，这是公共服务的多主体参与的必然要求，多主体协同的合作内容和合作方式需要进一步创新。例如，2015年4月30日，中共中央政治局召开会议，审议通过《京津冀协同发展规划纲要》，明确了三地新的功能定位。随后，京津冀三地的科技人才政策纷纷出台，积极探索，政策效果逐渐深入。但是，因为区位间的发展位差，区域科技人才价值实现尚未形成长效动力机制，区域科技人才发展尚未形成"良性"与"协同"的格局，科技人才群体创新活力激活任重道远。

科技人才协同治理是诸多机制的"协同"，改进传统政府与市场主体和学术界的互动模式，从区域政策环境、产业结构、培育与教育、人文环境等多主体、多机制协同，形成敏捷的协同治理结构，激发科技人才的创新活力。首先，需要考虑区域内的政策衔接问题。区域科技人才

协同工作需要区域各方经济与社会管理机构、科技教育、社会保障、户籍管理、人事人才、财税金融等政策统筹规划、相互衔接；第二，需要考虑科技人才供需信息平台与渠道建设问题。由于科技人才共享市场尚未形成，科技人才供需仍依靠小范围内的、不完全公开的形式开展工作，信息闭塞。虽然政府鼓励科技人才共享，但是由于受到政策、社会保障、原单位阻碍等因素的影响，缺少科技人才供需的共享平台，渠道也不顺畅；虽然通过新闻媒体公开引进科技人才的情况较多，但是实际中靠人情、朋友来获得科技人才的现象普遍存在。这些问题都会在区域人才服务机制的协同下得到解决。

随着互联网时代的发展，区域间、区域内不同的组成部分，因发展基础、发展条件等方面的差异性和互补性，有条件走向协同，其中经济协同与人才协同是衡量区域一体化与协同发展程度的两个重要标志。科技人才的实体与智力的"协同""共享"是区域人才开发与活力的要求，也是区域协同发展的内在要求，同时是区域产业结构调整和技术创新的助力，区域科技人才的协同治理可以建立长效动力机制。

三、区域科技人才的协同治理的优化机制

区域科技人才的协同治理是系统性工作，发挥系统的"政、产、学、研、用"等各子系统之间的协同合作将有助于提升协同治理效果，激发科技人才活力。其中涉及七大利益相关系统：战略与决策者是中央政府，政策的主要执行者是地方政府，两级政府是科技创新的领导者和推动者；区域科技人才是系统自立主体，也是服务对象；科技人才所在单位是利益需求者、服务者，也是科技创新的主体；高校和各类研究机构是科技人才培养的专业单位，也是科研的中坚力量，是有效供给者；区域人才服务管理机构是专业服务提供商；新闻媒体则是为科技人才的协同治理提供良好的舆论氛围服务。建设科技创新型国家，发挥政府的主导作用，增强企业的科技能力，搭建实训平台，企业和民间资本赞助给予经费支持，改革高等教育体制，发挥非营利性研究机构的专业作用，为科技人才的技术成果的转化打造中介服务网络，并且加强创新主体间的联系和互动，形成协同创新的合力。通过研究，可以得到如下有待深化

的系统机制模型，如图 5-1 所示。

在协同理论框架下，对区域科技人才的价值实现与协同治理的机理进行研究，探索影响科技人才创新活力的关键要素，可以从协同系统内的七大主体入手，深入探索活力投入、绩效产出、转化与服务和可持续发展的长效激发机制，提高区域科技人才活力指数，帮助政府和社会多视角地关注科技人才工作的现状和问题，并提出激发科技人才创新活力的对策。

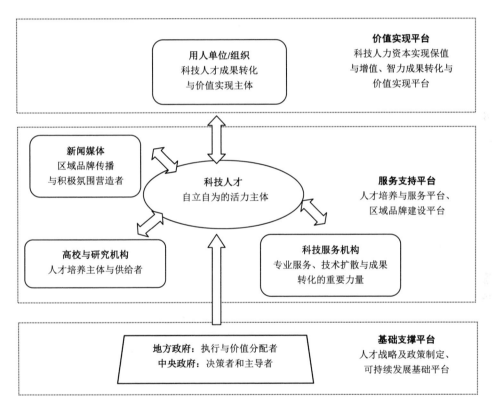

图 5-1 区域科技人才协同治理系统各主体相互作用机制

第二节 区域科技人才活力激发的对策建议

激发各类人才创新活力，需要营造良好的创新环境。2016年3月20日，中共中央印发《关于深化人才发展体制机制改革的意见》(以下简称《意见》)，深化人才发展体制机制改革。《意见》实施以来，各级政府、组织深入贯彻意见精神，大力破解人才工作体制机制障碍，不断激发人才创新创造活力，成效明显。但同时也要清醒地看到，人才发展体制机制改革还不同程度地存在一些深层次的矛盾，人才政策的协调性和配套性还有待提高，人才发展环境还需要进一步优化。

科技人才活力的培育、激发与区域各类环境有密切的关联，在引导和服务科技人才价值贡献、实现最优配置的同时，不仅要着眼于区域经济与社会发展的客观需要，更要注重人才成长、发展的规律，充分地融合、推动科技人才的协同治理。为此，要厘清政府、市场、社团、资本的职能边界和作用。如硅谷地区宽松的知识环境、便利的流动机会、独特的人才共享文化，以及资本、产业、科研的密切合作，促成了该区域科技人才涌现、科技成果喷发的奇迹。我国科技人才的成长，同样需要有利于科技人才共享与活力激发的区域协同环境。通过应用协同管理理论，对区域科技人才共享与协同管理的机理进行研究，根据区域科技人才活力的指数，探索影响科技人才活力的各个层面的要素，激发科技人才活力，提出如下建议。

一、激发协同系统内各主体投入的作用机制

人才发展体制机制深水区的改革已经破题，习近平同志在讲话中特别指出："科技创新离不开科技人员持久的时间投入""保障时间就是保护创新能力"。习近平同志着重强调："要建立让科研人员把主要精力放在科研上的保障机制，让科技人员把主要精力投入科技创新和研发活动。"要求各级党委和政府要充分尊重人才，加强对科研活动的科学管

理和服务保障,为科研人员创造良好的创新环境。新时代人才强国建设的科学内涵第一个维度就是"投入维度",要健全政府、社会、单位多元化人才投入机制,提高人力资本整体价值收益。

(1) 自我激励是科技人才个体持续投入的核心。科技人才的活力激发不同于普通人群,马斯洛需求层次理论认为,在满足了基本的生理与安全需求的基础上,成就导向是人才激励的主要切入点。吴存凤和叶金松根据库克曲线原理指出,当人才个体接触一项新的工作时,其创造力会快速增长,工作的积极性和活力也就随之提升。为了激发和保持科技工作者的创造力,需要通过不断开辟新的工作领域,加强学习交流来保持科技创新能力。张四龙和颜爱民针对如何激励科技人才积极进行技术创新,提出在完善科技人才的福利激励与内部公平的基础上,要注重增强科技人才的工作自主性、工作时间的灵活性。新宇等通过问卷调查方法,对某985高校各科研团队中228位科研人员及其直接领导进行调研,提出要关注团队成员的认知和情感体验,只有当科研人员产生挑战性评价时(挑战性评价指的是关注于个体在事件中的潜在成长与收获,会引起积极的情绪体验),才有可能激发相应的创造力,威胁性评价会对创造力产生相反效果(威胁性评价是指关注于个体在事件中的潜在(尚未发生)损失或伤害,会引起消极的情绪体验)。邢明强等结合国内外先进经验对激发科技人才创新活力提出要提高科技人才"自激励"的能力。

(2) 组织"战略"层面对科技研发行为的重视可以明确企业投入的方向。科技人才活力的本质是科技人才主观能动性的集中表现,因此,组织从战略高度的政策上"引领"科技人才自激励是激发自身创新活力最直接、最有效的路径之一。同时,创新型的领导风格和不断革新探索的领导精神激励,会激发科技人才的创新动力和创新激情,挖掘科技人才的知识潜能,是实现科技人才活力的重要路径。左健民指出,企业组织与高校、科研院所利用各自的优势资源,合作开展科学研究、技术开发和应用,以及人才培养而建立一种合作关系,产学研合作是一种有效利用资源创造价值的方式,是一种制度安排。杨洁指出,通过聚焦于组织支持、上级支持和同事支持在创新行为激发中的重要作用,提出促进科研人才创新行为的对策思路,如构建学习型团队,合理配置团队领导,提高组织的包容性。王晓飞指出,创新驱动发展已成为科技型企业谋求未来发展的重要战略,创新的核心主体是科研人员。现代的企业要从战略高度,利用政策引领人才培养与发展。通过多条职业通道发展,多种激励手段,满足科技人员不同层次的需求,从而有效调动科研员工的主观能动性,激发其创新创造的热情。徐茜对组织的科技人才发展提出建议,建立知识团队,积极进行技术推广或技术跟进,使本企业技术成为当前或未来的主流。

(3) 区域"政策红利"和政府科技支出是科技人才活力激发的基础保障。国家在人才强国战略高度上进行顶层设计,把科技人力资源开发纳入经济社会发展的战略规划和总体布局。在政策制定和发布阶段,建议建立多部委共同协商机制,联合发文,协同不同部门的利益诉求,增强政策一致性和适用性。地方政府目前大多在实行"一站式服务""联合办公大厅"等服务形式,向"服务型政府"转变。努力拓宽科技人才服务渠道,通过"网上服务"进行尝试,提高政策的普及性。朱勋克等从人才强国战略的高度,强调人才是第一资源,是实现"中国梦"的基石,是构建人类命运共同体的首要战略资源。孙锐和吴江指出,推动人才发展治理能力现代化是新时代完善国家治理体系的重要组成部分,并提出了发展"党管人才"总体治理构架、进一步强调了执政党中心治理的主体角色、形成多主体协同参与治理模式的对策建议。刘忠艳提出,传统的人才管理面临着行政过度干预制约人才效能充分释放的问题,导致人才治理高效化运行新格局难以达成;重人才"结果输出"、轻"内生能力培育",促使人才发展治理路径本末倒置;供给类政策工具的推动势能强于需求类、环境类政策工具的拉动和影响效应,诱发人才创新成果现实转化乏力等发展困境。

因此,需要重塑政府人才治理职能边界,优化人才发展领导体制;创新政府人才治理内容体系,克服政府人才发展供给短板;推进人才发展治理体系和治理能力现代化建设。应进一步转变政府部门人才工作职能,向服务型政府转变。充分发挥市场配置人才的决定性作用,加大在整个协同系统中的政策投入,推动人才管理部门进一步简政、放权、松绑,消除对用人主体的过度干预,把人才评价、选用、调配、奖励权放给用人主体。下放部分行政权限,发挥用人主体在人才培养、引进、使用中的积极作用,建立健全"授权""外部监管"和"军令状"

制度，确保下放的权限接得住、用得好。用人单位要切实履行好主体责任，用不好授权、履责不到位的要问责。全面落实国有企业、高校、科研院所等企事业单位的用人自主权，健全完善人才市场体系，畅通人才流动渠道。发挥好政府在人才宏观管理、政策法规制定、公共服务、监督保障等方面的作用，在放管结合中提供优质服务。同时，地方政府要从人才强国战略高度认知科技人才协同治理工作，适当提高科技支出在政府性支出中的占比，吸引多方资金，鼓励企业加大基础项研发投入，形成政策引领的多方投入的良好局面。

二、明确科技人才绩效产出的奖励机制

新时代人才强国建设的科学内涵第二个维度就是"过程维度"。马克思主义哲学强调人类最大的特征就是主观能动性，科技人才有着较强的主观能动性和创新性，即具有同样知识技能的人在不同的体制、不同的配置、不同的劳动状态和心理状态下，会展现出不同的能力，创造出不同的社会价值。科技人才的主观能动性使得科技人才的活力激发成为可能。哈佛大学教授威廉·詹姆斯研究发现，在缺乏激励的环境中，人的潜力只能发挥 20%~30%，而在良好的激励环境中，同样的人员却可以发挥出潜力的 80%~90%。同样的人力资源存量，处于不同的状态，创造的价值可以有巨大的差异，而产生的差距就是激励作用所导致的。

科技人才在创新创业、价值创造的过程中要最大限度地发挥聪明才智与潜能，特别是在新一轮科技革命和产业变革的背景下，新基建、新动能、新技术的快速演化迭代所带来的人才发展的问题和机会，已成为助推人才创新突破、实现自我发展的新型社会资源。新时代人才强国的核心标识在于人才创新能力强、竞争力强，能够产生或者提供一大批改变人类工作和生活方式的伟大发现、原创技术、发明创造和颠覆性产品，涌现出一大批具有全球影响力、市场竞争力的领军型企业，掌握一批重要学科和产业的话语权，在若干战略领域形成世界人才尖峰，使我国成为世界重要原创思想的汇聚地和策源地、世界标志性成果的主要贡献国。

科技人才激励目的在于通过保障和增加科技人才收入，以及营造良好环境的方式，激发科技人才活力与创新绩效产出，人才激励一方面要

深入推进以知识价值为导向的收入分配政策，另一方面要重视奖励制度的构建。科技人才绩效产出不是结果，个体的产出只是整体活力与区域活力的过程性指标。

结合本书前面章节有关科技人才评价与激励政策，综合分析科技人才政策的变迁情况。针对科技人才激励问题，需要依靠经济激励和精神激励共同推进科技人才发展，包括完善收入分配制度、制定优惠政策、鼓励成果转化、实行股权期权激励、健全完善科研奖励制度、持续投入稳定经费；通过引入竞争机制等方式促进科技人才发展，包括完善专业技术职务制度、引入竞争机制扩大自主权。

(1) 逐级放权、加强督导，提高科技人才绩效产出的积极性。建议政府进一步放宽国有企业、高校、科研院所等企事业单位的用人自主权，用人主体要建立鼓励科技人才高质量产出的奖励机制，进一步加大人才体制机制配套改革力度。进一步破除阻碍人才发展的思想束缚和体制机制羁绊，突出抓好人才管理体制、人才评价、引进、使用和激励机制改革工作。

(2) 加强核心人才建设，是科技人才活力激发的重点。进一步改革、细化顶尖人才、领军人才、高端人才和骨干人才的匹配性政策支持，在优势领域和重点单位推动高层次人才接力工程。

制造业是我国的立国之本、强国之基，要加强高级技术人才队伍建设，重点关注并培养一大批卓越工程师，这是制造业之本。我国是世界上唯一拥有全部工业门类的国家，但是，我国制造业总体上仍处于全球价值链的中低端，许多产业面临工程师数量不足、质量不高的问题。"卓越工程师计划"应成为我们教育与培养的常态化重点工作，要持续深化工程教育改革，加大高等理工科人才培养力度，探索实行高校和企业联合培养高素质复合型工科人才的有效机制，实行校企"双导师制"，实现产学研深度融合，解决工程技术人才培养与生产实践脱节的问题。探索一条适合中国国情，对标世界水平的工程师培养之路，努力建设一支爱党报国、敬业奉献、具有突出技术创新能力、善于解决复杂工程问题的工程师队伍。

(3) 培养与建设规模宏大的青年科技人才队伍，保证科技人才活力激发的持续性。青年人才是国家战略人才力量的源头活水，是国家人才战略的重点群体,要重视中青年科技人才的培养与激励,加大中青年科技人才绩效产出和创新创业支持激励力度。要重视解决青年科技人才面临的实际困难,让青年科技人才安身、安心、安业。匹配青年科技人才的成长规律,完善优秀青年人才全链条培养与激励制度,建立前沿项目、人才发现机制,构建新型人才培养机构和服务平台,组织实施高校优秀毕业生接续培养计划,从高校、科研院所、企业遴选高水平导师,赋予其高端人才培养任务。长期、稳定地支持在科学领域取得突出成绩且具有明显创新潜力的青年人才,给予青年人才更多的信任、更好的帮助、更有力的支持,支持青年人才挑大梁、当主角。

(4) 加大基础性研究的支持力度,重点支持基础研究项目,将其列入国家重点优先保障体系。基础性研究非常重要,但是成果产出难、研发周期长,因此,要进一步优化与落实科技人才收入分配制度改革,增加基础知识价值导向的项目及基金分配比例,提高专注基础研究的科技人才待遇。要加快建立突出原创的创新基础研究基地建设,制定并实施基础研究人才专项工程,吸引更多优秀的科技人才投身基础研究,突出本土化、原创性的基础产出,避免急功近利、浮躁的风气。

(5) 注意"公平"与"适度"原则,防止"资本戾气"的侵蚀。专注科学研究是我们广大科研人才的"本职工作",所以,要时刻注意过度的科研指标压力和资本戾气对学术研究的侵蚀,要坚守科技人才的思想阵地,弘扬科学家精神,树立科技报国的核心价值观。建立更加公平、公正、透明的国家科研项目和科技奖励评审机制,发挥科学家精神的引领作用,优化科研诚信体系,营造良好的科研创新生态环境,推进新型科研机构建设。优化政府科技奖项,仅保留少数权威奖项。完善海外高层次人才(及其家人)的签证、永居、移民、税收、社会保障等政策和制度体系。

三、优化科技人才成果转化与产业化机制

习近平同志要求:"科学研究既要追求知识和真理,也要服务于经济社会发展和广大人民群众。广大科技工作者要把论文写在祖国的大地上,把科技成果应用在实现现代化的伟大事业中。"新时代人才强国建

设的科学内涵第三个维度就是"结果维度"。所有的投入与绩效产出，如果不能服务于区域经济建设与社会发展，不能服务于强国与民生，都将是徒劳的。前文提到科技人才的绩效指标也被称为"过程性指标"，而"结果性指标"就是过程性指标产生的结果，就是科技成果对区域经济发展、社会进步和人民福祉的促进作用与实践效果。本书以加强技术成果转化、产业化及具体收益指标，以及注重区域提高劳动生产率、资本生产率和降低综合资源能耗作为主要的衡量科技贡献、人才贡献的指标，实现加大科技成果在高技术产业的比重，提高人力资本、金融资本和技术资本的综合效率。

科技评价一直是科技人才管理的"指挥棒"和"风向标"，党中央、国务院一直高度重视科技评价制度建设，并始终将其作为科技体制改革攻坚的关键环节。萧鸣政和唐秀锋对部分知名专家的研究结果表明，获奖对科技人才成长的影响作用并不显著，结合中央分类推进人才评价机制改革的相关精神，在衡量科技人才评价标准时，要防止"唯论文论""唯学历论""唯职称论""唯奖项论"；要以服务人民与政府需要为标准评价人才，要以发展观评价人才，要以实绩与贡献为导向评价人才。

四、加强科技人才活力的可持续性建设机制

党的十九大报告指出："以识才的慧眼、爱才的诚意、用才的胆识、容才的雅量、聚才的良方，把党内和党外、国内和国外各方面优秀人才集聚到党和人民的伟大奋斗中来。"由此可见，做好新时代的人才工作必须把握大势、放眼全球，广聚天下英才服务于中国的现代化建设。在中央人才工作会议上，习近平同志把十八大以来我国人才建设取得的宝贵经验高度概括成"八个坚持"，其中一项就是"坚持营造识才爱才敬才用才的环境"。环境是感召力、吸引力、凝聚力、竞争力和生产力。对于一个国家、地区和城市来说，环境好，人才则聚，事业就兴旺发达；环境不好，人才则散，事业就衰败。人才环境包括硬环境和软环境、宏观环境和微观环境、物质环境和人文环境、工作环境和生活环境等等。现阶段中国的人才环境建设重在对软环境的营造，因为硬环境的打造需要时间和条件，不可能一蹴而就，而软环境建设可以超前进行，比如法

治环境、人文环境、政策环境等。

人才政策的"协同"和服务保障措施要通过市场的作用实现人力资源在不同区域之间的合理流动和有效配置。提高城镇化比例，提高区域第三产业人口比例，吸引外地人才，吴耀国等基于2008—2018年38个地级以上城市的常住人口、户籍人口年度数据，对城市"抢人"政策吸引人口效应进行了评估。研究结果表明，人才招引政策的户籍人口效应总体上好于常住人口效应，就是说，在城市新增户籍人口中，存在非户籍常住人口户籍化现象，"抢人"政策起到了"留住人"的较好效果。

地方政府和用人主体在科技人才的可持续建设中起着重要的执行与督导作用。完善区域内、区域间的省市政府协商合作机制，加强区域间的合作，建立跨区域合作引导平台，以实现科技资源共享，推动区域间的协调发展。

(1) 建立区域科技人才协同机制，加强人才政策输出。政府部门和各企事业单位要制定长远的科技人才管理规划，落实党管人才战略，确立"人才强省、人才强市"的战略地位，加大政策指导与输出，明确高层次科技创新人才的培养和发展路径，并逐级检查管理目标和阶段性工作业绩指标落实工作。

立足各区域核心城市的突出区位优势、功能平台和重大战略支撑，发挥核心城市的示范作用。区域内的其他省市要主动接力、借力与协同核心城市的引领，明确科技人才集聚或共享的精准路径，盘活地区既有的人才存量，探索扩增人才集聚存量和提升人才集聚质量并举的方法，实现区域科技人才一体化发展。并通过强化区域资源共享与合作，发挥和打造区域内部各省市的内生优势和合作优势，化解省际人才恶性争夺导致的人才集聚水平差距过大问题，以及后发地区人才流失问题，提升区域科技人才集聚水平，从而加强区域人才集聚的统筹性、协调性、关联性和互动性，实现科技人才集聚驱动地区战略深入实施的智力支撑目标。

(2) 依据区域建设定位，注重科技人才结构优化。政府部门要坚持可持续的人才发展战略，加大人才培养的长期投入，注重调整区域人才队伍结构。按照区域经济建设与社会发展的需要，形成良好的区域间、区域内的各省市的战略"共享"与"协同"，优化科技人才知识构成和队伍结构，这是区域科技软实力的基础性长期保障。

刘彦君等预测了美国对中国科技创新的竞争性战略的未来发展趋势：贸易战将会愈演愈烈，美国将以高科技为核心目标，以"人才战"为关键，以"标准战"为重要手段，"由点到面及体"逐步遏制中国发展。同时提出我国要做好打持久战的准备，人才引进与培养并举，大力加强高科技人才队伍建设，继续提升国际标准制定的话语权。马杰和袁悦指出，我国要全方位应对贸易摩擦，加大科研资金投入，推动能源技术研究及科研人才培养。杨道州和张梦提出要完善产业人才支撑体系，制定重点高科技产业人才的中长期规划，加快高科技产业人才"外引内育"，形成多层次的人才培养体系。比如，以国家示范性微电子学院创建为引领，鼓励基础条件较好的学校设立微电子学院或芯片产业学院，根据实际基础条件进行博士、硕士、本科不同层次的培养，密切结合存储器产业一线需求，分类培养工程师和技师。鼓励龙头企业牵头，联合高校、科研院所建设实训平台，通过实训平台解决人才培养从高校到企业中间衔接缺失问题。规范存储器重大项目人才流动机制，在实战中锻炼人才快速成长，激发科技人才创新激情，保障重大项目人才队伍的稳定。尤其要注重打造一流科技领军人才的创新团队，围绕国家重点领域和重点产业，发挥国家实验室、国家科研机构、高水平研究型大学、科技领军企业的"国家队"作用，加速集聚、重点支持一流科技领军人才和创新团队，在重大科研任务中培养人才。

(3) 构建"精神"与"资本"双路径的科技人才活力贡献的分配制度。地方政府部门及企事业单位要充分发挥区域内政府、单位、民间资本等的协同机制，制定合理的科技人才活力贡献的分配与奖励制度，将"尊重知识""尊重人才"的口号落在实处。建立并完善知识、技术、管理等要素参与奖励分配机制，尊重市场规律，构建精神奖励、货币激励的科技人才活力贡献的分配奖励机制，形成良性的区域人才创新氛围。

(4) 加强配套服务，构建富有竞争力的"区域人才特区"品牌。地方政府在营造有序的竞争环境和均等的竞争条件基础上，加强政府的服务职能，进一步加强与科技人才活力相关的服务细节工作，加快构建与现代化的服务行业、现代大学制度和公共医疗卫生制度相适应的科技人才管理制度，为科技人才提供公平的工作机会和便利的生活保障。地方政府和组织要尽快完善"招才"与"留才"的配套政策，使高层次创新人才快速融入和适应当地情境，制定科学合理且健康可持续的人才引进政策，建立人才档案，提升区域学龄教育、高等教育、养老服务等工作，提升专业服务行业活力与水平，加强区域公共医疗和宜居性等指标。研究制定外国人才工作许可、出入境、居留、创新创业、外汇结汇、社会保障细化配套政策。要让人才，无论是本土人才，还是国际化人才，都能够"引得来、用得好、留得住"，形成人才外部引进与内部培养的合力，激发高层次创新人才，为当地发展贡献智慧和力量，形成强劲的区域人才活力的可持续发展动力。

结　论

　　中国共产党第二十次全国代表大会报告中提出，必须坚持"人才是第一资源"，深入实施"人才强国战略"，坚持"人才引领驱动"。党的人才观经历了从尊重人才到把人才放在首位的重大转变，制定并实践了一系列卓有成效的人才政策和方针，我国科技实力得到了快速的提升。但是，科技成果的整体质量仍有待提升，尤其在关键领域的核心技术有待突破。科技人才的活力远没有得到充分的释放。伴随数字技术革新与数据爆发式增长，人类社会正迅速从信息科技时代向数字科技时代迈进，数据资产的属性凸显，万物互联、沉浸式传播正改变着、引领新一轮的经济产业变革，更将重塑社会，从根本上促成国家治理现代化转型。数字化与智能化时代使得我们必须重新认识科技人才的生态环境，不仅是简单的制度下的选、育、用、留问题，更是在数字化、智能化时代的差异化、多样化生态体系的构建。科技人才活力的培养与激发已成为推进国家人才协同治理现代化的构成要件和重大的学术议题。本书有关"科技人才活力"的研究是践行党中央"人才是第一资源"的人才观，以及人才强国、科教兴国、创新驱动发展的国家发展战略方针，以区域和城市群的视角，对官方数据进一步挖掘的成果，但对数据背后的可能隐含的结论并未做太多的解读，部分评价也主要是通过对比标准参考值的方式体现，读者及使用单位可基于其自身的需求做出更多的更有效的结论，得到更多的启示。

　　本书的编撰体系是通过对科技人才活力指标评价模型的构建，从城市或城市群的区域比较视角展开，作者将持续跟踪科技人才活力的指标优化、数据刷新等工作，并将进一步独立与细化有关重点人才、女性研发人才、国际化人才、科技人才服务产业等纵深指标，分层次、分群体地促进科技人才针对性服务，提出人才体制与机制改革的实践性政策建议方案。

参考文献

[1] Agrawal A, Cockburn I. The anchor tenant hypothesis: Exploring the role of large local, R&D intensive firms in regional innovation systems[J]. International Journal of Industrial Organization, 2003, 21(9): 1227-1253.

[2] Bostic, T. J., Rubio, D. M, & Hood, M.. A validation of the subjective vitality scale using structural equation modeling. Social Indicators Research[J]. 2000,52, 313-324.

[3] Docquier F, Machado J. Global Competition for Attracting Talents and the World Economy[J]. The World Economy, 2016, 39(4):530-542.

[4] EMONTSPOOL J, SERVAIS P. Cross-border entrepreneurship in a global world: a critical reconceptualization[J]. European journal of international management, 2017,11 (3):262－279.

[5] Florida, R.Cities and the Creative Class[J]. City & Community, 2003,2, 13-19.

[6] Freeman M. Technology of Policy and Economic Per- formance: Lessons From Japan[M]. London: Printer, 1998.

[7] Grossman M, Apaydinm A multi - dimensional framework of organizational innovation: A systematic review of the literature[J]. Journal of Management Studies, 2010,27(6):1154 -1191.

[8] Karlsson, Charlie, Andersson, et al. Regional growth and accessibility to knowledge resources: A study of Swedish municipalities[J]. 2007, (5): 7-26.

[9] Lee R and Mason A. What is the Demographic Dividend [J]. Finance and Development, 2006(3):16-17.

[10] Loom D E, Williamson J G. Demographic Transitions and Economic Miracles in Emerging Asia [J]. Nber Working papers, 1997(3):419-455.

[11] Muller E, Zenker A. Business services as actors of knowledge transformation: The role of KIBS in regional and national innovation systems[J]. Research Policy. 2001, 30(9):1501-1516.

[12] Nix, G. A., Ryan, R. M., Manly, J. B., & Deci, E. L.. Revitalization through self-regulation: The effects of autonomous and controlled motivation on happiness and vitality. Journal of Experimental Social Psychology, 1999,35, 266-284.

[13] O Home.The Global Competition for Talent: Mobility of the Highly Skilled[J]. OECD, 2008(5):130.

[14] Ryan, R. M., and Deci, E. L. "To be happy or to be self-fulfilled: a review of research on hedonic and eudaimonic well-being"[J]. Annual Review of Psychology, (Palo Alto, CA: Annual Reviews), 2001(52)141–166.

[15] Ryan, R. M., and Frederick, C. M.. On energy, personality and health:Subjective vitality as a dynamic reflection of well-being. Journal of Personality[J]. 1997,65, 529-565.

[16] Saxenian, A. Regional Advantage: Culture and Competition in Silicon Valley and Route 128. Harvard University Press, Cambridge, MA.1994.

[17] Vilanova M R, Leydesdorff L. Why Catalonia cannot be considered as a regional innovation system[J]. Scient metrics, 2001,50(2): 215-240.7.

[18] 包迪鸿, 盛乐. 试论企业家人力资本产权及其特性[J]. 生产力研究, 2001(06):133-135.

[19] 鲍盛华, 任爽. 2016 届全国高校毕业生净就业率超 90%[N]. 光明日报, 2016-12-14(6).

[20] 边雅静, 沈利生. 人力资本对我国东西部经济增长影响的实证分析[J]. 数量经济技术经济研究, 2004(12):19-24.

[21] 边雅静. 我国人力资本调查体系的构建[J]. 统计与决策, 2010(17):

36-39.

[22] 蔡昉.人口转变、人口红利与经济增长可持续性——兼论充分就业如何促进经济增长[J].人口研究,2004(02):2-9.

[23] 蔡昉.人口转变、人口红利与刘易斯转折点[J].经济研究,2010,45(04):4-13.

[24] 蔡昉.未来的人口红利——中国经济增长源泉的开拓[J].中国人口科学,2009(01):2-10+111.

[25] 蔡昉.中国的人口红利还能持续多久[J].经济学动态,2011(06):3-7.

[26] 曹钰华,袁勇志.我国区域创新人才政策对比研究——基于政策工具和"系统失灵"视角的内容分析[J].科技管理研究,2019,39(10):55-65.

[27] 查良松.高校学生创业力提升对策研究[J].中国高校科技,2015(04):91-9.

[28] 常志有,李恒,陈长瑶,屠年松.边疆少数民族地区人力资本形成机制分析[J].云南师范大学学报(哲学社会科学版),2011,43(01):145-150.

[29] 车士义,陈卫,郭琳.中国经济增长中的人口红利[J].人口与经济,2011(03):16-23+77.

[30] 陈对.我国人口质量红利影响因素研究[J].统计与决策,2015(10):88-91.

[31] 陈纪平.我国老龄化进程中的第二人口红利:理论与实证[J].西北人口,2017,38(04):18-23.

[32] 陈劲,陈钰芬.企业技术创新绩效评价指标体系研究[J].科学学与科学技术管理,2006,(3):86-91.

[33] 陈劲,张学文.中国创新驱动发展与科技体制改革(2012-2017)[J].科学学研究,2018,36(12):2116-2121.

[34] 陈璐,高昂,杨百寅,等.家长式领导对高层管理团队成员创造力的作用机制研究[J].管理学报,2013,10(06):831-838.

[35] 陈韶光,袁伦渠.人才国际流动的效应分析[J].管理世界,2004(10):147-148.

[36] 陈新林. 新型城镇化建设对区域经济增长的影响研究[D]. 塔里木大学, 2021.

[37] 陈友华. 人口红利与人口负债:数量界定、经验观察与理论思考[J]. 人口研究, 2005(06):23-29.

[38] 陈友华. 人口红利与中国的经济增长[J]. 江苏行政学院学报, 2008(4):58-63.

[39] 迟萍萍. 我国科技人才流动特点及作用简析[J]. 科技经济市场, 2020(03):105-107.

[40] 崔颖. 基于模糊综合评价的科技创新人才政策环境评价研究——来自河南省的数据[J]. 科技管理研究, 2013, 33(11):83-87.

[41] 邓小平. 邓小平文选(第2卷)[M]. 北京: 人民出版社, 1994.

[42] 段玉厂, 傅首清. 中关村高层次创新创业人才循环机制建设路径研究——基于与硅谷的比较[J]. 管理评论, 2015, 27(07):87-93+176.

[43] 冯涛, 李青俊. 高技术企业人力资本产权化对企业产权结构和绩效的影响分析[J]. 当代经济科学, 2001(04):38-44.

[44] 冯雪, 刘倩, 李晓妍. 河北省科技人才分类评价[J]. 合作经济与科技, 2017(04):149-150.

[45] 冯亚明, 王慧芳. 基于科技人才流动视角的产业集群风险研究[J]. 中国管理信息化, 2010, 13(07):55-57.

[46] 高远东, 张娜. 中国城镇化进程中城乡收入差距缩小的人力资本门限效应分析[J]. 经济问题探索, 2018(09):42-51.

[47] 龚俊峰. 认知人才盘点, 激活人才活力[J]. 人力资源, 2020(19):56-59.

[48] 顾玲琍, 王建平, 杨小玲. 科技人才政策实施效果评估指标体系构建及其应用研究[J]. 中国人力资源开发, 2019, 36(04):100-108.

[49] 郭晗, 任保平. 人口红利变化与中国经济发展方式转变[J]. 当代财经, 2014(3):5-13.

[50] 郭媛媛, 廖林勇. 论广西北部湾经济区多层次科技人才流动机制的构建[J]. 企业科技与发展, 2012(10):9-12.

[51] 韩平, 黄念, 杭文菁. 我国IT企业科研人才流失现状及预警模型构建[J]. 科技管理研究, 2016(18):182-187.

[52] 韩翼，廖建桥，龙立荣. 雇员工作绩效结构模型构建与实证研究[J]. 管理科学学报，2007，(5)：62-77.

[53] 何洁，王灏晨，郑晓瑛. 高校科技人才流动意愿现况及相关因素分析[J]. 人口与发展，2014(3):24-32，42.

[54] 何哲. 从硬治理到软治理：国家治理体系完善的一个趋势[J]. 行政管理改革，2019(12):16-23.

[55] 贺大兴. 中国经济增长中的两次人口红利研究[J]. 人口与经济，2013(04):46-52.

[56] 侯建. 浅谈以人为本理念在高职院校学生管理中的渗透[J]. 明日风尚，2018(21): 178.

[57] 黄乾. 人力资本产权的概念、结构与特征[J]. 经济学家，2000(05):38-45.

[58] 黄钟仪，夏忠. 人才活力:概念提出和理论构想[J]. 重庆工商大学学报(社会科学版)，2008(01):64-67.

[59] 黄钟仪，夏忠. 中国各地区人才活力评价[M]. 重庆大学出版社，2011[42].

[60] 纪建悦，张学海. 我国科技人才流动动因的实证研究[J]. 中国海洋大学学报，2010(5):65-69.

[61] 简玉兰. 城市人才活力问题研究[J]. 时代经贸(中旬刊)，2008(S8):49.

[62] 江泽民. 江泽民文选(第3卷)[M]. 北京：人民出版社，2006:319.

[63] 姜丽姣. 三源流影响东北地区公共部门人才流动研究[D]. 哈尔滨师范大学，2020.

[64] 晋琳琳，陈宇，奚菁. 家长式领导对科研团队创新绩效影响：一项跨层次研究[J]. 科研管理，2016，37(07): 107–116.

[65] 敬永春，杨婷，唐春勇. 高技能人才队伍建设政策供需适配偏差及矫正：以四川省为例[J]. 中国人力资源开发，2020，37(01):127-142.

[66] 柯高. 以松绑赋能激发科技人才创新活力和潜力[N]. 广西日报，2020-08-11(004).

[67] 赖明勇，张新，彭水军，包群. 经济增长的源泉：人力资本、研究开发与技术外溢[J]. 中国社会科学，2005(02):32-46+204-205.

[68] 李超，罗润东. 老龄化、预防动机与家庭储蓄率——对中国第二次

人口红利的实证研究[J]. 人口与经济，2018(02):104-113.

[69] 李德煌，夏恩君. 人力资本对中国经济增长的影响——基于扩展Solow模型的研究[J]. 中国人口·资源与环境，2013，23(08): 100-106.

[70] 李冻菊，赵旺果. 郑州市创新能力综合评价[J]. 商业经济研究，2016(19):211-213.

[71] 李钢，梁泳梅，沈可挺. 质量型人口红利对中国未来经济影响评估[J]. China Economist，2016,11(01):112-125.

[72] 李光泗，沈坤荣. 技术能力、技术进步路径与创新绩效研究[J]. 科研管理，2013，34(3):1-6.

[73] 李果，白云朴，陈琴琴. 科技人才流动与区域经济发展的互动效应[J]. 科技创新发展战略研究，2022，6(01):70-75.

[74] 李海峥，梁赟玲，Barbara Fraumeni，刘智强，王小军.中国人力资本测度与指数构建[J]. 经济研究，2010，45(08):42-54.

[75] 李豪杰.完善考核机制，激发人才活力[N]. 海南日报，2020-06-24(A04).

[76] 李培园，成长春，严翔. 科技人才流动与经济高质量发展互动关系研究——以长江经济带为例[J]. 科技进步与对策，2019，36(19):131-136.

[77] 李平，崔喜君，刘建. 中国自主创新中研发资本投入产出绩效分析-兼论人力资本和知识产权保护的影响[J]. 中国社会科学，2007(2): 32-42.

[78] 李其荣. 发达国家对人才资源的开发和利用及对我国的启示[J]. 江西社会科学，2011，31(08): 218-226.

[79] 李莎. 河北省高技术产业科技人才流动影响因素研究[D]. 河北经贸大学，2013.

[80] 李兴光，王玉荣，周海娟. 京津冀区域创新能力动态变化分析:基于《中国区域创新能力评价报告(2009-2016)》的研究[J]. 经济与管理，2018(2):9-16.

[81] 李兴光，周海娟. 京津冀区域创新能力提升策略研究[J]. 经济研究导刊，2019(25):49-50+59.

[82] 李兴光. 京津冀区域科技协同创新体系的构建[J]. 农村经济与科技，2021，32(24):265-267.

[83] 李阳，李庆满. 产业结构优化对辽宁省经济增长：推动或阻碍[J]. 科技和产业，2022，22(01):114-118.

[84] 李永华. 基于人才过滤指数模型的城市人才活力评价分析——以深圳市为例[J]. 学术研究，2012(08):64-68.

[85] 李永华，石金涛. 基于经济成长性的城市人才活力研究综述与展望[J]. 管理世界，2006(11):164-165.

[86] 李正一. 大学生创业力提升对策研究[J]. 商，2016(26):45.

[87] 梁林，刘兵. 科技型中小企业如何在恰当时间获得匹配人才？——基于"聚集+培育"双轮驱动视角[J]. 科学学与科学技术管理，2015(7):55-58.

[88] 梁尹. 我国基层公务员人才流失问题研究[J]. 商，2016(4):24-24.

[89] 刘长茂. 加强人口质量研究[J]. 人口学刊，1989(04):20-26.

[90] 刘冬梅，汪波，张保银. 基于生态位理论的高新区科技人才流动现象探究[[J]. 软科学，2010(6):97-100.

[91] 刘军. 城市人才活力评价与实证研究——以深圳为例[J]. 中国人力资源开发，2006(01):4-9+45.

[92] 刘琦，郭剑雄. 人口偏好结构转变、人口质量红利与农业发展:以中国东部地区为例[J]. 西北人口，2013，34(06):13-18+24.

[93] 刘璇，张向前. 适应创新驱动的中国科技人才与经济增长关系研究[J]. 经济问题探索，2015(10):61-67.

[94] 刘晔,张训常.碳排放交易制度与企业研发创新——基于三重差分模型的实证研究[J]. 经济科学,2017(03):102-114.

[95] 刘雨昭，范培华. 民主型领导对新生代员工工作激情的影响研究[J]. 上海管理科学，2022，44(04):33-38.

[96] 刘铮. 人口学辞典[M]. 北京:人民出版社，1986.334-335.

[97] 柳劲松，苏美玲. 民族地区基本公共教育投入的人力资本积累效率——基于民族八省区面板数据的DEA分析[J]. 中南民族大学学报(人文社会科学版)，2019,39(05):57-61.

[98] 吕宏玉. 二次人口红利促进我国经济增长的动力、内涵和机制[J].

商业时代，2014(20):39-40.

[99] 马君，王迪.内外激励协同影响创造力：一个被中介调节模型[J].管理科学，2015，28(03): 38–51.

[100] 毛冠凤，张志杰.高技术产业集群环境对人才流动意愿影响的经验研究[J].经济经纬，2010(2):78-82.

[101] 毛新雅，彭希哲.城市化、对外开放与人口红利——中国 1979-2010 年经济增长的实证[J].南京社会科学，2012(04):31-38.

[102] 毛泽东.毛泽东文集(第 7 卷)[M].北京：人民出版社，1999

[103] 孟华，刘娣，苏娇妮.我国省级政府高层次人才引进政策的吸引力评价[J].中国人力资源开发，2017(01):116-123.

[104] 孟令国，王清.刘易斯转折点、二次人口红利与经济持续增长研究[J].经济理论与经济管理，2013(06):44-53.

[105] 穆光宗.中国的人口红利:反思与展望[J].浙江大学学报(人文社会科学版)，2008(03):5-13.

[106] 牛冲槐，田莉，郭丽芳.科技型人才聚集对区域经济增长收敛的影响分析[J].技术经济与管理研究，2010(02):63-66.

[107] 牛珩，周建中.海外引进高层次人才学科领域的定量分析与国际比较——"长江学者"、"百人计划"和"千人计划"为例[J].科技管理研究，2017，37(06):243-249.

[108] 牛献中.论人才流动[N].中国人事报，2004，11(2):3.

[109] 庞国娣.浅析基层科技人才流动难的原因及对策[J].现代职业教育，2019(01):230.

[110] 齐善鸿，周桂荣.我国科技人才流动的特征与机制选择[J].天津商业大学学报，2008(6):55-59.

[111] 秦伟平，赵曙明，周路路，等.真我型领导与员工创造力:中介性调节机制[J].管理科学学报，2016，19(12): 83–94.

[112] 邱丽.产业结构变迁与经济增长[J].科技资讯，2021，19(19):196-198.

[113] 人民日报评论员.激发各类人才创新活力[J].人才资源开发，2021(12):1.

[114] 任梅，盛敏.学术创业力的理论逻辑和路径优化[J].浙江工业大

学学报(社会科学版)，2020，19(03):307-312+360.

[115] 沈君丽. 二元经济结构下的人口红利及其实现[J]. 南方人口，2005(01):41-47.

[116] 盛宝柱，李健平. 产业结构优化对我国经济增长的影响研究[J]. 中国集体经济，2022(08):9-11.

[117] 施中良. 我国科技人才流动的现状、问题与对策研究[D]. 湖北大学，2013.

[118] 石磊，罗晖. 美国科技人才流动态势分析[J]. 全球科技经济瞭望，2018，33(05):40-52.

[119] 孙锐，孙雨洁. 青年科技人才引进政策评价体系构建及政策内容评估[J]. 中国科技论坛，2020(11):120-128+146.

[120] 孙锐，吴江. 人才强国战略规划评估路径研究[J]. 中国科技论坛，2012(10): 79-84.

[121] 孙锐. "十四五"时期人才发展规划的新思维[J]. 人民论坛，2020(32):44-47.

[122] 唐代盛，乌拉尔·沙尔赛开，邓力源. 人口红利：基于中国储蓄数据的实证研究[J]. 社会科学研究，2014(02):108-114.

[123] 田萍，张屹山，张鹤. 中国剩余劳动力人口红利消失时点预测[J]. 中国高校社会科学，2015(01):139-148+159.

[124] 田瑞强，姚长青，潘云涛，袁军鹏. 基于履历数据的海外华人高层次科技人才流动研究：社会网络分析视角[J]. 图书情报工作，2014，58(19):92-99.

[125] 涂舒，周宇. 转型期中国经济增长的新源泉:新型人口红利[J]. 现代经济探讨，2013(11):16-20.

[126] 汪伟. 经济增长、人口结构变化与中国高储蓄[J]. 经济学(季刊)，2010，9(01):29-52.

[127] 汪小勤，汪红梅. "人口红利"效应与中国经济增长[J]. 经济学家，2007(01):104-110.

[128] 汪义贵，彭聪，吴国来. 情绪劳动研究的回顾与展望[J]. 心理研究，2012，5(04): 63-72.

[129] 汪志红，谌新民，周建波. 企业视角下人才流动动因研究——来

自珠三角 854 家企业数据[J]. 科技进步与对策, 2016, 33(05):149-155.

[130] 王从严. 关于高校激发领军人才创新活力的思考[J]. 学校党建与思想教育, 2021(16):30-32.

[131] 王德劲. 我国人力资本测算及其应用研究[D]. 西南财经大学, 2007.

[132] 王德文, 蔡昉, 张学辉. 人口转变的储蓄效应和增长效应——论中国增长可持续性的人口因素[J]. 人口研究, 2004(05):2-11.

[133] 王丰, 安德鲁·梅森, 沈可. 中国经济转型过程中的人口因素[J]. 中国人口科学, 2006(03):2-18+95.

[134] 王丰. 人口红利真的是取之不尽、用之不竭的吗?[J]. 人口研究, 2007(06):76-83.

[135] 王海峰. 人才强国战略的历史演进与实践研究[D]. 天津大学, 2010.

[136] 王红梅. 充分兑现人口红利 实现经济持续增长[J]. 西北人口, 2008(01):30-34.

[137] 王金营, 杨磊. 中国人口转变、人口红利与经济增长的实证[J]. 人口学刊, 2010(05):15-24.

[138] 王茜, 王家宏. "计划型"和"融合型"运动员人力资本产权配置的法学探析[J]. 体育学刊, 2019, 26(02):57-65.

[139] 王全纲, 赵永乐. 全球高端人才流动和集聚的影响因素研究[J]. 科学管理研究, 2017, 35(1):9 1- 94.

[140] 王守霞, 王业军. 山东省科技人才流动现状及影响因素分析[J]. 产业创新研究, 2020(07):124-125.

[141] 王思思. 科技人才流动状况及其影响因素研究[D]. 北京物资学院, 2012.

[142] 王甜, 陈春花, 宋一晓. 挑战性压力源对员工创新行为的"双刃"效应研究[J]. 南开管理评论, 2019, 22(05): 90-100+141.

[143] 王玉海. 人才强国战略与建设创新型国家[D]. 中共山东省委党校, 2013.

[144] 王章华, 陈建付. 中国"人口红利"及其获取对策[J]. 改革与战略, 2011, 27(05): 43-45.

[145] 魏立才, 张雨晴. 新形势下世界科技人才流动规律与趋势研究[J]. 成才之路, 2021, (03):6-7.

[146] 温应乾, 廖田平, 雷强. 试论提高我国人口质量问题[J]. 人口研究, 1980(01):19-24.

[147] 吴翠花, 张雁敏. 高端人才创新行为影响路径系统研究[J]. 科学管理研究, 2014,32(1):86-90.

[148] 吴帅. 以高质量社会性流动激发人才活力[J]. 中国党政干部论坛, 2020(04):60-62.

[149] 吴小立, 周婷. 产业结构、人力资本与民族地区经济增长研究——以广东连南瑶族自治县为例[J]. 商业经济,2020,(09):138-140+170.

[150] 吴耀国, 李双强, 杜江. 抢到人还是留住人：城市"抢人"政策的效果评估[J]. 财经科学, 2020(11): 94-107.

[151] 习近平. 决胜全面建成小康社会夺取新时代中国特色社会主义伟大胜利—在中国共产党第十九次全国代表大会上的报告. 党的十九大报告学习辅导百问[M]. 北京：党建读物出版社, 2017.10:9

[152] 夏茂林.人力资本产权视角下义务教育教师流动问题思考[J]. 教育与经济, 2014(03):37-43.

[153] 夏青, 闫淑敏, 张煜良, 何江.高校科研人员科研激情的影响因素研究——基于扎根理论方法的探究[J]. 科学学与科学技术管理, 2022,43(06):123-144.

[154] 谢洪明. 刘常勇. 陈春辉. 市场导向与组织绩效的关系：组织学习与创新的影响——珠三角地区企业的实证研究[J]. 管理世界, 2006(2):80-94.

[155] 邢明强, 梁高杨, 彭永芳. 科技人才创新活力评价体系和激励政策研究[J]. 河北地质大学学报, 2018,41(04):94-99.

[156] 徐光春主编. 马克思主义大辞典[M]. 武汉：崇文书局, 2018：283-284.

[157] 徐浩. 增强大学生"创业力"提升"创业存活率"的路径探索[J]. 创新创业理论研究与实践, 2019,2(20):191-192.

[158] 徐佳舒，王军霞.我国科技人才流动的现状、问题及对策探究[J]. 科协论坛(下半月)，2011(05):164-165.

[159] 徐军海.构建现代人才发展治理体系的逻辑与路径——基于"主体—要素—过程"分析框架[J]. 江海学刊，2020(03):91-96+254.

[160] 徐倪妮，郭俊华. 科技人才流动的宏观影响因素研究[J]. 科学学研究，2019,37(03):414-421+461.

[161] 许延威. 我国专业运动员人力资本产权交易制度研究[J]. 北京体育大学学报，2014,37(12):27-33.

[162] 薛琪薪，陈俊杰. 城市人才政策环境的四维评估及优化路径[J]. 科学发展，2020(06):32-39.

[163] 薛琪薪，吴瑞君. 长三角人才集聚与流动的现状特征与人才协同政策建构[J]. 上海城市管理，2020,29(03):44-51.

[164] 颜诗琪，张向前. 面向 2035 年我国青年科技人才流动机制研究[J]. 特区经济，2021(05):60-62.

[165] 阳立高，贺正楚，韩峰.战略性新兴产业人才开发问题与对策——以湖南省为例[J]. 科技进步与对策，2013,30(19):143-147.

[166] 杨成钢，闫东东. 质量、数量双重视角下的中国人口红利经济效应变化趋势分析[J]. 人口学刊，2017,39(05):25-35.

[167] 杨德清，刘永佶.努力提高我国的人口质量[J]. 人口与经济，1980(02):20-24.

[168] 杨芳娟，刘云，侯媛媛，等. 中国高被引学者的跨国流动特征和影响——基于论文的计量分析[J]. 科学学与科学技术管理，2017，38(09): 23–37.

[169] 杨建芳，龚六堂，张庆华. 人力资本形成及其对经济增长的影响——一个包含教育和健康投入的内生增长模型及其检验[J]. 管理世界，2006(05):10-18.

[170] 杨晶照，杨东涛，孙倩景. 组织文化类型对员工创新行为的作用机理研究[J]. 科研管理，2012，33(09): 123-129+153.

[171] 杨娟. 关于人口红利的一般讨论——兼论老龄化中国人口红利的实现问题[J]. 经济理论与经济管理，2009(08):12-16.

[172] 杨克勤. 我国推进人才强国战略的问题与对策研究[D]. 渤海大学, 2018.

[173] 杨仕元, 卿涛, 岳龙华. 从工作激情到员工创造力: 一致性匹配与互补性匹配的联合调节作用[J]. 现代财经(天津财经大学学报), 2018, 38(08):96-113.

[174] 杨小勇. 西部地区人力资本投资与经济增长关系实证分析[D]. 重庆师范大学, 2013.

[175] 姚林华. 基于储蓄因素的我国人口红利与经济增长研究[J]. 区域金融研究, 2012(09):83-88.

[176] 于学军. 中国人口转变与"战略机遇期"[J]. 中国人口科学, 2003(01):11-16.

[177] 于志东. 国有企业人才流失问题与对策研究[J]. 石化技术, 2016, 23(5):268-269.

[178] 袁方成. 城市人才政策转向的创新路径[J]. 人民论坛, 2020(21):73-75.

[179] 袁娟. 长江三角洲区域科技人才流动的现状和对策研究[D]. 南京航空航天大学, 2007.

[180] 原新, 金牛, 刘旭阳.中国人口红利的理论建构、机制重构与未来结构[J]. 中国人口科学, 2021(03):17-27+126.

[181] 原新, 刘绘如. 中国人口红利研究的发展——基于文献综述视角[J]. 西北人口, 2019, 40(05):60-68.

[182] 詹晖. 吉林省科技人才流动影响因素及作用机制研究[D]. 东北师范大学, 2017.

[183] 詹韵秋, 王军. 人口质量红利:研究述评与未来展望[J]. 重庆社会科学, 2020(02):21-32.

[184] 张爱芹, 高春雷.教育扩展、人力资本对民族地区经济增长的影响[J]. 民族研究, 2019(03):61-72+140.

[185] 张丹. 重庆市科技人才流动态势及对策研究[D]. 重庆大学, 2015.

[186] 张华. 人才国际化背景下创新创业人才流动机制研究——以江苏实践为例[J]. 科技管理研究, 2013(16):124-127.

[187] 张剑,宋亚辉,叶岚,等.工作激情研究:理论及实证[J].心理科学进展,2014,22(08): 1269–1281.

[188] 张蕾,陈润政.城市人才开放度的指标构建和评价分析——基于中国50个城市的实证分析[J].科技和产业,2020,20(10):41-47.

[189] 张莉,林与川,张林.工作不安全感与情绪耗竭:情绪劳动的中介作用[J].管理科学,2013,26(03):1-8.

[190] 张璐.生态学视角下高校人才流动现状分析及作用机制研究[D].南京航空航天大学,2020.

[191] 张宁.新型城镇化、人口老龄化与居民消费的动态作用研究[J].商业经济研究,2022(06):58-61.

[192] 张青成,王万富,左建民,等.煤岩CT图像二值化阀值选取及三维重构技术研究[J].CT理论与应用研究,2014,23(01): 45-51.

[193] 张同斌.从数量型"人口红利"到质量型"人力资本红利"——兼论中国经济增长的动力转换机制[J].经济科学,2016(05):5-17.

[194] 张万军.新时期中国共产党人才强国战略发展历程及其启示[D].湖南科技大学,2008.

[195] 张晓旭,吕彩云.创新型人力资源流动与评价机制研究[J].科技管理研究,2012(4):92-95.

[196] 张欣,贾永飞,宋艳敬,赵滨.创新链视角下科技人才分类评价指标体系构建研究[J].科学与管理,2020,40(06):51-56.

[197] 张学辉.人口红利、养老保险改革与经济增长[D].中国社科院研究生院,2005.

[198] 张再生,牛晓东.基于DEA模型的人才政策绩效评价研究——以天津市人才政策文件为例[J].管理现代化,2015,35(03):73-75.

[199] 赵晨.科技型人才区域分布差异及其效应[J].科技导报,2020,38(19):103-109.

[200] 赵国钦,张战,沈展西,洪倩.新一轮"人才争夺战"的工具导向和价值反思:基于政策文本分析的视角[J].中国人力资源开发,2018,35(06):75-84.

[201] 赵红州.关于科学家社会年龄问题的研究[J].自然辩证法通讯,

1979(04):29-44.

[202] 赵黎明，钱伟荣，杨蕾. 国企产权改革中的人力资本产权[J]. 南开管理评论，2001(06):53-57.

[203] 赵艺. 人才流动对城市经济增长影响的实证分析[J]. 当代经济，2020(04):110-113.

[204] 甄峰，黄朝永，罗守贵. 区域创新能力评价指标体系研究[J]. 科学管理研究，2000(6):5-8.

[205] 甄宏宇. 习近平人才观研究[D]. 河北大学，2019.

[206] 中国区域科技创新评价报告[M]. 科学技术文献出版社. 2021: 234.

[207] 钟水映，赵雨，任静儒."教育红利"对"人口红利"的替代作用研究[J]. 中国人口科学，2016(02):26-34+126.

[208] 周爱军. 科技人才活力开发机制构建研究[J]. 科技管理研究，2011，31(12):121-125+133.

[209] 周德禄. 基于人口指标的群体人力资本核算理论与实证[J]. 中国人口科学，2005(03):56-62+96.

[210] 周风，王方. 创新驱动发展战略背景下区域创新能力评价体系构建与评价——以皖北地区为例[J]. 洛阳师范学院报学，2021，40(12): 45-49+58.

[211] 周桂荣，杜卓. 我国科技人才区域分布存在的问题及对策[J]. 天津师范大学学报(社会科学版)，2005(06):19-24.

[212] 周琴. 国际科技人才流动影响因素研究[D]. 华中科技大学，2012.

[213] 周友良，张文利. 中国城市人才活力水平评价指标体系构建研究[J]. 企业导报，2009(09):29-30.

[214] 周愉凡，张建卫，张晨宇，等. 主动性人格对研发人员创新行为的作用机理——基于特质激活与资源保存理论整合性视角[J]. 软科学，2020，34(07):33-37.

[215] 朱国宏. 人口质量在中国经济增长中的作用[J]. 中国人口科学，1991(01):61-62+60.

[216] 朱晓妹，孔令卫，郝龙飞，等. 包容性领导能促进科研人员提升

创新绩效吗？一个有中介的调节作用模型[J]. 科技管理研究，2016，36(02): 112-116+122.

[217] 邹绍清，何春. 国际人才流动趋向与各国回流方略探析[J]. 重庆工业高等专科学校学报，2004(01):74-76+79.

后　　记

　　中国共产党第二十次全国代表大会报告中指出："人才是第一资源"，并强调"深入实施人才强国战略"的战略部署。党的十八大以来，党中央作出"人才是实现民族振兴、赢得国际竞争主动的战略资源"的重大判断。综合国力竞争说到底是人才竞争，国家发展靠人才，民族振兴靠人才。我国是人口大国，更是人才大国，如何从人才大国向人才强国转变？这就需要实现对人才的充分激励与使用，许多学者从不同的专业视角探讨如何实现人才强国的问题，作者长期专注人才管理的问题研究，本书从区域科技人才活力的内涵、指标和评价模型的构建入手，并将之纳入科技人才治理体系，期望实现对区域与城市群视角的科技人才活力的较为全面的认知。期望能够将成果转化为各级人才工作部门、中华人民共和国教育部门、科技管理部门及人才使用单位的数据参考书和方法指导书，为有效的人才吸引、管理与活力激发政策提供必要的方法和数据支持。

　　本书为中国人力资源开发研究会京津冀协同发展人力资源开发研究中心系列专著，受 2021 年河北省科技厅软科学研究专项"河北省科技人才创新活力的激发与协同治理研究"(21557611D)和河北经贸大学学术著作出版基金资助，得到石家庄学院党委书记、中国人力资源开发研究会常务理事、河北省人力资源开发研究会会长陈亮教授的指导，并且邀请教授为本书作序。由河北经贸大学郑伟波教授担任全书总体设计与统稿负责人，马文才负责书稿主体编写工作，李晓博士与周健具体负责建模及数据分析工作。同时，邀请了长三角城市群研究学者赵红丹博士、成渝城市群研究学者汪洋副教授参与课题研究，燕山大学刘硕博士、河北经贸大学刘晔博士、侯彦利，工商管理学院郑国娟教授、卢苓霞教授、赵娜博士等参与项目研究，历时一年，查阅了大量数据，对书稿内容反复进行修改并最终定稿。

本书的顺利出版，凝聚了众多人的心血，除项目组成员的辛勤付出外，河北省人力资源开发研究会、河北省科学院、河北省社会科学院的专家和领导也给予了很多帮助；研究生冯子耀、罗萌迪、贾珮艺，项目学生高磊、王一恒、李佳璇等做了大量的数据整理、文字校对和排版工作，在此一并表示衷心的感谢。

科技人才的持续培养和活力激发是落实科教兴国、人才强国战略的具体举措，是教育工作者的研究重点和本职使命。研究团队将持续关注该研究领域，深入研究科技人才活力评价及激发工作，逐年丰富数据，动态监测指标体系变化，发现规律，期望为区域人才建设、加强科技人才工程的引领作用、深化人才发展体制机制改革提供必要的成果支撑。

郑伟波

2023 年 2 月